广州铁路职业技术学院资助出版
城市轨道交通机电技术系列规划教材

城市轨道交通车站屏蔽门系统运行与维护

主　编　翁桂鹏
副主编　刘冬香

西南交通大学出版社
·成都·

图书在版编目（CIP）数据

城市轨道交通车站屏蔽门系统运行与维护/翁桂鹏
主编. 一成都：西南交通大学出版社，2018.7（2022.7重印）
城市轨道交通机电技术系列规划教材
ISBN 978-7-5643-6314-7

Ⅰ. ①城… Ⅱ. ①翁… Ⅲ. ①地下铁道车站－屏蔽－门－运行－职业教育－教材②地下铁道车站－屏蔽－门－维修－职业教育－教材 Ⅳ. ①U231.4

中国版本图书馆 CIP 数据核字（2018）第 177755 号

城市轨道交通机电技术系列规划教材

城市轨道交通车站屏蔽门系统运行与维护

主编 翁桂鹏

责任编辑	李 伟
特邀编辑	傅莉萍
封面设计	何东琳设计工作室
出版发行	西南交通大学出版社 （四川省成都市二环路北一段 111 号 西南交通大学创新大厦 21 楼）
发行部电话	028-87600564　028-87600533
邮政编码	610031
网址	http://www.xnjdcbs.com
印刷	成都蓉军广告印务有限责任公司
成品尺寸	185 mm×260 mm
印张	11
字数	275 千
版次	2018 年 7 月第 1 版
印次	2022 年 7 月第 5 次
书号	ISBN 978-7-5643-6314-7
定价	34.00 元

课件咨询电话：028-87600533
图书如有印装质量问题　本社负责退换
版权所有　盗版必究　举报电话：028-87600562

城市轨道交通机电技术系列规划教材
编写委员会

主　任　　陈　敏　　欧阳丽　　张俊明

副主任　　向成军　　李助军　　彭树林

委　员　　陈　沪　　陈舒萍　　刘　超

　　　　　　　刘冬香　　刘桂兰　　亓晓彬

　　　　　　　邵　玫　　申利民　　万学春

　　　　　　　王先彪　　翁桂鹏　　张茂贵

　　　　　　　张晓东　　张　杨　　邹伟全

前 言

进入 21 世纪以来,中国经济发展迅速,城市化进程加快。伴随投资额度的加大,城市轨道交通建设成为基础建设的投资热点,轨道装备制造成为重要的受益者。目前,中国城市轨道交通建设正迎来黄金发展期,城际铁路、地下铁路在各城市快速发展。

发展轨道交通系统是我国社会经济发展的重要措施之一。轨道交通建设可以拉动内需,促进国家和地方经济的发展。一方面,轨道交通正进入发展的黄金期。截至 2016 年 12 月,国家发改委已经批复 44 个城市的轨道交通建设规划(不含有轨电车),另外还有约 80 个城市在开展城市轨道交通前期研究。截至 2016 年年底,在福州、东莞、南宁、合肥 4 地加入城轨交通城市"俱乐部"后,我国累计已有 30 个城市建成并投运城轨交通线路 134 条,运营线路里程达 4 153 km。据不完全数据统计显示,2017 年全国 30 个城市新增 63 条轨道交通开工线路,合计里程为 1 581.35 km,车站 826 座,总投资额为 11 480.21 亿元。另一方面,城市轨道交通系统建设每千米轨道里程可以提供 60~100 个就业岗位,可以缓解社会就业压力。轨道交通建设产业链相对较长,可以促进铁路建筑、工程机械、铁路车辆、电气设备、钢材、通信、水泥、化工、物流等行业和领域的发展。

城市轨道交通不仅仅是大运量的运载工具和单纯地解决城市交通堵塞问题,还在改变着我国的城市结构和城市发展模式。人口高度密集、交通拥堵、城市建设用地少是我国许多城市的显著特点,如上海、重庆、沈阳等城市人均城市建设用地仅为 50 m^2 左右。建设城市轨道交通系统可以提高土地利用率,促进城市用地集约化与居住环境改善的统一。城市轨道交通运输具有快捷、安全、大容量等特点,能够及时疏解大量密集人群,还因其对沿线区域的可达性大幅度提高,从而引导市民远离市中心居住。城市轨道交通促进城市形态和土地使用格局相应地调整,促进城市人口外延性的发展,促进人口分布于更宽广的地域。

城市轨道交通车站屏蔽门系统是城市轨道交通的重要组成部分,作为乘客安全直接保障设备在国内外已得到广泛的应用,其系统及设备运行状态直接影响到乘客的乘车安全。本书详细介绍屏蔽门的系统组成、各子系统的结构和工作原理,以及屏蔽门的安装、运行、安全保障和维护等内容,同时主要阐述轨道交通车站运营及设备维护从业人员的相关操作、维护和管理等工作内容。

本书是以满足城市轨道交通车站实际岗位职业能力需求为目标进行编写的。按照屏蔽门的系统知识，结合相关行业标准、岗位工作要求、检修管理经验，力求编写内容更加契合相关实际技能需求。

本书由翁桂鹏任主编，刘冬香任副主编，申利民、张仁朝参加编写。

本书在编写过程中，得到广州地铁集团有限公司、广州新科佳都科技有限公司的大力支持，同时张俊明、陈文才先生对本书的编写提供了指导与帮助，在此表示衷心的感谢！

本书为广东省一流高职院校建设计划成果，为广州市第三批特色学院——轨道装备制造学院、广东省二类品牌建设"机电设备维修与管理"专业、"机电设备维修与管理（高铁站场设备维护）"项目（项目编号2016gzpp113）的标志性成果之一。

由于相关科学技术日新月异，加之编者水平有限，书中不妥之处在所难免，恳请读者批评指正。

编 者

2018年3月

目 录

第一章 屏蔽门系统概述 ··· 1
第一节 屏蔽门系统的认知 ·· 1
第二节 屏蔽门系统的基本构成 ·· 3
第三节 屏蔽门发展态势 ··· 6
思考题 ··· 7

第二章 门体机械结构 ·· 8
第一节 屏蔽门类型 ·· 8
第二节 屏蔽门承重结构 ·· 10
第三节 屏蔽门门体 ··· 21
第四节 半高安全门门体结构 ··· 27
第五节 屏蔽门材料 ··· 29
思考题 ··· 30

第三章 门机系统 ··· 32
第一节 屏蔽门门机系统 ··· 32
第二节 半高安全门门机系统 ··· 43
思考题 ··· 45

第四章 控制与监视系统 ·· 46
第一节 屏蔽门控制与监视系统 ·· 46
第二节 屏蔽门控制与监视系统构成 ·· 50
第三节 屏蔽门控制与监视系统监视功能 ·· 60
思考题 ··· 64

第五章 电源系统 ··· 65
第一节 电源系统 ··· 65
第二节 UPS 电源设备 ·· 70
第三节 控制电源系统 ··· 75
第四节 驱动电源系统 ··· 77
思考题 ··· 78

第六章 接口描述 ……… 79

第一节 屏蔽门系统的接口 ……… 79
第二节 屏蔽门系统的模式控制 ……… 82
思考题 ……… 84

第七章 屏蔽门安装 ……… 85

第一节 屏蔽门安装流程 ……… 85
第二节 安装指引 ……… 86
思考题 ……… 106

第八章 屏蔽门设备系统的操作 ……… 107

第一节 安全操作制度 ……… 107
第二节 屏蔽门设备操作 ……… 107
第三节 屏蔽门故障应急处理方法 ……… 112
第四节 屏蔽门故障各岗位人员行动指引 ……… 114
思考题 ……… 119

第九章 屏蔽门系统维护 ……… 120

第一节 屏蔽门系统日常运行使用要求 ……… 120
第二节 设备维修概念与分析 ……… 120
第三节 预防性维护 ……… 128
第四节 矫正性维保 ……… 137
思考题 ……… 160

第十章 屏蔽门设备典型故障及处理 ……… 161

第一节 屏蔽门设备故障 ……… 161
第二节 屏蔽门典型机械故障及处理 ……… 161
第三节 屏蔽门典型电气故障及处理 ……… 162
第四节 部分故障处理过程 ……… 164
思考题 ……… 166

参考文献 ……… 167

附录 城市轨道交通车站屏蔽门系统常用英文缩略语对照表 ……… 168

第一章 屏蔽门系统概述

第一节 屏蔽门系统的认知

城市轨道交通车站屏蔽门系统是集建筑学、机械学、电子工程学、自动化控制技术、计算机网络技术等学科于一体的综合性智能化门控系统，常设置于城市轨道交通、轻轨等轨道交通车站站台。

城市轨道交通车站屏蔽门是20世纪80年代发展起来的一种先进的轨道交通车站机电一体化设备。随着科学技术的不断创新发展，特别是与计算机网络技术、嵌入式系统、智能控制技术的结合，屏蔽门系统运行与维护更加标准化、智能化，能够为乘客营造更加安全、舒适的候车环境。

城市轨道交通车站屏蔽门（Platform screen doors，PSD），又称安全门，是为了安全而安装在车站里的机电一体化设备，如图 1-1 所示。车站屏蔽门设备以玻璃幕墙的方式全程安装在站台边缘，将站台区域与轨道区域形成一道不间断的隔离屏障，隔离列车上下乘客通道。当列车正确停靠在车站时，列车车门与相对应的屏蔽门同时开启，乘客可以安全有序地上下列车。在列车车门关闭时，屏蔽门自动同步关闭，保持站台区域与轨道区域的隔离。只有屏蔽门关闭完成后才允许列车出发。

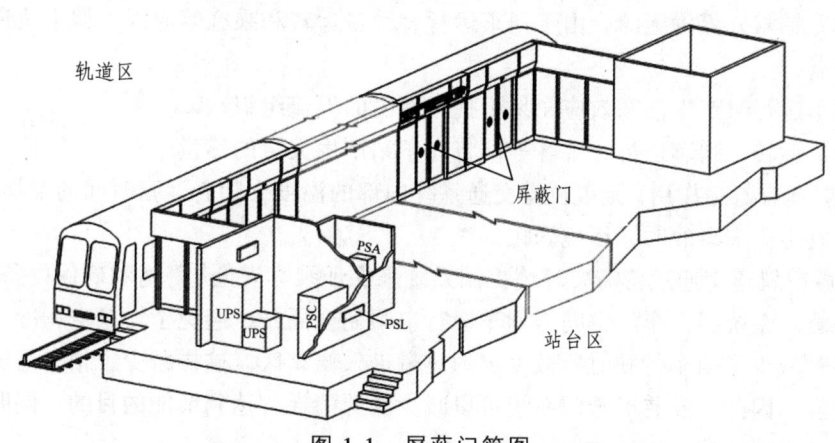

图 1-1 屏蔽门简图

安装屏蔽门系统可以为乘客提供一个舒适、安全、美观的候车环境，进一步提高了轨道交通服务水平。安装屏蔽门的主要目的是为了安全，防止乘客上下车辆时发生意外；同时节约能源，防止站台空调温度流失；以及减少列车运行噪声和活塞风对车站的影响等。

在实际应用中，屏蔽门的安装运行已经取得了良好的经济效益和社会效益。其主要表现在以下几点：

1. 加强安全措施

在隧道内，列车高速运行时会产生强烈的空气活塞效应。当列车进入或离开站台时，活塞风的吹吸作用将会给在站台上候车的乘客带来一定的危险。安装屏蔽门后，屏蔽门将站台与隧道区间隔离开来，避免乘客可能出现以下安全隐患：

（1）防止乘客被列车活塞风吹吸而跌倒甚至跌入轨道；

（2）防止乘客因车站客流拥挤而跌入轨道；

（3）防止乘客卧轨自杀、主观推人入轨等情况；

（4）防止站台区垃圾、杂物进入轨道区；

（5）防止隧道中的灰尘进入站台区；

（6）防止乘客跨越轨道等行为；

（7）防止小孩玩耍跌入轨道；

（8）避免乘客对着列车门随车奔跑；

（9）避免乘客被运行的列车拖拽；

（10）避免无关人员进入隧道区间；

（11）减少司机对站台的瞭望次数，大幅度地减轻了司机的思想负担。

另外，屏蔽门系统具有智能避障技术，一旦屏蔽门与列车之间或是屏蔽门上有障碍物存在，系统将驱使屏蔽门机构再次打开和关闭，这样可有效减少夹人、夹物的事故。安装屏蔽门，不但可以为乘客营造一个安全、舒适的候车环境，也保证了列车高效运营和行车安全。

2. 减少能源消耗

大部分城市轨道交通线路是建设在地下的空间，除了车站出入口和通风道口外，城市轨道交通基本上是与外界隔绝的。由于列车运行、设备运转和乘客等原因，城市轨道交通环境具有如下特点：

（1）列车运行时产生活塞效应，易干扰车站内的气流组织；

（2）设备运转、列车运行、乘客等都将在车站产生大量的热量；

（3）地层具有蓄热作用，城市轨道交通系统内部的温度会随着运营时间的增加逐渐升高；

（4）当发生火灾事故时，环境恶化。

因此，城市轨道交通运营需要环境控制系统来保证乘客安全、舒适和确保设备使用寿命。

安装屏蔽门系统后，车站空间与列车运行空间完全隔开，避免了大量空调冷气通过隧道而散失，同时减少了列车行驶时所散发出的热量进入候车区。这样减少了站台与隧道之间的冷热气流交换。因此，安装屏蔽门系统可以减少能源消耗，达到节能的目的，同时减少空调设备的容量，也减少空调机房的面积。

3. 改善环境

列车在行驶时会产生很大的噪声，而狭小的隧道空间会使声音变得更大。屏蔽门在站台和轨道之间形成物理屏障，可以大幅度地降低城市轨道交通车站中的噪声，能够降低 20~25 dB 的噪声值。同时，活塞风经常把轨道上的垃圾和灰尘带至站台，设置屏蔽门后可将垃圾和灰尘拒于屏蔽门外，使站台能保持一定的舒适度和清洁度。同时，屏蔽门可以减少因安全事故导致的列车误点，保障准点运行。因此，屏蔽门系统可以给乘客提供一个更加安静、舒适、清洁的候车环境。

4. 降低建设和运营成本

在没有安装屏蔽门的车站，当列车到达之前，为保障安全，需要一定数量的车站工作人员接发列车和维持引导乘客上下车秩序。安装屏蔽门后，一般情况下只需司机一人操作就可保证安全，站台上无须站务人员接发列车及进行客流监视，从而减少甚至不需要此类站台工作人员，可节约运营的人员成本，这将减少城市轨道交通的日常运营管理费用。

安装屏蔽门，降低了制冷设备的功率，节省环控和输变电设备的投资成本，同时也减少设备占用的空间，降低城市轨道交通地下建筑的造价。

5. 城市形象

采用屏蔽门后，乘客能够安全舒适地候车，更加有序而从容地上下列车，提高了列车的运行效率，增加了市民对市政工作的信任与支持，促进了市民在公共场合中秩序意识的提升，提高了城市的整体形象。此外，屏蔽门系统是智能化机电装置，自动化程度高，动作整齐划一，外观简洁透明，对塑造国际化大都市的形象也很有帮助。

另外，安装屏蔽门只需要 25~30 cm 的宽度，而在没有屏蔽门系统的车站，乘客候车的安全线距站台边缘的距离有 50~60 cm。因此，城市轨道交通车站安装屏蔽门后并不减少车站的候车面积，反而是增加了车站的有效候车面积。

然而，安装屏蔽门后也会带来一些负面影响。主要是屏蔽门系统的初期投资比较昂贵，安装后还需要维修保养费用。其次，安装屏蔽门系统会使侧式站台显得更加狭长，需要对这些站台做特殊的装修处理，使站台显得更加明亮、宽敞，这也会增加成本。再者，虽然屏蔽门大都为透明玻璃，但屏蔽门安装之后，会影响车站部分隧道墙面广告效果，减少广告收入。

第二节 屏蔽门系统的基本构成

屏蔽门系统包括机械和电气两部分，主要由门体结构、门机系统、电源系统及控制与监视系统四部分组成，如图 1-2 所示。

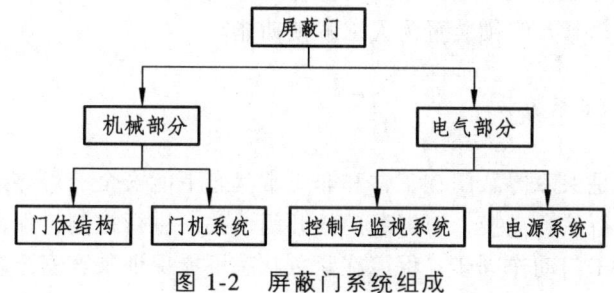

图 1-2 屏蔽门系统组成

一、门体结构

屏蔽门系统的门体结构为整体机械结构，主要包括滑动门、应急门、端门、固定门、顶箱、门槛、支撑结构（全高屏蔽门）和固定侧盒（半高安全门）等。

滑动门为正常运营时乘客上下车的通道，应与列车车门——对应，其开门方式采用中分双开式。滑动门应有锁紧装置，门关闭后可防止乘客在站台区使用外力将门打开。

应急门是当紧急情况下故障列车进站后，列车门无法对准滑动门时乘客进出站台的疏散通道。

端门设置在站台两端，屏蔽门与站台设备房外墙之间，作为站台到区间隧道和设备房区域的进出通道。

应急门和端门均可向站台内侧旋转90°开启。滑动门、端门和应急门均在轨道侧，都可以手动打开，在站台侧用钥匙打开。

固定门是连接所有可活动门以外的其他门体部分，由不能开启的玻璃隔墙组成，达到连接封闭和美观一致的效果。

钢架是系统的承重结构，为支撑结构（全高屏蔽门）和固定侧盒（半高安全门）。

顶箱是放置屏蔽门的控制部件、连接部件的空间，起密封保护作用。半高安全门没有顶箱，对应的空间为固定侧盒。

门槛即是踏步板，是乘客上下车需要踩踏的部件，起防滑、绝缘等作用，要求安装拆卸方便。

二、门机系统

门机系统是通过驱动机构和传动机构驱动门体的水平移动，实现滑动门的打开和关闭。门机系统由驱动机构、传动装置、悬挂装置、锁紧解锁装置组成。

驱动机构是滑动门运动的驱动部件。屏蔽门系统常采用直流永磁电机进行驱动，其电机调速性能和输出转矩均应满足门扇运动曲线和动力曲线的要求。电机应采用减振安装方式，应拆卸方便，便于维修。

传动装置是电机与滑动门的力传导装置，常为单电机同轴驱动（边门可特殊处理，但必须保证两扇门同步运行），多采用同步齿形带传动，也可以是滚珠螺杆传动。

悬挂机构是指将滑动门、应急门、端门悬挂在门机梁上的相关固件，由导轨和滑块组成。

锁紧及解锁装置是滑动门、应急门、端门的锁扣。滑动门的锁紧及解锁装置应具有自动和手动两种功能：正常情况下通过电气线路控制实现门体自动锁紧和解锁功能；非正常情况下可以人工解锁。乘客可从轨道侧推压开门推杆等方法开门，站台人员可用钥匙从站台侧打开。应急门、端门的锁紧及解锁装置为人工解锁功能。

三、控制与监视系统

控制与监视系统是保障屏蔽门在正常和非正常状态下能安全、可靠运行的装置。其主要作用是与信号系统进行信息交换，对屏蔽门的开门、关门进行控制，保证正常情况下屏蔽门的开门、关门与列车车门动作同步；保障在紧急状态下能保证乘客安全疏散。

控制与监视系统包括中央控制盘（PSC）、就地控制盘（PSL）、门机控制器（DCU）和就地控制盒（LCB）、控制局域网、软件、监视报警装置、网间通信协议转换器、安全继电器回路设备、通信介质和通信接口模块等。

控制与监视系统具有控制和检测两项基本功能。控制模式按操作的方式和地点不同分为四种：系统级控制、车站级控制、站台级控制和就地级控制。此四种控制方式可分别实现屏蔽门系统的三种运行模式，即正常运行模式（系统级控制）、非正常运行模式（车站级控制和站台级控制）、紧急运行模式（站台级控制和就地级控制）。

控制与监视系统以车站为单位构成独立的监控系统，具备抗电磁干扰的能力。屏蔽门系统中所有设备的状态信息均通过现场总线传达到屏蔽门控制子系统的主控单元上，可以查询到所监视设备的状态，主要包括屏蔽门的运行及系统状态、障碍物探测、故障信息采集和报警等。

四、电源系统

电源系统是屏蔽门系统运行的动力来源。为了保证屏蔽门系统在城市轨道交通运营中的高可靠性，必须按一级负荷供电，设置备用电源。

电源系统主要包括驱动电源、控制电源，其两路交流供电回路相互独立设置，配置独立的蓄电池组。驱动电源为驱动滑动门提供电源；控制电源为屏蔽门的控制与监视系统提供电源。对应的电源设备有控制电源配电柜和驱动电源配电柜，此电源设备安装在屏蔽门系统设备室里，如图1-3所示。

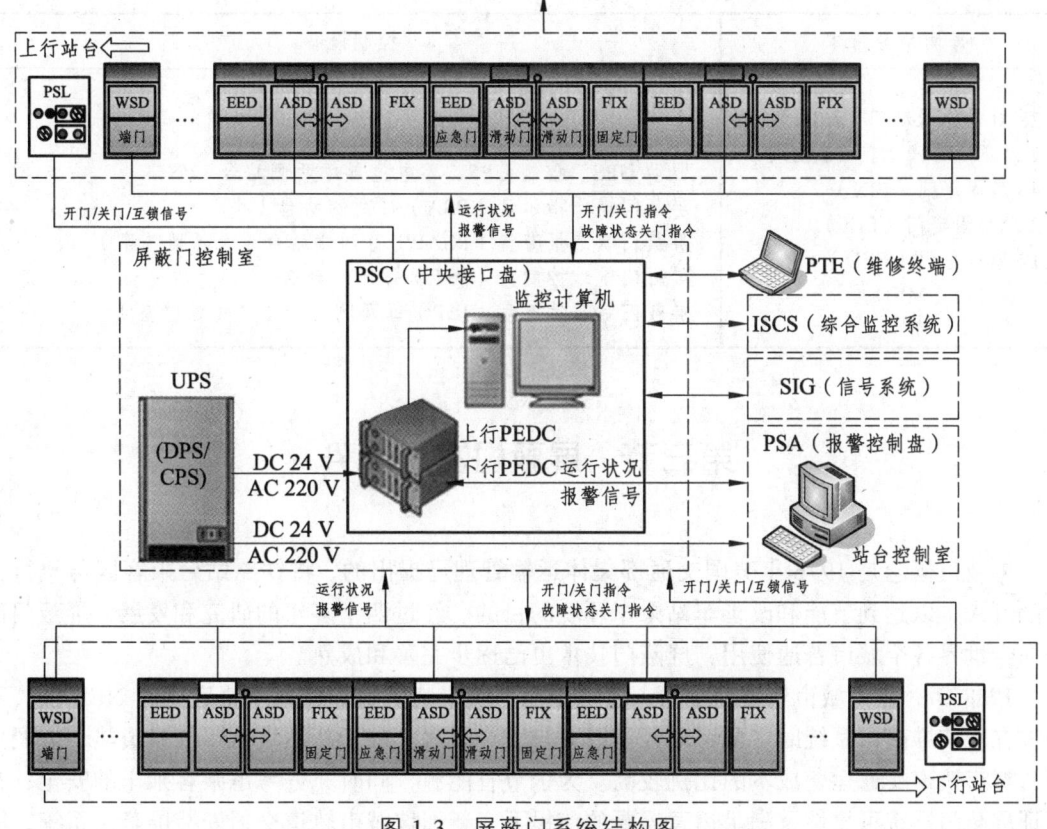

图1-3 屏蔽门系统结构图

五、屏蔽门系统配置

屏蔽门系统典型配置如图1-4、表1-1所示。

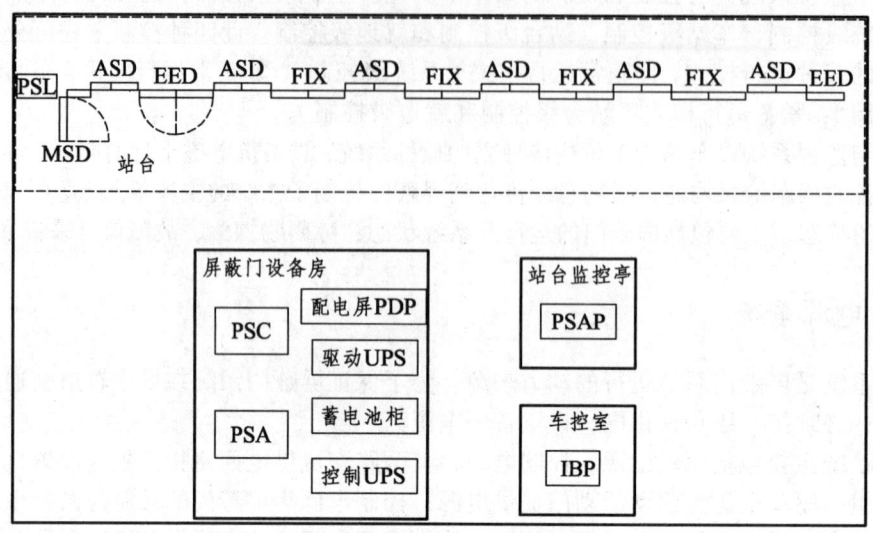

图1-4 屏蔽门系统配置简图

表1-1 屏蔽门系统设备表

每侧站台门体	控制设备
28对对称滑动门（ASD） 2对不对称滑动门（ASD） 46扇固定门（FIX） 2扇小固定门（FIX） 12扇应急门（EED） 2扇端门（MSD）	中央接口盘（PSC）每两侧站台1个 配电屏（PDP）每两侧站台1个 驱动UPS、控制UPS、蓄电池屏每两侧站台1个 屏蔽门操作指示盘（PSA）每两侧站台1个 屏蔽门状态报警盘（PSAP）每两侧站台1个（监控亭） 屏蔽门就地控制盘（PSL）每侧站台2个 屏蔽门综合后备盘（IBP）每两侧站台1个（站控室）

第三节 屏蔽门发展态势

屏蔽门概念是1976年美国交通部集体运输管理局提出的，将铁路站台乘客区与轨行区分隔开来，以达到节能和改善车站乘车环境的目的。经过四十多年的研究和发展，屏蔽门已经在全世界各个城市普遍使用，屏蔽门技术也已逐步完善和成熟。

1988年，世界城市轨道交通第一套屏蔽门系统安装于新加坡城市轨道交通NEL线。新加坡在安装屏蔽门系统时主要考虑经济因素与安全因素。由于新加坡常年气候炎热，空调费用占城市轨道交通运营成本的比例较高。为了节省能源，同时充分考虑乘客乘车的安全，在保证屏蔽门系统可靠性及满足运营需要的前提下，新加坡城市轨道交通安装屏蔽门系统，同期空调节能率达到50%左右。此后，欧美国家为提高乘客的安全性，开始在城市轨道交通车站安装屏蔽门。由于在列车与站台间安装了屏蔽门，将乘客与列车隔开，有效防止了乘客有意或无意跌入轨道，大大减少了乘客被列车撞伤的危险性。

1969年10月1日，我国第一条城市轨道交通线路在北京建成通车，北京成为中国第一个拥有城市轨道交通的城市。随着我国经济快速发展，城镇化发展步伐加快，城市内部的交通压力加大，各大中型城市都大力发展轨道交通建设。城市轨道交通建设在全国范围内如北京、上海、广州、深圳、郑州、沈阳、厦门等城市全面铺开。2003年，广州地铁2号线成为中国内地第一条已正式投入运营并使用屏蔽门系统的城市轨道交通线路。随后，上海、深圳、天津、北京等城市也采用屏蔽门系统。

随着城市轨道交通屏蔽门的普及，国内多家屏蔽门生产企业也逐渐打破了其核心技术被国外几家企业垄断的局面，深圳方大集团于2006年4月率先研发出国产化屏蔽门系统，并且于2007年3月与深圳城市轨道交通签订了深圳地铁1号线续建工程城市轨道交通屏蔽门系统的总承包合同，标志着我国的城市轨道交通屏蔽门产业已经进入世界先进行列。目前，国际上屏蔽门系统知名的生产厂家有英国西屋公司、法国法维莱公司、日本松下公司、瑞士KABA公司等；国内有深圳方大公司、广州新科佳都公司、沈阳远大公司、中车公司等。

业内预测，"十三五"期间我国轨道交通投资规模将达到1.7万亿元至2万亿元，城轨（不含有轨电车）年均通车里程1 000 km。目前，城市轨道交通建设已经由一线城市逐渐向二、三线城市扩展。随着机动车保有量的迅速上升、城市主干道日益拥堵，以及房价快速上涨，城市轨道交通逐渐成为二、三线城市未来发展的重要部分。在城市轨道交通项目规划中，城市轨道交通屏蔽门系统已成为必须配置的设备。为推动城市轨道交通设施的国产化进程，我国出台了一系列产业促进政策及相关行业标准。

随着城市化进程的不断加快，我国未来几年将进一步拉动内需，加大对公共基础建设的投入。同时，随着"一带一路"建设的蓬勃发展，将出现庞大的国际轨道交通市场。轨道交通建设事业快速发展，研发和生产城市轨道交通车站屏蔽门的国内外企业将迎来大好发展机遇。

思考题

1. 简述城市轨道交通车站屏蔽门的概念及功能。
2. 分析屏蔽门系统的基本构成及各构件的基本功能。
3. 简述屏蔽门系统的设备配置。

第二章 门体机械结构

第一节 屏蔽门类型

屏蔽门按其封闭形式可分为封闭式和开放式两大类。其中，封闭式屏蔽门即通常所说的屏蔽门，适合安装在有空调系统的站台，一般为地下站台，是城市轨道交通车站中最常用的一种。本书所指的屏蔽门就是此类封闭式屏蔽门。开放式屏蔽门即通常所说的安全门，可分为全高开放式屏蔽门（又称全高安全门）和半高开放式安全门（又称半高屏蔽门或称安全门）两种，只起到安全和美观的作用，适合没有安装空调系统的站台，一般为地面站台或高架站台。

屏蔽门按其结构可分为上部悬吊式和下部支撑型；按控制方式又分为气动控制式和电动控制式。例如，早期的新加坡城市轨道交通屏蔽门系统采用的是下部支撑型、气动控制方式；我国现在多数采用的是上部悬吊式、电动控制方式。

一、封闭式屏蔽门系统

封闭式屏蔽门系统是一道自上而下的全封闭玻璃隔断墙，沿着车站全站台边缘设置，把站台区域与列车运行区域分隔开来。

封闭式屏蔽门的主要功能和特点：

（1）可防止乘客拥挤或意外掉下站台和跳轨自杀，保证乘客的安全；
（2）提供良好的空气密封性，减少空调的能量消耗，降低运营成本；
（3）提供站台声音阻隔，降低车辆噪声和站台上的活塞风效应，为乘客构造一个舒适、安全、美观的候车环境；
（4）门运动动能的设计及防挤压模式能够保证乘客不被夹伤；
（5）采用直流无刷电机驱动，实现无级调速，传动方式采用齿形带或螺杠形式，门运动平稳；
（6）门槛需要与站台地面绝缘，并防止乘客触电；
（7）门体采用钢化玻璃和发纹不锈钢包边框架（或铝合金框架），门扇刚度好；
（8）全高封闭式屏蔽门适合于气候炎热、空调期较长的轨道交通线路。

根据国内最早设置全高封闭式屏蔽门的广州地铁 2 号线的运营调查统计，设置该类型屏蔽门后在空调季节可节省能耗 20%以上。

二、全高安全门系统

全高安全门系统与屏蔽门系统相比较，两者的结构形式基本相同，只是全高安全门系统的上部不封闭，门体结构可以根据需要设置通风口。其主要的功能和特点如下：

（1）具有封闭式屏蔽门系统中与安全相关的优点，但缺失其节能、隔音等优点，舒适性能差一些；

（2）可比较容易地升级为封闭式屏蔽门系统。

全高非封闭式屏蔽门的功能门体从站台面开始，但未做到封顶，门体总高度一般为 2 400～2 600 mm，未能将站台区与轨行区完全隔离。在门体上方和墙顶之间留有 500 mm 左右的间隙，以满足轨道侧和站台侧的空气流通。根据环控系统的要求，有的工程还在靠近站台面的门体底部增设开口。该系统多用于空调季节短的地区，当门体底部不设开口时，通风空调系统的设置一般需要进行相应调整。如北京城市轨道交通 5 号线、10 号线和在建新线以及南京、沈阳、西安等城市的城市轨道交通工程地下车站均采用此种屏蔽门。

三、半高安全门系统

半高安全门的高度一般为 1.2～1.7 m，安装在站台边缘，将站台区域与轨道区域分隔开来，主要目的就是提高乘客的安全性。与前两种形式相比，其主要的功能和特点如下：

（1）可防止乘客拥挤或意外掉下站台和跳轨自杀，保证乘客的安全；

（2）造价较低，安装简单快捷，建设周期短。

半高安全门由于其门体高度一般未超过 1.5 m，只能将站台区与轨行区少部分隔离，故基本不具备提高舒适性和节省能耗的作用，只具备安全、减少站台工作人员等特点，主要用于空调季节短的轨道交通车站，尤其是地面和高架车站，如香港迪士尼乐园站、北京城市轨道交通 5 号线、广州地铁 4 号线、上海城市轨道交通 1 号线的地上车站以及天津城市轨道交通 1 号线地下车站等。日本城市轨道交通也较多采用此种屏蔽门，法国巴黎旧线改造时也采用了此类屏蔽门。

四、屏蔽门系统的主要技术参数

（1）一对标准滑动门的开度不小于 2 000 mm。

（2）滑动门关闭时，能够探测到的障碍物最小为 5 mm（厚度）×40 mm（宽度）。

（3）应急门的开度不小于 1 100 mm。

（4）端门的开度不小于 900 mm。

（5）阻止滑动门关闭的力≤150 N。

（6）滑动门解锁后的人工开启力≤150 N。

（7）每对滑动门运动的最大动能≤10 J。

（8）关门时，每对滑动门最后 100 mm 行程为慢速爬行区，该行程范围内每对滑动门的动能≤1 J。

（9）滑动门的开启速度为 0.10～1.0 m/s，关闭速度为 0.10～0.8 m/s，全程无级调速。

（10）滑动门开启时间为 3.0～3.5 s，关闭时间为 3.5～4.0 s。

（11）站台一侧所有滑动门的启闭，应基本保持同步，启闭时间差控制在 0.3～0.5 s。

（12）站台天花距屏蔽门上盖板不小于 250 mm。

（13）屏蔽门应保证一定的气密性，以防止气体的过度泄漏，10 Pa 气压下的泄漏量指标为 12.2 m³/hm²。

（14）屏蔽门不作为防火墙考虑，但绝缘材料、密封材料和所有的电线电缆均应采用低烟、无毒、阻燃，且不含有放射性成分。

（15）屏蔽门系统在开/关操作过程中，以及在列车全速通过时由车辆活塞风作用所发出的振动噪声，在距离屏蔽门 1 m、站台地面 1.5 m 高处所测得的噪声目标值 ≤70 dB（A）。

（16）屏蔽门与站台土建结构采取绝缘措施，在 500 V 直流试验电压下，门体与大地间的绝缘电阻 > 0.5 MΩ。

（17）屏蔽门上方顶盒内控制设备与门体连接，与轨道等电位，钢轨电平由供电系统放电柜限制其电压不大于 90 V。在接触网断线后与门体接触，屏蔽门结构能将此时所产生的故障电流引入轨道，以允许牵引供电回路断路器断开牵引供电。

（18）屏蔽门系统收到开/关门指令后，在 0.3 s 内开启/关闭屏蔽门。

（19）列车停车精度为 ±250 mm。

第二节　屏蔽门承重结构

一、屏蔽门承重结构部件

屏蔽门系统的设计强调可视化结构和紧固件，既要求产生精致明亮的建筑外观，又要求能够承受相应的重力及流体载荷。站台屏蔽门的机械部件主要由钢架结构与门体组成。

钢架结构部分是完整的受力构件，它承受垂直载荷、隧道通风系统产生的风压、列车运行的活塞风压、乘客挤压力以及地震力等载荷。

钢架结构是系统承重结构，由底部支撑、门体框架、门机梁、顶部结构等通过相互之间的刚性连接，形成一个整体受力框架，如图 2-1 所示。钢架结构主要组成部分有上部预埋件、下部预埋件、立柱、横梁、门机梁、门槛等部件。

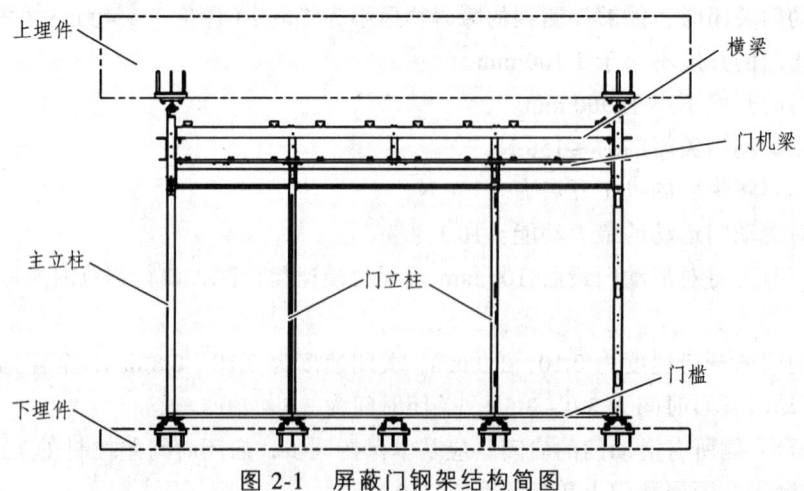

图 2-1　屏蔽门钢架结构简图

屏蔽门的材料选型主要针对关键部件、钢材与门体型材等部分，从部件的强度、刚度、耐腐蚀性等性能要求考虑。

钢架结构的关键部件为连接部件和绝缘部件。在载荷传递过程中，连接部件可以把屏蔽门所受到的各种工况的载荷传递给土建结构。绝缘部件用以确保屏蔽门钢结构与站台的整体绝缘。

门体结构中所有受力部件均采用机械性能不低于 Q235-A 的优质钢材。承重结构中的钢构件表面要采用热浸锌处理，厚度不小于 80 μm。结构表面处理保证使用寿命至少 30 年。

绝缘部件主要是上部连接结构的绝缘衬套和下部安装支架处的绝缘套，这种部件的选材应从绝缘性、机械强度及耐老化性能要求进行考虑。目前，工程上通常采用 PBT（聚对苯二甲酸丁二醇酯）热塑料聚酯工程塑料，这种材料还具备耐高温、耐高冲击性能。

钢架结构分为上下两部分，上部结构有顶部预埋件、支座、绝缘板及顶部自动收缩装置等，立柱的顶部与顶部预埋件相连；下部结构由下部预埋件、踏步板和绝缘垫等组成，下部构件表面会通过绝缘镀层处理，全部绝缘安装，使得屏蔽门与站台等建筑物绝缘，如图 2-2、图 2-3 和图 2-4 所示。上下两部分通过椭圆形孔连接，方便调整前后方向；与下部预埋件配合的时候，又可方便纵向调整。顶部伸缩装置与立柱的相连，能够平衡顶部部位的建筑误差，并彻底消除顶部及站台面对城市轨道交通站台屏蔽门系统的影响。

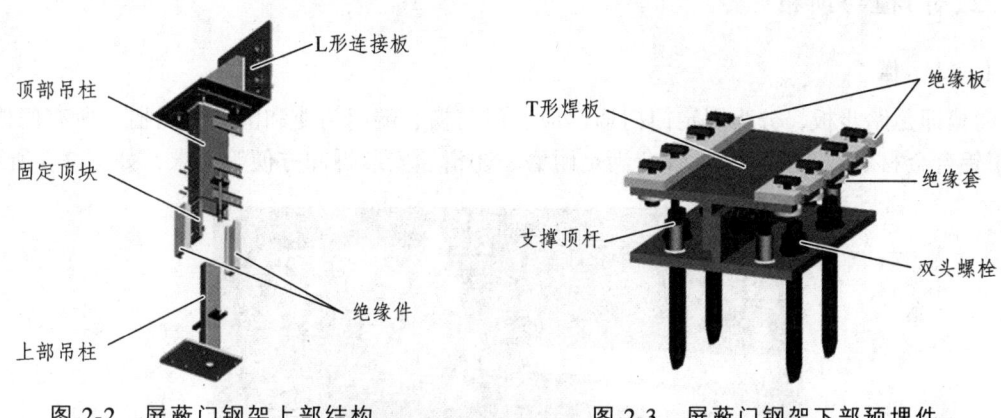

图 2-2　屏蔽门钢架上部结构　　　　图 2-3　屏蔽门钢架下部预埋件

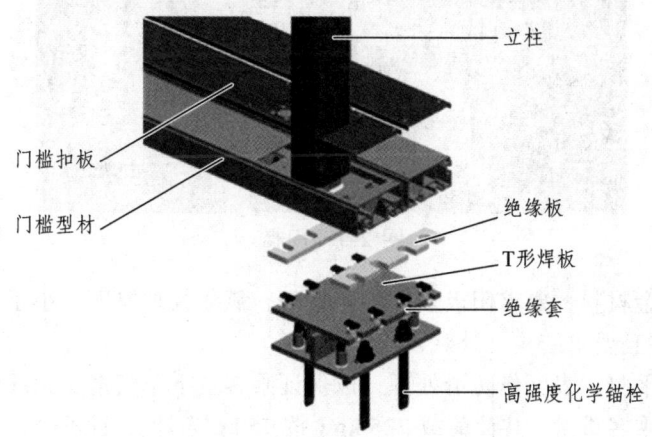

图 2-4　门槛、支撑部件组装示意图

其部件的主要功能及要求如下：

（1）上下部预埋件一般采用可调型连接结构，以吸收土建施工带来的误差及设备使用过程中产生的变形，保证设备精度，结构可靠。

（2）立柱与门槛基体和上部连接件相连，为屏蔽门的主要受力构件，采用不锈钢材料，安装门柱需要绝缘处理。

（3）横梁沿站台横向将所有的立柱连接在一起，保证整个钢架结构的稳定性，同时也是固定门安装构件。钢架横梁部位为门体的重要支撑结构，若钢架结构变形，将会导致屏蔽门不能正常开启与关闭。

（4）门机梁是滑动门驱动装置、传动装置、门锁机构等的安装基体。

屏蔽门承重结构部件采用结合上部顶梁侧面固定的底部支撑门体安装方案。底部支撑件及上部连接部件均保证屏蔽门门体结构与土建结构的可靠连接。屏蔽门上部连接部件与站台顶梁的混凝土结构梁相连接，底部支撑件与站台地面混凝土结构相连接，均采用高强度穿透螺栓进行坚固安装，保证屏蔽门整体可靠稳定。

按照国家的相关规定，在进行门体结构安装时，要将门体结构的顶部、底部等进行绝缘处理。

二、门槛与顶箱

1. 门　槛

门槛即是踏步板，分为固定门门槛、应急门门槛、端门门槛和滑动门门槛。所有门槛均采用铝合金材料，采用防滑设计，满足耐磨、防滑、安装拆卸方便等要求，如图 2-5 所示。

图 2-5　门槛

门槛采用铝合金材料，要求阳极表面氧化处理，氧化处理厚度不小于 25 μm，保证使用寿命至少 30 年，并且要求结构、外观及尺寸统一。

门槛踏面要求平整，表面作防滑处理，以保证乘客上下车安全、无绊倒危险。单副门槛要能同时承受 3 位乘客重量，共计荷载 225 kg（按 75 kg/人计），且不会产生变形和任何方向的位移，挠度不大于 1/1 000。

门槛通过底部支撑固定在站台边缘,由于底部支撑座在水平和垂直方向可调,能确保门槛安装不会侵入限界。门槛与固定支座之间安装绝缘件,满足屏蔽门与土建的绝缘要求。门槛边缘安装绝缘棒,并采用绝缘密封胶填缝处理,保证门槛与站台板石材绝缘。行业技术要求门体结构对地绝缘值不小于 0.5 MΩ(用 500 V 兆欧表测试)。

门槛踏面设计有贯通的凹形导槽。门槛导槽与滑动门导靴组成可来回滑动的运动套组,滑动门导靴在门槛凹形导槽中滑动顺畅,同时对门槛导槽清扫,避免导槽藏留灰尘,也防止因杂物堵塞滑动门运动而导致不能关闭滑动门的故障。导靴上的毛刷可以过滤空气中的灰尘,并且打扫门槛上的垃圾。导槽不仅为门扇开关起导向作用,也保证滑动门门扇的平稳运行。开关门时,门槛与滑动门导靴之间要求没明显的摩擦噪声,两者之间的摩擦系数不得超过 0.4。滑动门导靴布置如图 2-5 所示。

屏蔽门的滑动门与门槛之间的间隙不大于 5 mm,应急门、端门与门槛之间的间隙不大于 10 mm。

2. 顶　箱

顶箱由顶箱活动前盖板、门机梁、顶箱固定前盖板、顶箱后盖板等组成,内部设置有门单元驱动机构、门锁装置、门机控制器(DCU)、端子排、导轨、滑轮装置、门机梁等部件。顶箱对上述部件起密封保护作用,如图 2-6 所示。

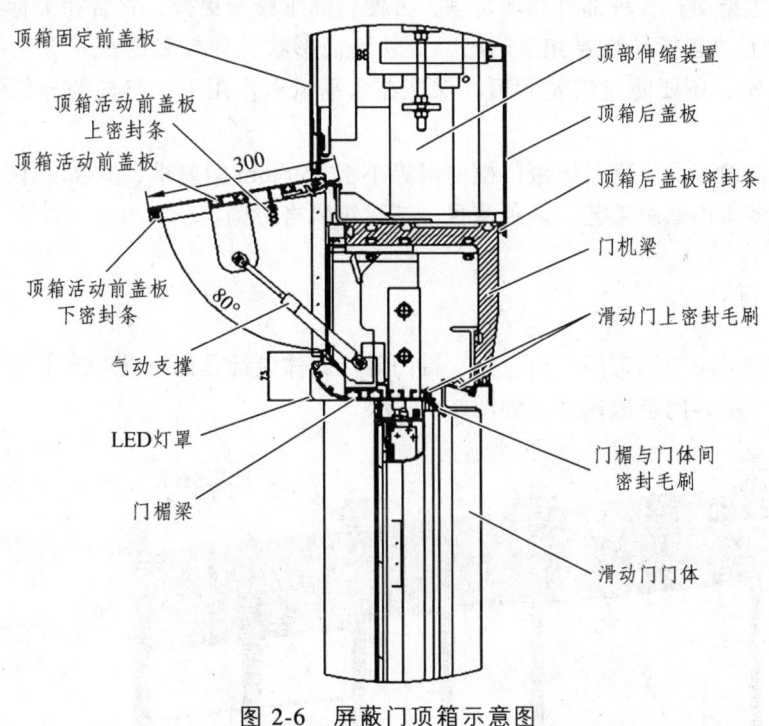

图 2-6　屏蔽门顶箱示意图

顶箱固定前盖板、活动前盖板、门机梁、顶箱后盖板形成密封顶箱内腔。固定前盖板与活动前盖板连接处有橡胶密封条,后盖板及滑动门顶部开口槽与门机梁连接处有毛刷密封结构,活动前盖板的边缘有可压缩的橡胶密封条,当活动前盖板关闭和锁紧时,内腔可形成相对密封的空间。

顶箱前盖板的分缝宽度要求不大于 5 mm，后盖板要能承受列车活塞风载荷。盖板与顶箱之间的密封完好。要求在有活塞风的情况下，顶箱不发出风啸声。

顶箱活动前盖板采用 6063-T6 直接成型铝合金型材，厚度不小于 2 mm，两侧表面采用氟碳喷涂，涂层不小于 35 μm。活动前盖板中部可采用加强筋结构以加强盖板刚度。要求达到前盖板在存放、安装及日常检修维护过程中，不会出现因其自重而产生的扭曲和永久变形。活动前盖板通过铰链固定在门机顶部，开启角度可达 70°~80°；同时设置伸缩定位的支撑装置，以便于进行门机内部的检修维护工作。另外，活动前盖板要配锁，前盖板只有在解锁后才能打开。

顶箱后盖板采用发纹锈钢材料，厚度不小于 1.5 mm。顶箱后盖板不直接安装在土建顶梁上，而是与顶箱上部件采用沟槽扣式连接，上下部用螺栓固定，在轨道区活塞风的作用下，使后盖板不会脱落危及行车安全。

顶箱盖板要求保证足够的强度，耐腐蚀，使用寿命 30 年以上。

顶箱底部与滑动门顶部开口槽有良好的接合，保证门扇开关活动顺畅，并有良好的密封装置。

顶箱内门机梁设计要能满足最大工作载荷组合情况的工作要求：各种水平载荷不会造成门机梁的变形；门机梁上的各种电气部件及机械部件安装固定，在列车运行和滑动门工作时各部件不会产生振动；各种部件布局合理，方便检测维修及更换；符合相关标准规范要求。同时，门机梁上的运行导轨要光滑耐磨，导轨断面形状与导轮要匹配。导轮与导轨之间的传动是拖动滚轮，还要防止滚轮倾覆，保证在水平风压作用下，导轮与导轨能保持良好的传动关系。

顶箱横截面的宽度须满足屏蔽门横向限界小于 350 mm 的要求，多数设计为 348 mm。顶箱的导向标识多采用贴膜工艺，颜色醒目，与建筑风格协调。

三、门 体

门体包括滑动门、固定门、应急门、端门等。门体设计是以方便乘客上下车为目标，并保证紧急情况下乘客的疏散速度，如图 2-7 所示。

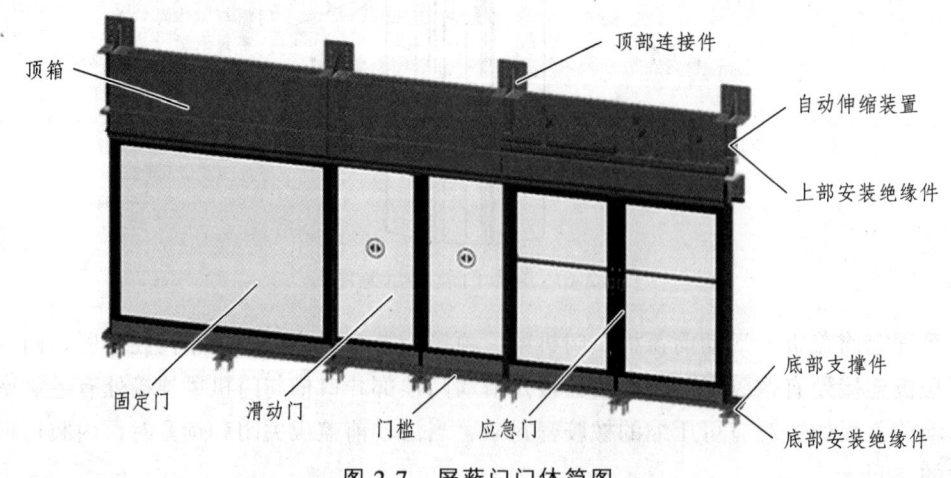

图 2-7 屏蔽门门体简图

1. 滑动门（ASD）

按照国际通用标准，城市轨道交通车辆类型可分为 A、B、C 及 L 四种。A 型城市轨道交通车辆：长 22.8 m，宽 3 m；B 型城市轨道交通车辆：长 19 m，宽 2.8 m；C 型城市轨道交通车辆：长 19 m，宽 2.6 m；L 型城市轨道交通车辆：长 16 m，宽 2.8 m。由于列车长度以及乘客数量不同，每节车厢的车门数量也不相同，分别设计有 3、4、5 道车门。根据线路车辆的不同类型，车站每侧的滑动门数量也不同。目前，广州地铁各车站每侧滑动门数量有 12、16、18、24、30、40 道等。

常见的站台每侧设有 24 道或 30 道滑动门与 6 辆编组的车辆相对应。当列车正常到站后，与列车门对应的滑动门打开，以方便乘客上下车。当停车时间结束时，列车门关闭，相应的滑动门同步关闭，保证乘客安全。

当滑动门关门受阻时，门操作机构能检测障碍物的存在，释放关门力，停顿 2 s 后门全开，再关门，重复关门 3 次门仍不能关闭，则滑动门全开并进行报警。紧急情况时，乘客可从轨道侧手动开门，工作人员可从站台侧用钥匙手动操作滑动门开门。

2. 固定门（FIX）

固定门设置在滑动门、应急门、端门之间，不能打开。在满足门体结构的刚度、强度下，为提高通透效果，采用整体化玻璃门，直接固定安装在钢架结构上。

3. 应急门（EED）

应急门是紧急情况下乘客的疏散通道。理论上，出现紧急事故时，应急门安装越多，乘客的逃生通道也越多，屏蔽门系统的安全度越高。但过多的应急门，会影响整个屏蔽门系统的密封性。由于应急疏散门的密封性要远小于固定门。到目前为止，站台每侧安装应急门装置一般不超过 6 道。

城市轨道交通车站每侧站台边缘屏蔽门系统均设有 3~6 道应急门，设置于 02 滑动门单元与 03 滑动门单元之间、06 滑动门单元与 07 滑动门单元之间、10 滑动门单元与 11 滑动门单元之间、14 滑动门单元与 15 滑动门单元之间、18 滑动门单元与 19 滑动门单元之间、22 滑动门单元与 23 滑动门单元之间。

每侧站台应急门的设置数量一般为 3 道，对应第 1、4、6 节车厢各设置一道，以便对应 4 辆、6 辆编组列车，在列车不能定点停车的情况下，提供乘客进出车厢的条件。

在正常情况下，应急门不开启。当列车发生故障、列车车门不能对准滑动门或发生其他紧急情况下乘客逃离列车时使用，乘客能在轨行区侧通过应急门上的推杆手动推开应急门逃生。

应急门设有门锁装置，站台工作人员可在站台用安全门钥匙开门；轨道侧设有横向的手动开门推杆，乘客在轨道侧压开门推杆可将门打开。

4. 端门（MSD）

端门位于站台的两个端头，垂直于站台边线，设在列车司机门和建筑墙之间，将站台区与隧道区分隔开。一般情况下，端门是乘务人员、站台工作人员和司机的出入通道，当出现紧急事故时，也可以作为乘客的紧急逃生通道。

从外形、原理来看，端门与应急门装置极为相似。端门上轨道侧设置有横向的手动开门推杆，压开门推杆可将门打开。端门在站台侧设有门锁，可由工作人员用钥匙手动开门。端门打开后能自动复位至关闭。

应急门与端门作为应急疏散门单元，都不需要动力源来带动，都靠手动解锁的方式来打开。但由于司机上下车、控制室检修等原因，端门的开启十分频繁，故大部分城市轨道交通车站的端门门框上部装有自动闭门器，保证门体在手动开启后能够自动关闭。

四、车站屏蔽门安装方式及预埋件设置

1. 屏蔽门安装方式

屏蔽门门体的安装方式有两种：顶部悬挂和底部支撑安装方式。两种方式比较如下：

（1）顶部悬挂。

顶部悬挂方式是指整个屏蔽门的质量和水平载荷均由上部连接结构承担。除门槛外，包括滑动门、固定门、应急门、门机系统以及所有其他构件的质量均通过上部悬挂传递到站台顶板结构上，屏蔽门整个结构对站台板没有垂直载荷或垂直载荷较小。

其特点是门结构无承重立柱，在站台上通透性更好，但安装与维护相对不太方便。这类安装方式更适合于改造项目。

（2）底部支撑。

底部支撑方式是指屏蔽门系统所有质量和水平载荷都由安装在站台底板上的屏蔽门立柱、底部支撑座所承担，由立柱及底部支承座将门体结构的重力载荷转移到站台板上的支承方式。广州地铁2号线等国内大部分线路的屏蔽门均采用此种方式。

其主要特点是：

① 门体结构的主要承重部件为立柱和底部支承座，屏蔽门在站台的通透性相对上部悬挂方案差。

② 土建结构产生沉降量，屏蔽门系统需要调节，一般在门立柱顶部轴套伸缩结构上预留一定间隙的沉降量。门底部与站台板的安装间隙可控制在较小的范围内，可达约 5 mm，相对美观。

③ 运行中结构变形检查、调节均可在底部进行，安装维护较为方便。

2. 上部预埋条件

门体结构顶梁设置有两种方式：顶部横梁安装和侧向顶梁安装。

（1）顶部横梁和预埋件。

顶部横梁和预埋件方案是在屏蔽门安装位置正上方设置结构顶梁，顶梁底面设置预埋件，如图 2-8 所示。

此种方案存在以下不足之处：

① 结构的渗漏水很容易通过屏蔽门与站台顶梁的结合面流进屏蔽门顶箱内。因此，必须考虑防水处理。

② 站台顶梁的设置位置减小了站台侧上方的管线敷设空间，并有可能与车站内风管、电缆桥架位置发生冲突。

③ 屏蔽门安装在站台顶梁的正下方，土建施工误差引起站台顶梁的相对位置偏差，将增加屏蔽门的安装困难，后期不得不采用较多的化学螺栓来进行连接固定，且施工面为正上方，施工工艺困难，难度大。

（2）侧向顶梁和预埋件。

如图 2-9 所示，在屏蔽门安装位置的轨道侧上方，沿站台边缘设置通长纵梁，纵梁边缘与站台边缘平齐，顶梁底标高一般在站台吊顶以上约 100 mm。在顶梁内设置预埋件（预埋连接板和穿透钢管），屏蔽门安装时通过预埋件与之连接固定。我国现在新建城市轨道交通屏蔽门均采用此种方式。

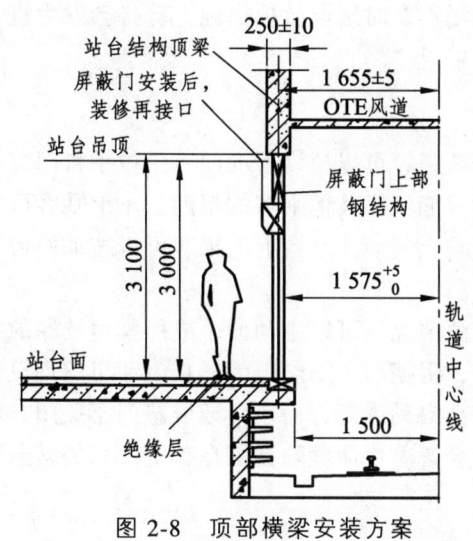

图 2-8 顶部横梁安装方案

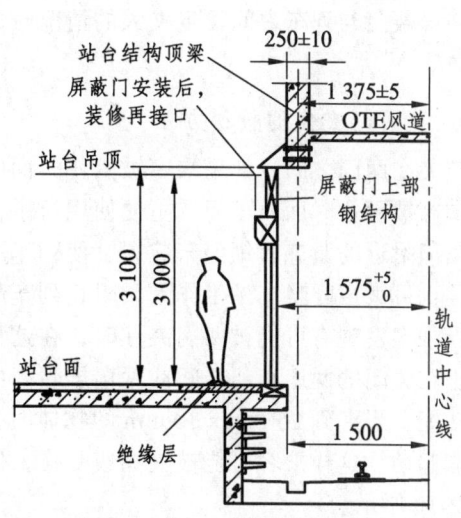

图 2-9 侧向顶梁安装方案

3. 底部安装预留条件

屏蔽门底部与站台板的连接处可采用预埋件方式，也可直接采用后固定方式。

（1）采用预埋件方式可以有 3 种预埋件设置方式：预埋燕尾槽、预留开孔、预埋钢板。

（2）底部安装采用后固定方式，即土建站台板不预埋屏蔽门安装预埋件，但应保证足够的强度和正确的站台边缘尺寸，屏蔽门安装时直接现场打孔安装，或者采用化学螺栓，或者采用穿透螺栓，这样更能适应土建的施工误差。

五、屏蔽门限界与安全措施

屏蔽门是安装在站台边上的机电设备，其安装位置需要与轨道车辆配合。由于车辆是运动的，屏蔽门是静止的，为避免两者之间发生碰撞，从结构限界设计上必须留有一定的安全距离；又由于车辆是运动的，所形成的动态包络线使得安全距离需要增大。车辆和屏蔽门两套设备之间必须确保的安全距离，却成为乘客的危险空间，并且安全距离越大，使得乘客乘车危险性就越高。

屏蔽门系统属于车站轨旁设备，因此该系统的设计与安装，必须严格符合限界要求，否则会引发设备损坏及安全事故。GB 50157—2013《地铁设计规范》对屏蔽门系统限界有规范要求：车站设置屏蔽门时，屏蔽门安装尺寸应考虑在弹性变形状态下，屏蔽门最外突出点至车辆限界之间应有不小于 25 mm 的安全间隙。根据 GB50490—2009《城市轨道交通技术规范》中的要求：站台屏蔽门不应侵入车辆限界，直线车站时，站台屏蔽门与车体最宽处的间隙不应大于 130 mm。

在城市轨道交通的运行中，若滑动门门体与车体间的间隙过大，在滑动门和列车门都已关闭锁紧，而个别乘客又被夹在滑动门和列车之间时，将造成严重的安全事故；若屏蔽门踏步板与车体间的间隙过宽，乘客在上下车时也有可能由于疏忽大意或人多拥挤而造成人身伤害。因此，在客流量大、行车间隔短的城市轨道交通线路，这两种间隙问题必须引起特别重视，在设计上要科学控制间隙的有效范围值，并采取适当的结构设计方案避免重大安全隐患。

当屏蔽门与列车之间发生夹人的情况时，现场不及时采取救援措施，势必会发生重大伤亡事故。

1. 被两门夹住的救援方法

被夹在两门之间，如果乘客被困住时面向屏蔽门，可以拉动滑动门紧急拉手将门打开；如果乘客被困住时面向车门，不便使用拉手，就只能依靠其他乘客的帮助。车上乘客可以拉动列车门附近的紧急解锁停车装置，使列车不能马上起动。站台上的乘客可以按动站台紧急按钮，也可大声呼唤车站工作人员阻止列车起动。

当乘客发现有可能被两门夹住时，在这种危急情况下可以主动伸手或用其他较厚的物件挡在正在关闭的两扇车门之间或两扇屏蔽门中间，阻挡门关闭。因为屏蔽门和车门均设计有防夹功能，当夹到 25 mm×30 mm 的物体时，门会自动弹开，而车门或屏蔽门不关闭，则车辆不能起动。这样乘客可能被夹痛或受伤，但不会冒着生命危险被困在其中。相关紧急装置如图 2-10 所示。

屏蔽门紧急拉手　　　　　　车门紧急解锁　　　　　　站台紧急停车按钮

图 2-10　紧急装置

2. 防攀爬斜板及挡板

采用滑动门防攀爬斜板的设计是减少屏蔽门与列车之间间隙过宽的一种处理措施。该斜板作为滑动门门体的辅助部件，在保证不侵入车辆限界的前提下，设置在滑动门底部，并尽量贴近踏步板，斜面的设计基本排除了乘客平稳站立在斜板上表面的可能性，减少乘客在门与车辆之间的缝隙停留的危险。

防攀爬斜板的安装不会侵限，无须额外加装有源设备，是比较有效的方法之一。它的缺点是，可能在拥挤且车门先开的情况下乘客被挤出车厢，脚滑入站台和车体的缝隙后发生伤害。

在屏蔽门靠近轨道侧的滑动门边上加装挡板，采用高约 60 cm 的橡胶挡板，竖向安装在滑动门的侧边缘,与滑动门成直角。当屏蔽门关闭时,挡板增大了滑动门关闭时两门的接触面积,乘客在关门时被夹到的可能性增大,但减小了被困在危险空间的可能性,也不容易被夹伤。挡板的安装虽会侵限,但橡胶不会刮伤车体,也无须额外加装有源设备,是目前比较有效的方法之一。

它的缺点是不太美观,易侵入限界;虽然对上车乘客比较有效,但对拥挤且先开车门乘客被挤出车门时还是不利的,它可能挂住乘客腿部向门体两侧移动,使乘客容易跌倒,如图2-11所示。

图 2-11　防攀爬斜板和挡板

其他类似原理的设计:在滑动门上安装多道横向障碍物,以保证有害空间不会容纳乘客。其缺点是它的安装已经侵入限界,材料必须软硬适度,既不会刮伤车体,也要有一定的硬度阻止乘客占据危险空间;由于数量多,体积较大,质量会增加,滑动门的启动冲击电流增强,功耗增大;它的安装会破坏屏蔽门的整体美观效果。

3. 乘客探测器

为确保行车安全,避免有乘客或大件物品被夹在屏蔽门与列车车体之间造成危险,在屏蔽门与列车车体之间设置的一种检测障碍装置,称为乘客探测器。

当列车车门与屏蔽门关闭后,乘客探测器一旦探测在列车车体与屏蔽门之间有乘客或类似物体,将切断安全回路,阻止列车起动;同时,发出声光报警信号。探测结果会影响行车,但不影响车门、屏蔽门的正常开关。

乘客探测器是采用激光或红外线进行检测的。两者相比较,激光成本较高,误判率低,目前应用较多,如图2-12所示。

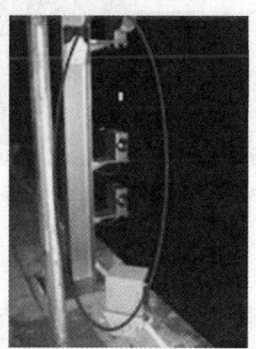

图 2-12　激光检测器

激光障碍检测装置采用 1 类不可见激光光束，对人体无伤害。同时，激光检测光束能量极低，符合电磁兼容性设计要求。

激光检测光束一般设置有两组高度：距离站台地面 300 mm，用于检测成年人的小腿部位；距离站台地面 600 mm，用于检测成年人的臀部和儿童的头部。

乘客探测器在车站检测防区设置方式有两种：

① 直线站台每侧站台设置一个防区；

② 曲线站台根据曲率大小每侧站台设置两个或多个防区。

正常情况下，屏蔽门系统合并"所有门关闭且锁紧信号"和"激光检测无障碍物信号"为安全回路信号发送给信号系统，作为发车凭证；如遇激光系统故障，可旁路"激光检测无障碍物信号"，将"所有门关闭且锁紧信号"作为安全回路信号。

类似的设计还有广州地铁自主研发的屏蔽门站台软灯管。在末端屏蔽门立柱外侧加装竖行的黄色软灯管，只要有人被夹在屏蔽门和列车门之间，黄色灯光就会被挡住，列车司机可通过瞭望灯管了解屏蔽门与车门之间的间隙情况，此举有效地防止了屏蔽门夹人事件的再次发生。软灯管的安装已经侵限，软灯管最好能装在缝隙正中间，若太靠近门体安装，则可能检测不出异常情况。此设计在地下直线站台也是比较有效的方法之一。它的缺点是只适合于地下直线站台，曲线站台司机看不到软灯管，高架站和地面站受自然光线的影响，司机看不清软灯管；另外，此安全措施靠司机观察来保证，需要加强司机的制度管理。

4. 安全防护橡胶条

为减小列车车体与门槛（站台边缘）的间隙，避免乘客上下车时发生踏空及物品掉落事故，在站台边缘滑动门槛对应位置安装安全防护橡胶条，对上述间隙进行填充。而橡胶不会刮伤车体，也无须额外加装有源设备，是目前比较有效的方法之一。橡胶条如图 2-13 所示。

图 2-13　安全防护胶条

5. 其他安全防护技术

目前，工程技术人员还在不断探索其他的安全防护方法，如采用视频探测结合图像自动识别技术，能够更加准确判断两门夹人事故，快速进行安全防护等。

第三节　屏蔽门门体

屏蔽门门体有滑动门、应急门、端门、固定门四种，如图2-14所示。

图 2-14　屏蔽门门体

一、滑动门

滑动门主要由门框、锁紧设备、非自动解锁设备、门吊挂连接板以及门导靴等组成。在城市轨道交通车辆正常运营过程中，滑动门是乘客正常上下车的通道。滑动门上方吊挂连接板与门机的吊挂板连接，而下方装有门导靴，在两扇滑动门的中心处安装有橡胶密封条。滑动门设有锁紧设备以及非自动解锁设备。在滑动门关闭后，锁紧设备可以阻止门因任何外力被打开；此时若想打开门，在轨道侧需要推动开门把手，在站台侧则需用钥匙才能打开非自动解锁设备。

1. 滑动门功能与要求

（1）应为中分双开式门，关闭时作为车站站台公共区与隧道区域的屏障，打开时作为乘客上下列车的通道。滑动门玻璃边缘应有装饰边框图案，用以遮挡门框结构。滑动门玻璃上设必要的指示标识，以便引导乘客。

（2）滑动门有障碍物检测装置，检测障碍物最小厚度为 5 mm，当滑动门遇到障碍物时，应弹开或停止运行，以保护被夹乘客或物品。

（3）每道滑动门单元设置一套锁紧装置，在滑动门关闭后，锁紧装置可防止外力作用将门打开。

（4）为防止玻璃门体的损坏，可在门体下部设一定高度的踢脚板。滑动门轨道侧的下部设置防攀爬斜板，减少乘客在门与车辆之间的缝隙停留的危险。

（5）采用中空橡胶密封和尼龙毛刷相结合的方式，以隔离噪声和阻止站台与轨道间空气及热量的对流，提高环控效率。密封件使用寿命不小于 5 年。

（6）滑动门在操作过程中应保持安静，不应有"撞击声"等噪声产生。

（7）滑动门开关过程时间与列车门开关过程时间相匹配，且在一定范围内可以调节，同步精度不大于 0.1 s。

（8）滑动门与立柱装饰扣板之间间隙不大于 5 mm，设置防夹胶条，防止夹伤乘客手指，而且不影响滑动门正常开关。

2. 滑动门结构

全高封闭式屏蔽门门体总高度 3 000 mm，上部分为顶箱，2 m 以下部分为透明门扇，主要由钢化玻璃和不锈钢门框组成。地下车站每侧站台边缘均设有 12～40 道滑动门。根据 B 型车车辆资料，按所有车门均匀分布计算，每道门有两个门扇，门规格为 2 000 mm × 2 000 mm，则所有相邻滑动门的中心间距均为 4 880 mm，滑动门有效开度为 2 000 mm，每扇滑动门行程为 1 000 mm。两个门扇以滑动门中心对称同步反方向平行滑动，以这种方式打开或关闭，故称滑动门。

滑动门轨道侧门框下横框下面安装有导靴，用于保证滑动门的平稳运行。导靴与门槛导槽之间为接触式结构，其间隙距离要符合要求，方便更换导靴。更换导靴时，先将防攀板拆除，然后从下方将导靴和导靴安装板拆除，无须拆下滑动门，便可实现导靴的更换。

3. 滑动门手动解锁

手动解锁机构与设置在顶箱内的锁紧装置联动，在非正常运营模式和紧急运营模式时，站台工作人员或乘客手动打开滑动门，实现解锁。每道滑动门在轨道侧均设置特殊把手、在站台侧均设置锁孔对滑动门进行开门操作。轨道侧手动解锁把手采用内置式把手，从站台侧看是隐形把手，但在轨道侧看，有明显的识别标志。

当需要手动开门时，轨道侧乘客可提起把手，顺时针旋转 90°后可以拉开滑动门。在站台侧，为防止无关人员的损坏，手动解锁钥匙孔的设置位置往往较高，需要站台工作人员使用专用钥匙，插入锁孔并顺时针旋转 90°后可以拉开滑动门。此时，手动解锁机构中的顶杆被顶起，在垂直方向顶起手动解锁装置底部的圆盘，带动解锁装置而使锁销抬起，门锁解锁。同时，手动解锁行程开关被触发，发出信号传递到门机控制器（DCU），声光报警装置报警。经一定时间延迟后，滑动门将自动关闭，如图 2-15 所示。

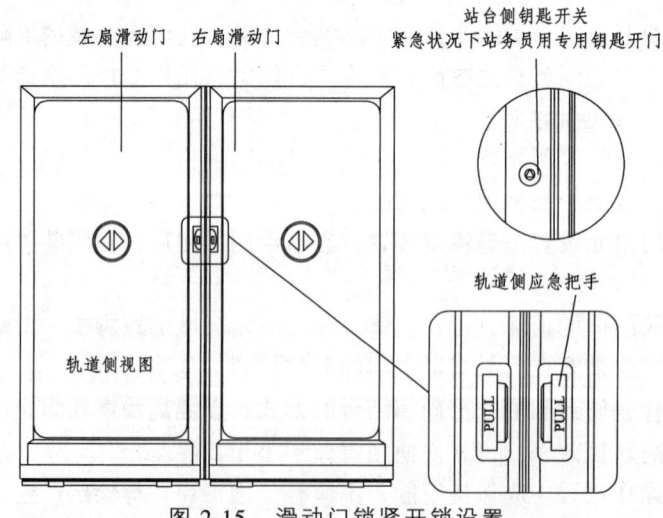

图 2-15　滑动门锁紧开锁设置

4. 就地控制盒

每道滑动门设置一个就地控制盒（LCB），供维修人员使用。就地控制盒的钥匙开关设置在滑动门门楣右侧下方。就地控制盒钥匙的钥匙柄应适当加大，方便操作人员使用。就地控制盒钥匙与滑动门互锁解除钥匙不能相同。

5. 非标准滑动门

4 辆编组或是 6 辆编组列车，其停车位均靠出站端停靠。由于列车车型不同，有带司机室车辆和不带司机室车辆，其乘客门位置相错 875 mm。为了不影响司机的开门和瞭望，站台首末两对滑动门单元设置为非标门单元，也常称之为边门。此处有两种方案。

方案一：大小门方案。靠近列车司机室的滑动门开启的宽度减小，与车门中心不对称，如图 2-16 和图 2-17 所示。

图 2-16　大小门关闭　　　　　　图 2-17　大小门开启

方案二：套叠门方案。靠近列车司机室的滑动门做成两扇门套叠形式，另一侧滑动门为标准滑动门。此方案前端与尾端滑动门在打开/关闭状态时均不会超出门单元总长度，且滑动门全开后所形成的通道宽度保持不变，如图 2-18 和图 2-19 所示。

图 2-18　套叠门关闭　　　　　　图 2-19　套叠门开启

二、应急门

应急门的主要组成部分有应急门扇、闭门器和推杆锁。

应急门设置在固定区域。列车正常运营时,应急门应保证关闭且锁紧,在站台区与轨道区之间起隔离作用;当列车进站无法对准滑动门时,应急门作为乘客应急疏散通道。

当城市轨道交通车辆进站停车时,出现停车故障,车辆门无法对准滑动门,而又不能再进行位置调整时,应急门便是疏散乘客的通道。在应急门的中部安装非自动推杆解锁设备,避免应急因为隧道通风系统风压或者列车活塞风压等原因而自动打开。在轨道侧,乘客能通过用推杆打开推杆锁设备来开门;在站台侧的站台工作人员也可以使用钥匙把应急门打开。应急门的顶部安装的闭门器可以确保在手动状态下也可以自动关闭,同时闭门装置也是应急门状态检测的主要设备,如图2-20所示。

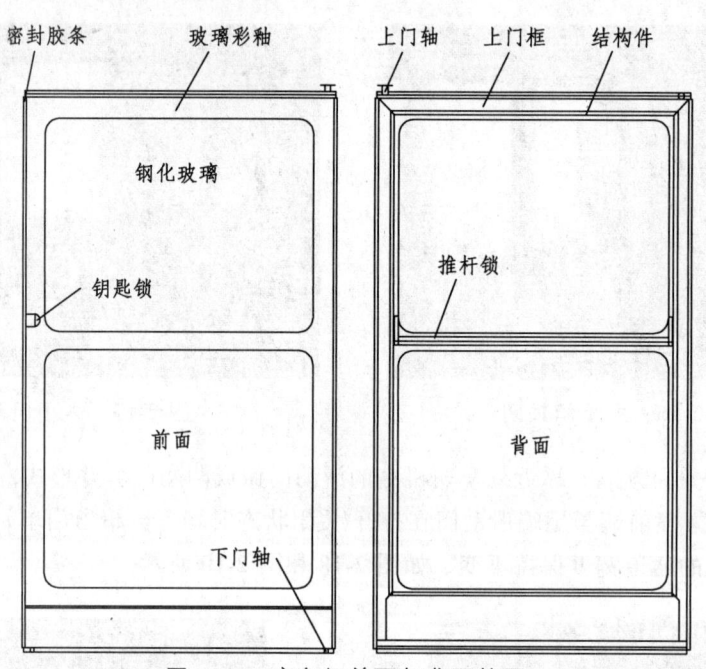

图 2-20 应急门前面与背面简图

1. 应急门功能与要求

(1)应急门隔断站台和轨道,有门锁装置,在紧急情况下允许采用手动打开,即站台工作人员可在站台侧用专用钥匙、乘客在轨道侧推压开门推杆将门打开。

(2)正常运营状态,应急门应保证关闭且锁紧,在公共区与隧道区之间起隔离作用;当列车进站无法对准滑动门时,可作为乘客应急疏散通道。

(3)应急门上设门锁装置,站台工作人员可在站台侧用钥匙开门,轨道侧设有开门推杆,推杆与门锁联动。乘客在轨道侧推压推杆将门打开,应急门向站台侧旋转90°中分平开,能定位保持90°开度,不应自动复位,开关门时,除密封件外,不允许有门扇其他部件与站台地面摩擦。

(4)开门推杆贴有明显的黄色指示标识。

（5）应急门门锁闭信号和解锁状态信号反馈到中央控制盘（PSC）中。
（6）应急门未"关闭且锁紧"情况下，该对应应急门的状态指示装置会发出声光报警。
（7）门体装饰和密封同滑动门。

2. 应急门结构

每道应急门有两个门扇，根据线路车辆型号不同，应急门的宽度不尽相同，通常略宽于滑动门。每个门扇常见宽高规格为 1 280 mm × 2 000 mm。应急门有效开度为 2 272 mm。应急门门扇结构及用材与滑动门基本相同。应急门的门锁装置与滑动门也基本相同。

应急门的打开方式与滑动门不同，左右门扇是以应急门中心线相互按顺逆时针方向旋转 90°向站台侧打开，即常见的推开方式。故应急门两个门扇各自在近外框侧需要安装上下门轴，并且需要设计安装门扇旋转 90°后的定位装置。

3. 闭门装置

应急门锁闭信号是纳入安全回路的。应急门的顶箱内并没有设置门机控制器等设备，其锁闭信号和解锁状态信号通过相邻单元门机控制器（DCU）反馈到中央控制盘（PSC），再由中央控制盘上传到综合监控系统（ISCS）。

应急门左右门扇分别采用两个行程开关：其中一个开关为锁定开关，采用顶杆式结构，用来检测门扇是否锁定；另一个为到位开关，采用摆臂式结构，用来检测门扇是否到位。每个开关具有多副常开、常闭触点。

对于锁定开关，其中一副常开触点作为安全回路使用，当门扇关闭时，门体顶部碰触开关顶杆，使该触点闭合，安全回路接通；另一副常闭触点作为门扇锁定-解锁状态检测。当门扇关闭时，门体碰触开关摆臂，使该触点断开；当门扇打开时，摆臂恢复自由状态，该触点接通。同时，检测信号传到相邻单元门机控制器（DCU），经 DCU 处理后传到中央控制盘（PSC），再由 PSC 上传到综合监控系统（ISCS）进行显示和报警。到位开关的信号控制过程思路基本相同。

4. 声光报警装置

应急门打开后，即应急门在未"关闭且锁紧"情况下，应急门的状态指示装置会持续发出声光报警信号。

三、固定门

固定门是由不能开启的玻璃隔墙组成，设置在滑动门、应急门、端门之间，在站台区与轨道区之间起隔离作用。固定门主要由钢化玻璃和不锈钢门框组成。

根据滑动门与滑动门的距离，以及门体结构强度的要求，按照灯箱广告的可视程度和乘客视觉范围的需要，可以将固定门设置为整块一体，也可设置为分块组合。固定门的门槛需要承受固定门的垂直载荷，因此要采用不锈钢材料，如图 2-21 所示。

固定门上部与门楣连接，下部与门槛销轴连接，左右两侧与立柱通过插接结构相连接。固定门与立柱、门楣、门槛之间采用橡胶条密封，门装饰与滑动门一致，门玻璃上设置必要的防撞标识。

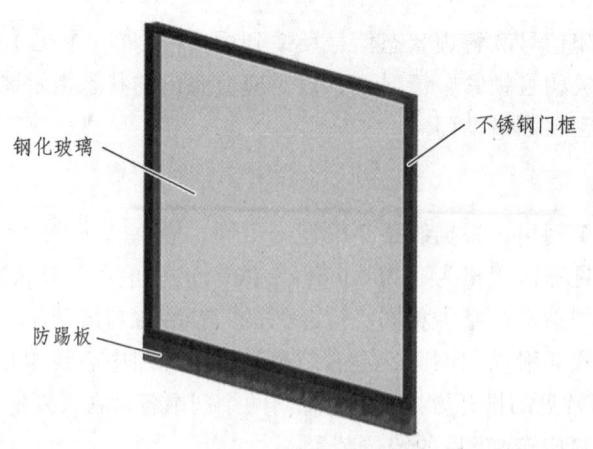

图 2-21　固定门简图

固定部分（含立柱）宽度多为 2 980 mm，玻璃部分的宽度为 2 800 mm，因此可分为两扇固定门（每扇宽度 1 400 mm），也可采用一扇整体式固定门（每扇宽度 2 800 mm），后者整体美观性和通透性更好。故大多数城市轨道交通工程屏蔽门固定门扇采用整体式方案。

四、端　门

端门是安装在车站站台两端的可活动门，是通往隧道方向的隔断门体，常与其他三类门体成垂直角度设置。端门是司机、乘务人员以及站台工作人员出入的通道，在特殊紧急事故发生时，也会成为疏通乘客的通道。正常运营时，端门关闭且锁紧，不会因风压而导致端门解锁打开。应急门与端门都只能靠非自动解锁的方法来打开，无须任何动力源来带动，如图 2-22 所示。

图 2-22　端门

1. 端门功能与要求

（1）主要用于车站工作人员在站台和轨道之间的进出，同时兼顾紧急情况下疏散乘客的要求，端门有门锁装置，允许手动打开。车站工作人员可在站台侧用专用钥匙、乘客在轨道侧推压开门推杆将门打开。

（2）端门上设计有门锁装置，乘客可从轨道侧推压开门推杆开门，站台人员可用钥匙从站台侧打开。端门打开后能自动复位至关闭。开门推杆设有明显的指示标识。

（3）端门顶箱上设有声光报警装置。

（4）端门向站台侧旋转 90°平开。开关门时，除密封件外，不允许门扇有其他部件与站台地面摩擦。端门的开启在小于 90°时自动关闭，在不小于 90°时应在 90°保持定位。

（5）端门状态信息反馈到中央控制盘（PSC）中。端门开启时间超过一定时间可设声光报警。

（6）端门单元整体与站台边其他屏蔽门、车站土建绝缘，且要做电气隔离。

2. 端门的结构

每侧站台两端各设置 1 套端门。端门净开度：900～1 200 mm。端门在机械结构和功能上都与应急门相同，端门的门锁结构、打开方式与应急门也相同。端门单元门锁装置要充分考虑地下车站端部活塞风压较大的情况，确保可靠锁闭。

3. 端门的解锁与检测

由于具有工作通道的功能，端门不接入安全回路。端门左右门扇也同样采用两个行程开关：其中一个开关用来检测门扇是否锁定，采用顶杆结构；另一个用来检测门扇是否到位，采用摆臂式结构。每个开关具有多副常开、常闭触点。其中一副常闭触点作为门扇锁定-解锁状态检测。当门扇关闭时，门体碰触开关摆臂，使该触点断开；当门扇打开时，摆臂恢复自由状态，该触点接通。同时，检测信号传到相邻单元门机控制器（DCU），经 DCU 处理后传到中央控制盘（PSC），再由 PSC 上传到综合监控系统（ISCS）进行显示和报警。

4. 端门的指示与报警

端门可向站台侧旋转 90°打开，并能定位保持在 90°开度；未在全开位置时，端门能自动复位至关闭。当端门开启时，设置在端门上方的门状态指示灯亮，当关闭并锁紧时，指示灯灭。当端门开启时间超过 30 s（0～5 min 内可调）时会报警，端门的状态指示装置会持续发出声光报警信号。

第四节　半高安全门门体结构

半高安全门门体结构由固定侧盒和各种门体组成，门体的高度为 1.2～1.5 m，如图 2-23 所示。

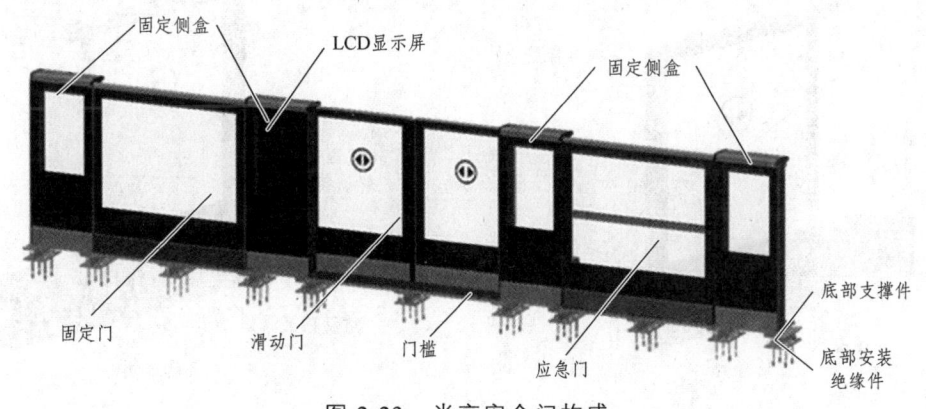

图 2-23　半高安全门构成

一、半高安全门固定侧盒

固定侧盒是半高安全门的重要部件,由结构框架、玻璃和不锈钢外包材(304L)、滑动门导向装置等组成,内设置有门机控制器(DCU)、安全控制器(CMS)、就地控制盒(LCB)、门状态指示灯、传动装置、锁定及解锁装置等,如图 2-24 所示。

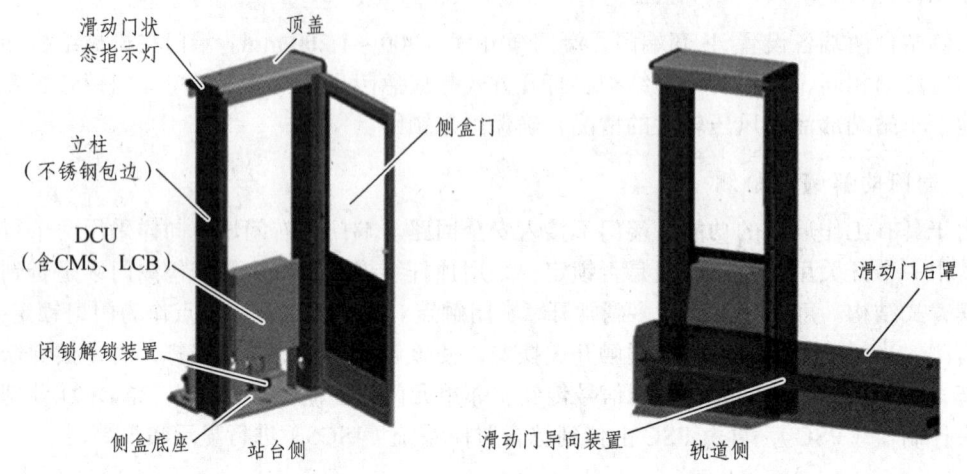

图 2-24 半高安全门固定侧盒

二、半高安全门滑动门

半高安全门滑动门结构如图 2-25 所示,其功能与要求如下:
(1)与列车门对应开启,关闭滑动门。
(2)在门框内设有手动解锁装置,可通过轨道侧的开门把手或站台侧的钥匙开关打开此门。
(3)在轨道侧设有激光防护装置,对屏蔽门和列车之间的间隙进行安全检测。

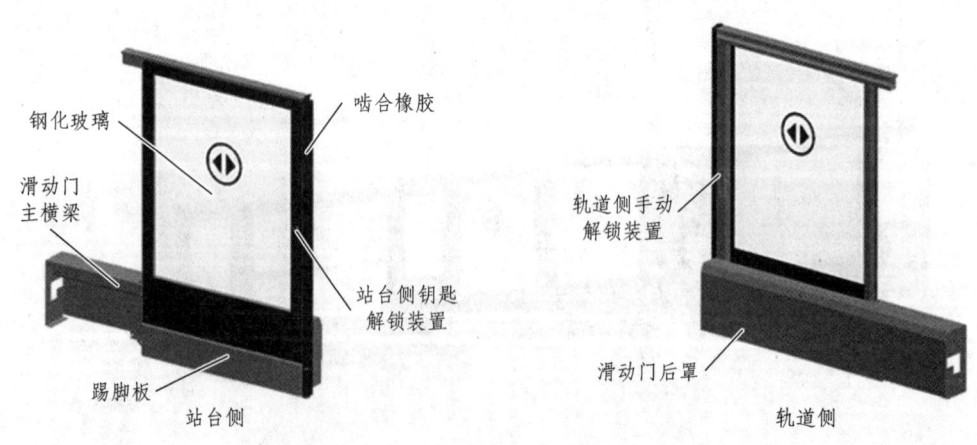

图 2-25 半高安全门滑动门构成

三、半高安全门应急门与半高安全门端门

半高安全门应急门与半高安全门端门结构、功能基本上是相近的。

半高安全门应急门结构如图 2-26 所示，其功能与要求如下：

（1）在正常运营时，应急门保持关闭且锁紧，作为站台公共区与隧道区域的屏障，当列车进站无法对准活动门时，作为乘客的疏散通道。

（2）应急门门体设有闭门器，中部设有推杆逃生装置，通过轨道侧的开门推杆或站台侧的钥匙开关打开此门。

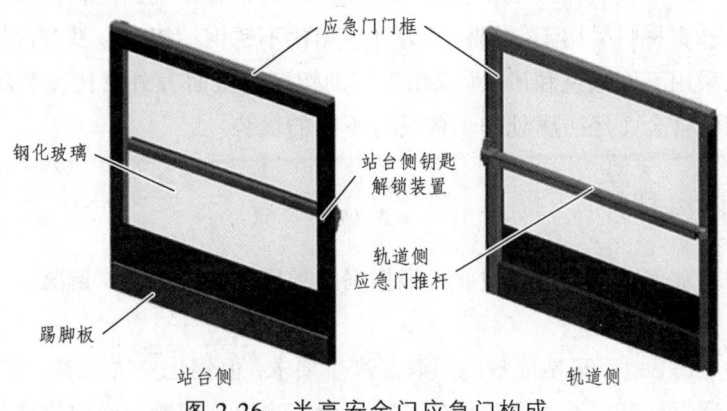

图 2-26 半高安全门应急门构成

四、半高安全门固定门

半高安全门固定门结构如图 2-27 所示，设置在滑动门与滑动门之间、滑动门与端门之间，在站台区与隧道区之间起隔离作用。

图 2-27 半高安全门固定门构成

第五节 屏蔽门材料

屏蔽门系统使用寿命不小于 30 年，采用质优价低的材料，门体材料须防霉变、抗腐蚀，门体材料表面应保证一定的硬度、不褪色，并容易清洁。所有受力部件采用优质钢材，门体玻璃采用钢化玻璃，顶箱内部的门机梁采用铝合金型材。

一、门体结构受力件材料

门体结构的立柱、顶梁、顶部桁架及底部支撑件等主要结构受力件建议采用优质碳素结构钢（进行镀锌防腐处理，镀锌层厚度不小于 80 μm）；门体玻璃采用钢化安全玻璃。而屏蔽门顶箱面板，为配合车站装修设计，可选用铝合金或低碳钢材料，经防腐处理和着色处理。推荐采用铝合金型材作为顶箱前盖板的材质，以满足强度要求，并保持平整度。

对于门体外露材料（主要是立柱外包板，滑动门、应急门等各类门框）选择，一般有铝型材外加表面处理（阳极氧化或氟碳喷涂）或发纹不锈钢直接使用两种。从防腐和耐腐性能方面考虑，门体外露材料采用不锈钢材质为宜。相比不锈钢，铝合金具有价格稍低，外观可以根据装修要求采用不同颜色和形状（选用不同的铝型材截面），外形比较美观、现代等优点，因此，不锈钢和铝合金（经防腐处理）各具有不同的优势。

二、门体隔离材料

屏蔽门采用的玻璃必须是安全玻璃，根据国内外屏蔽门采用玻璃情况，主要可选择钢化安全玻璃和钢化夹层玻璃。

从消防角度考虑，地下车站屏蔽门须满足逃生要求。但钢化夹层玻璃破碎后玻璃不掉落，必要时无法满足通过屏蔽门逃生或救援的要求。为解决逃生问题，必须按规范在一定位置设置安全通道口并做好标识。而屏蔽门门扇玻璃如要采用钢化夹层玻璃，也应设置安全通道口并做标识，这将影响车站的美观性，同时对救援或疏散不利。相反，轨道交通站台有完善的监视系统，且有站台值班人员进行巡视，玻璃一旦破碎，运营人员可及时知晓并采取应急措施，对乘客安全影响不大。

目前，国内外城市轨道交通屏蔽门玻璃几乎都采用了单层钢化屏蔽门玻璃，只有少数屏蔽门系统，如新加坡部分城市轨道交通项目采用了钢化夹层玻璃。

单层钢化安全玻璃经热浸均质处理，既能满足屏蔽门对玻璃的功能需求，又可节省投资。

所有屏蔽门系统门玻璃均采用符合国家标准的钢化玻璃，无色透明，都须经过均质处理，并在最大载荷条件下不会破碎或产生永久变形。根据门扇大小以及所承受的载荷，屏蔽门滑动门玻璃厚度应不小于 8 mm，固定门、端门、应急门玻璃厚度应不小于 10 mm。

玻璃的黏接是屏蔽门门体的关键工序，采用性能可靠的黏接胶是该工序施工的关键因素之一。双组分结构密封胶被广泛应用于城市轨道交通车站屏蔽门及高层建筑幕墙隐框玻璃的黏接，效果可靠。

思考题

1. 简述封闭式屏蔽门系统、全高安全门系统、半高安全门系统的区别。
2. 分析屏蔽门承重结构。

3. 分析封闭式屏蔽门的门体类型、结构特点。
4. 简述滑动门、应急门、端门的使用场景。
5. 简述乘客被夹在车门与屏蔽门之间时的处理措施。
6. 城市轨道交通车站采取什么措施来处理两门夹人、车门与站台缝隙过大的问题?
7. 半高安全门固定侧盒里面安装有哪些设备?
8. 为什么屏蔽门系统选择单层钢化安全玻璃?

第三章 门机系统

第一节 屏蔽门门机系统

屏蔽门门机系统是滑动门的操作机构,安装在门体结构的顶箱内,主要由驱动装置、锁紧装置、门机控制器(DCU)、传动装置等组成,如图 3-1 所示。驱动装置包括电机、减速器等。

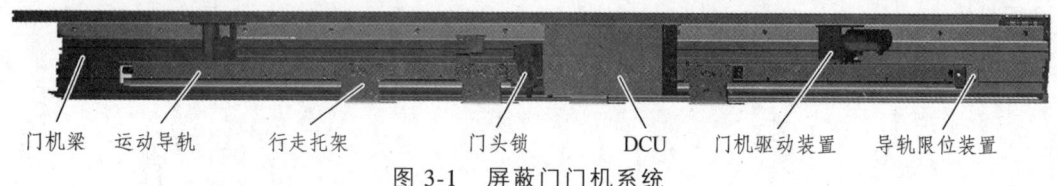

门机梁　运动导轨　行走托架　门头锁　DCU　门机驱动装置　导轨限位装置

图 3-1　屏蔽门门机系统

门机系统是通过电机和传动机构驱动门体的水平移动,实现屏蔽门的开和关,并将电压和电流等信息反馈给门机控制器,以便控制系统判断门的运行状态。

门机系统是屏蔽门滑动门的操作机构,主要由电机、传动装置、导轨与滑块总成、锁紧及解锁装置、行程开关和位置检测装置等组成。

屏蔽门门机系统组件需要满足以下各项技术要求。

一、电　机

电机采用高性能直流无刷电机,由门机控制器控制的工作方式,如图 3-2 所示。电机调速性能和输出转矩均应满足门扇运动曲线和动力曲线的要求。

图 3-2　屏蔽门电机

1. 电机特性及参数

以德恩科公司 BG65X75 电机为例,该电机具有以下优点:

(1) 采用电子换向装置取代传统直流电机的机械式电刷换向器,在运行过程中无换向火花和电磁干扰,省去更换电刷的麻烦,免维护;

(2) 电子换向,基本无发热现象;

(3) 运行平稳、可靠,效率较高;

(4) 易实现变频调速,能耗低,无干扰现象;

(5) 使用寿命长,连续运行时间可达 50 000 h;

(6) 电机外壳防护等级为不小于 IP54,绝缘等级为 F;

(7) 选用负载负荷计算标准:两个开/关门周期间隔最多 120 s。

以德恩科公司 SG80K 减速机为例,该减速机的减速比为 10:1,工作时最高表面温度为 104 ℃。门机系统 BG65X75 电机、SG80K 减速机参数分别见表 3-1、表 3-2。

表 3-1 门机系统电机参数

电机型号	BG65X75	额定转差率/%	0
额定功率/W	134	功率因数	0.99
额定电压/V	110	转矩常数 k_t/(N·m/A)	0.22
最小电压/V	75	电机额定扭矩/N·m	0.4
最大电压/V	140	电机转动惯量/kg·m²	172×10^{-6}
电压常数 k_e	30.58	电机绕线电阻/Ω	1.83
额定电流/A	1.8	绝缘等级	F
启动电流/A	54(Max)	外壳防护等级	IP54
额定转速/(r/min)	3 200	门机表面工作温度/℃	104(Max)

表 3-2 减速机参数

减速机型号	SG80K
传动比	10
效率	80%
最大输出扭矩	8 N·m

2. 电机驱动

电机是滑动门的动力来源,由 DCU 根据预先设定的速度曲线进行驱动。电机转动位置由霍尔传感器检测、DCU 计算获得。

通过霍尔传感器检测电机的旋转速度。当电机的旋转速度大于预定的速度时,减小电压输出的占空比，降低电机的旋转速度，使电机的实际速度能够无限接近设定的速度；当电机的旋转速度小于预定的速度时，增大电压输出的占空比，增大电机的旋转速度，使电机的实际速度能够无限接近设定的速度。

同时，通过检测电机转动的周期和相位，可计算出皮带的移动距离，从而获得电机的转动位置，即滑动门的位置。

DCU 通过检测电机的电流，可以用于检测障碍物，以及电流控制。当开门或关门阻力大于门体夹紧阈值时，电流值达到设定阈值，DCU 停止驱动电机运转，此反应为滑动门运动过程中遇到障碍物。

一种典型三相电机驱动电路如图 3-3 所示，该电路模块具有温度监视保护、过流（过载）控制保护、低电压判断保护功能，该模块也适用于三相直流无刷电机驱动。

图中，LeU、LeV、LeW 外接的 3 个电阻为电流检测电阻，通过微控制器 A/D 转换及采样分析，可以计算出电流值、电机转矩，并判断障碍物信息及进行过流保护。图中芯片连接外围 6.8 Ω NTC 负温度绕线电阻，用于温度监视。当温度达到设定阈值时，芯片自动关闭输出，微控制器向控制与监视系统传输超温信息。

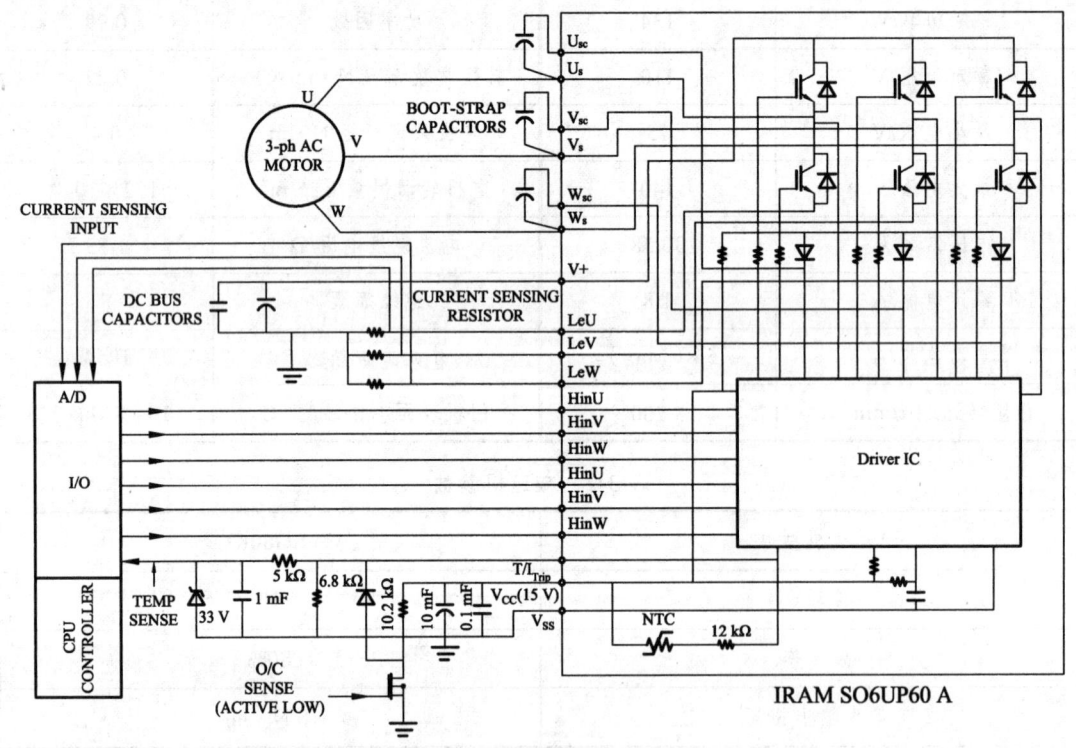

图 3-3　电机驱动电路图

直流无刷电机转动原理如图 3-4 所示，微控制器生成 PWM 信号，驱动上下桥臂共 6 个 IGBT 管，对应的 IGBT 管导通，实现电机正转或反转动作。电机的减速和制动采用再生制动的方法，Q_7 是用于通过 R 释放再生制动的多余能量。

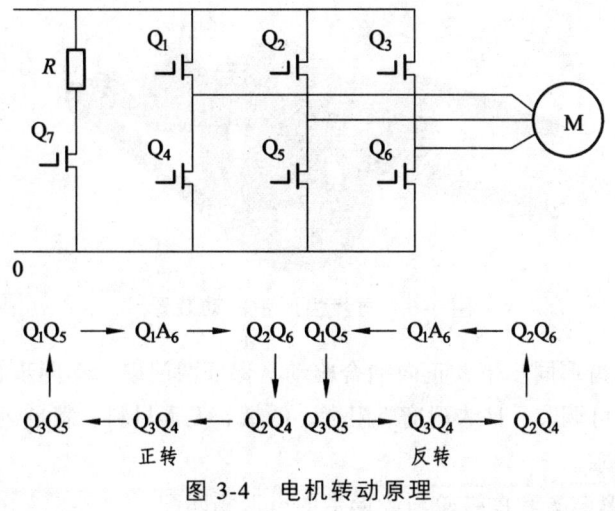

图 3-4　电机转动原理

二、传动装置

屏蔽门门机系统采用齿形同步带传动方式，由单个直流电机-减速器组合驱动，整个传动装置安装在顶箱内，由以下部分组成：配有驱动轮的齿型同步带、用于调节皮带松紧度的反向滑轮、用于拖动滑动门扇的滚轮拖板组件、皮带锁扣、为滑轮导向的导轨和闭锁单元。屏蔽门传动装置示意图如图 3-5 所示。

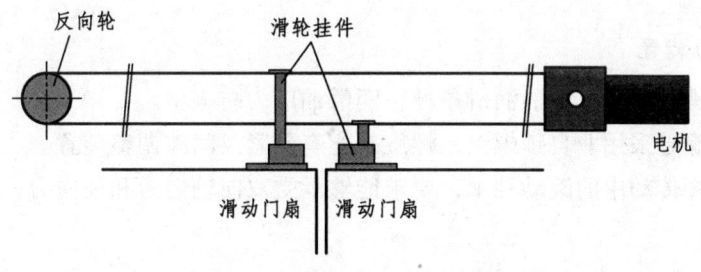

图 3-5　屏蔽门传动装置示意图

电机在门机控制器的指令下，通过减速机"驱动轮—皮带—反向轮"进行循环运动；连接在皮带上的挂件，通过滚轮拖板组件带动其吊挂的滑动门进行来回运动，从而实现滑动门的开关动作。反向轮侧设置了张紧调整装置，便于定期进行皮带松紧调整维护；皮带挂件可左右任意调节位置，方便左右滑动门吊挂位置的校准。

传动装置必须是单电机同轴驱动（边门可特殊处理，但必须保证两扇门运行同步），可以是同步齿形带传动，也可以是滚珠螺杆传动。同步齿形带传动多用于屏蔽门和全高安全门，滚珠螺杆传动多用于半高安全门。

1. 同步齿形带传动装置

如图 3-6 所示，同步齿形带传动装置可靠性高，更换成本低，安装容易，维护率低，具有自校准调节功能。其特点如下：

图 3-6　同步齿形带传动装置

（1）采用重载荷齿形同步带，正向啮合驱动，保证两门扇运动同步、稳定。

（2）皮带张紧力可调节，且为耐磨、阻燃、低烟、无毒材料；满足运行12个月检查调节一次张紧力的质量要求。

（3）所有皮带夹紧装置和皮带轮与齿形带的齿形相匹配。滑动门门体与皮带间采用刚性连接，在整个运行过程中，皮带不得发生打滑或折弯等不正常工作状态。

（4）皮带传动所有转轮使用滚动轴承，轴承的寿命要求不小于10万小时。

同步齿形带传动装置对应的运行承载部件如图3-7所示，其特点是采用密封球轴承，设计有安全反向滚子，具有全方位调节功能。

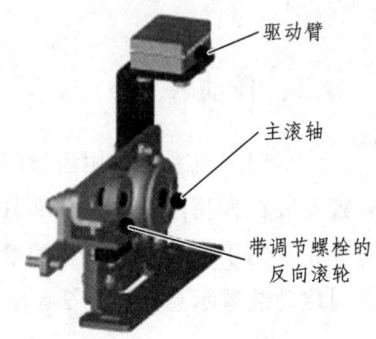

图 3-7　运行承载部件

2. 螺杆传动装置

（1）螺母与螺杆要有良好的润滑条件，润滑油应为防火型。

（2）螺杆和螺母采用非自锁螺纹，螺旋副配有预紧及间隙调整装置。

（3）滚珠螺杆传动中的滚动轴承，要求能够承受双向轴向力和径向力，实际使用寿命不低于30年。

三、门机控制器（DCU）

门机控制器（Door Control Unit，DCU）是滑动门电机的控制装置。屏蔽门和全高安全门每对滑动门单元配置一个门机控制器，安装在顶箱内，由1个DCU控制1个电机，带动两扇滑动门进行开关运动。半高安全门每对滑动门单元配置一个门机控制器，安装在固定侧盒中，由1个DCU控制两个电机，带动左右两扇滑动门进行开关运动。

DCU采用整体快速更换单元设计，结构精简且密封，接口简单，安装方便。防尘防水等级要求不小于IP54，即该产品能防止有害粉尘的堆积及液体由任何方向泼到外壳而没有伤害影响。

1. 门机控制器（DCU）电路结构

门机控制器的内部电路由集成微控制器（MCU）的逻辑单元、驱动单元和接口电路组成。其电路结构框图如图3-8所示，内部硬件布局如图3-9所示。

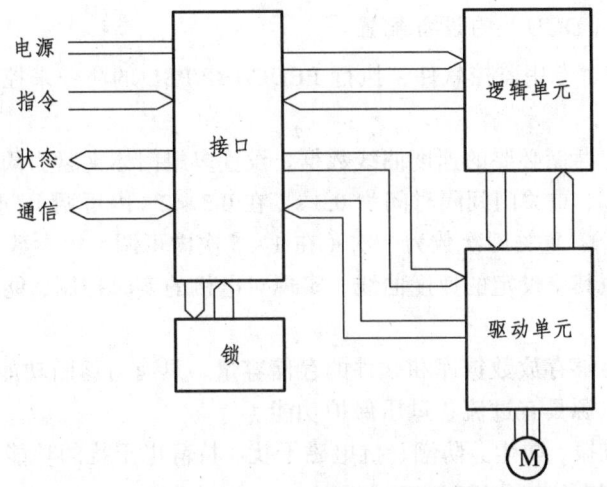

图 3-8　DCU 电路结构框图

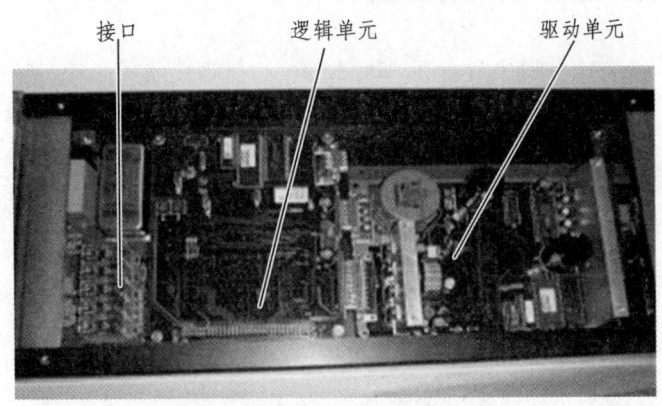

图 3-9　DCU 电路硬件布局

门机控制器的外部结构如图 3-10 所示，正面设置有 3 点位置钥匙开关、手动控制开关、蜂鸣器，侧面有各类接口，包括就地控制盒（LCB）输入接口、单元控制器（PEDC）现场总线接口、就地控制盘（PSL）及综合后备盘（IBP）集合单元控制器（PEDC）的开关门信号接口、门锁单元驱动及检测信号接口、驱动检测电机信号接口、顶箱警示灯（DOI）接口以及外接便携式检测设备（PTE）调试维护接口。

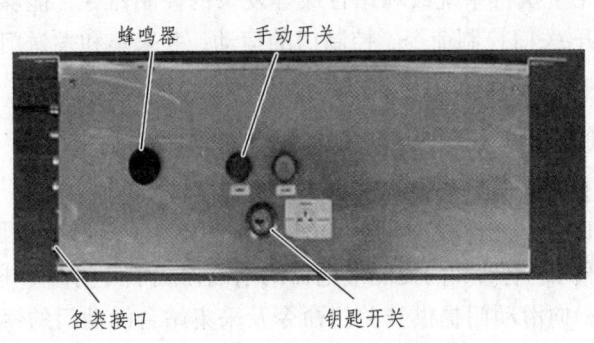

图 3-10　DCU 外部结构

2. 门机控制器（DCU）的设备配置

门机控制器是通过专用监控软件，执行 PEDC/IBP/PSL 的命令来控制与监测滑动门的运行。其设备配置如下：

（1）DCU 内部应存储必要的速度曲线数据，设置多组门体夹紧力阈值（阻止滑动门关闭的力不应大于 150 N）、重关门间隔时间为 0.3 s（在 0.3～2 s 内可调）、重关门延迟时间为 2 s（在 0.1～10 s 内可调）、重关门次数为 3 次（在 1～5 次内可调）等参数。

（2）DCU 组按照其中设定的速度曲线，实现对电机的实时控制，能够准确探测门体、门锁等设备的状态信息。

（3）DCU 具有足够存放数据库和软件的存储容量，具有自诊断功能。

（4）DCU 输入电源具有过流、过压保护功能。

（5）DCU 具有抗振、防尘、防潮、抗电磁干扰、抗静电干扰的功能，并满足城市轨道交通环境要求，防护等级不小于 IP54。

（6）DCU 的安装位置要便于维修及更换。

3. DCU 特征

（1）储存检测（ROM、RAM 和 EPROM）；
（2）自我检测；
（3）软件故障监督；
（4）程序执行监督；
（5）通信；
（6）监测器；
（7）两个处理器的冗余；
（8）故障处理；
（9）重新启动；
（10）电压供应监督。

4. 门机控制器（DCU）功能

DCU 的功能分为逻辑处理及电机驱动。逻辑处理主要承担接收开关门命令，控制滑动门开关，并对滑动门故障进行逻辑判断及处理。电机驱动主要承担控制电机启动停止，并进行调速等。

门机控制器（DCU）执行系统级和站台级等发来的控制命令，能够接收信号系统、IBP、PSL 各控制点发来的开/关门控制命令，控制门的运动，并采集和发送门状态信息及各种故障信息。

5. 门机控制器（DCU）控制原理

（1）PEDC-DCU 接口信号。

单元控制器（PEDC）与门机控制器（DCU）之间的信号连接示意图如图 3-11 所示。

与 DCU 连接的开门继电器和门使能继电器的励磁构成了开门命令电路。PEDC 与继电器组以硬线的方式连接，向滑动门提供开关门命令及采集站台滑动门的锁闭信号。目前对滑动门的开关命令的发出都是使用硬线的方式，而不直接使用总线控制，主要是考虑到安全性及稳定性，相对来讲硬线比总线更为可靠。滑动门 DCU 通过 CAN 总线将每个滑动门、应急门、端门的状态上传给 PEDC。PEDC 把信息处理后，上传给监控系统。

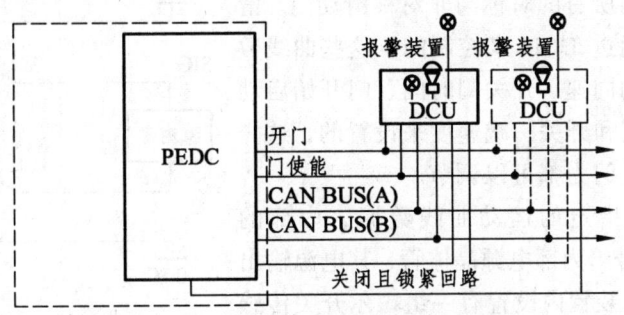

图 3-11 PEDC-DCU 接口信号示意图

（2）开门信号，允许信号。

DCU 接收来自 PEDC/IBP/PSL 的控制信号，DCU 通过硬线信号与 PEDC/IBP/PSL 连接。

开门命令由关键（或称安全）和非关键（或称非安全）两个信号组成，其中关键信号部分从 RATP 发出，通过安全回路继电器传递给 DCU，使得门使能继电器励磁。非关键信号从 RATO 发出，该命令发出后通过安全回路继电器，传递给 DCU，使得开门安全继电器励磁。开门全过程非关键信号一直持续，当设定时间到达时，RATO 发出关门信号，即非关键信号消失，DCU 驱动电机关门。

门允许硬线：一条关键的 AC50 V 线路与站台每个对称门的 DCU 串联，从而控制所有对称门。开门硬线：一条非关键的 AC50 V 线路与站台的所有 DCU 串联。此处电压为多种设计数据，有 AC110 V、AC50 V、DC110 V、DC24 V 等，视设备厂家而定。

允许信号：从 PEDC 主板或 IBP/PSL 控制继电器发给 DCU 的双切关键信号。

开门信号：与所有 DCU 相串联的非关键 50 V 交流信号。

允许信号、开门信号对门的控制逻辑如表 3-3 所示。

表 3-3 允许信号、开门信号的门控逻辑表

允许	开门	屏蔽门控制
0	X	门不动作
1	0	关门
1	1	开门

（3）滑动门、应急门、端门活动门关闭锁紧信号。

所有 ASD/EED/MSD 与信号系统（SIG）串联的关键线路信号由一条四线双切的"ASD/EED/端门活动门关闭且锁紧"线路提供给该信号。该线路与每个滑动门及应急门串联。当所有的滑动门和应急门关闭且锁定时，该线路接通，信号系统提供屏蔽门系统电压。该电压的供应将通过四线双切继电器回路切换给信号系统。ASD/EED/端门关门信号如图 3-12 所示。

（4）门运动曲线的控制。

DCU能够储存多组开关滑动门运动曲线数据,每组数据都适用于车站所有的对称与非对称滑动门。滑动门的运动曲线是通过DCU来控制的。这些曲线数据是通过选取不同的门速、开关门时间、门开始启动时间、开关门加速度和开关门减速度来设置的,这样使开关门时间与开关门力都可以调节。

DCU通过读取指定的运动曲线数据,内部的MCU提供PWM信号给内部电源晶体管,其电源输出驱动直流电机。电机装置内设置有一组霍尔开关传感器,可以将门运动数据的位置反馈至DCU,通过计算,DCU可以实时检测电机的位置。

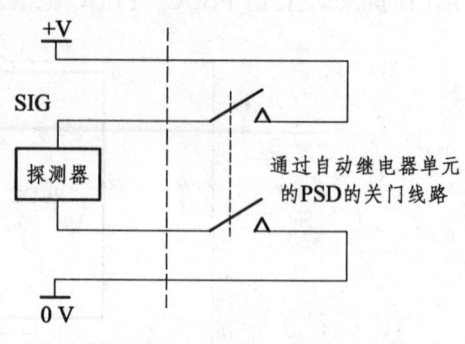

图3-12 四线双切接线回路

DCU能根据指定的曲线数据和各个滑动门的特性,对门机的调节实施智能控制。电机的加速度通过监测电机后端的电动势来测量;电机的扭矩通过电机的电流来测量。这样通过DCU来保证各个滑动门开闭的同步性和一致性,并能够准确检测门体、门锁等设备的状态信息。

DCU通过动态检测控制电机运动,可以在一定范围内克服门体安装产生的滑动阻力偏差,自动修正速度曲线,使滑动门达到设定的开关门时间。

DCU通过实时检测电机霍尔传感器的数据来跟踪滑动门的位置,同时对电机的反馈信息进行监测,从而确保滑动门遵循设定的曲线准确进行运动。

电机过速保护电路通过独立线路与电机连接,对门的速度进行检测。如果门速过快或者门运动过程中出现供电故障,电机的驱动会被切断,从而制动门的运动。门的超速中断运动信息DCU会传递给PEDC。

（5）关键数据调整与监测。

对于关键的检测数据,DCU通过现场总线实时传递给PEDC。控制与监视系统主机能够存储相关操作历史记录和故障数据。

对于重要的DCU控制参数,包括开门时间、关门时间、开/关门障碍次数、重关门延迟时间等数据,可以通过以下方法进行调整:① 通过PTE接口连接便携式计算机进行修改、调整;② 通过DCU内部设置的编程/调试/诊断接口进行在线或离线调整参数和升级软件;③ 通过PEDC对DCU进行软件升级。

（6）手动解锁装置的监控。

滑动门的手动解锁装置安装在每个滑动门的外侧边缘,可通过手柄和钥匙来驱动机械轴,从而推动门锁解锁,切断关键的门关闭且锁紧状态回路。DCU监视手动解锁装置的操作,此时它断开允许信号继电器,使减速并可以自由转动。因此,乘客可以通过施加在门扇的水平力将门扇打开。滑动门在手动解锁操作完成后15 s（可调）,DCU自动驱使电机恢复供电,在不需要工作人员参与的情况下,滑动门自动关闭锁紧,从而使屏蔽门系统处于安全状态。

（7）应急门监控。

部分滑动门单元的左侧或右侧设有应急门门扇,滑动门单元的DCU同时监视应急门的锁定开关，并且通过现场总线将应急门的操作信息反馈给 PEDC。应急门的锁定开关与每个门单元的关闭且锁紧安全回路相连接。

站台的每扇应急门都装配锁定开关，当应急门打开，锁定开关的状态改变。相邻门单元 DCU 通过监测锁定开关的状态来实现对应急门的监控。

应急门的关门与锁定状态与滑动门的关门与锁定状态一起组合，一起发出关键的关门信号给 PEDC。

（8）端门监控。

端门（MSD）也是通过相邻门单元 DCU 来监控的，也是 DCU 通过监视 MSD 锁定开关状态并将 MSD 的操作信息通过现场总线反馈给 PEDC。与应急门不同的是，MSD 的锁定开关不接入安全回路。

（9）滑动门手动操作。

每个屏蔽门系统的滑动门都可以通过就地控制盒（LCB）进行就地操作监视。

（10）开门警示灯控制。

每个门单元都安装有开门警示灯（DOI），用来显示对应的滑动门、应急门及端门的运行状态。所有站台的屏蔽门开门警示灯都是由 DCU 直接控制的。DOI 现基本都是由新型光源 LED 组成，达到理想的显示效果。

6. 门机控制器（DCU）连接

站台每对滑动门安装一个 DCU，设置于顶箱内。DCU 具有抗电磁干扰能力，内设置有调试接口，可在线或离线调整参数和软件组态，并可进行重新编程和参数的重新设置。DCU 具有本控制单元的可离线调试功能。

如图 3-13 所示，门机控制器（DCU）与中央控制盘（PSC）之间的连接是通过使用通信网络（现场总线）来实现的。每个门机控制器（DCU）在网络上都有一个唯一的地址，工程上，为了便于管理和标识，每个门机控制器（DCU）的地址可取决于门机控制器（DCU）在站台上的位置（上/下行线、门单元号）。由中央控制盘（PSC）监测门机控制器（DCU）的相关状态信息。

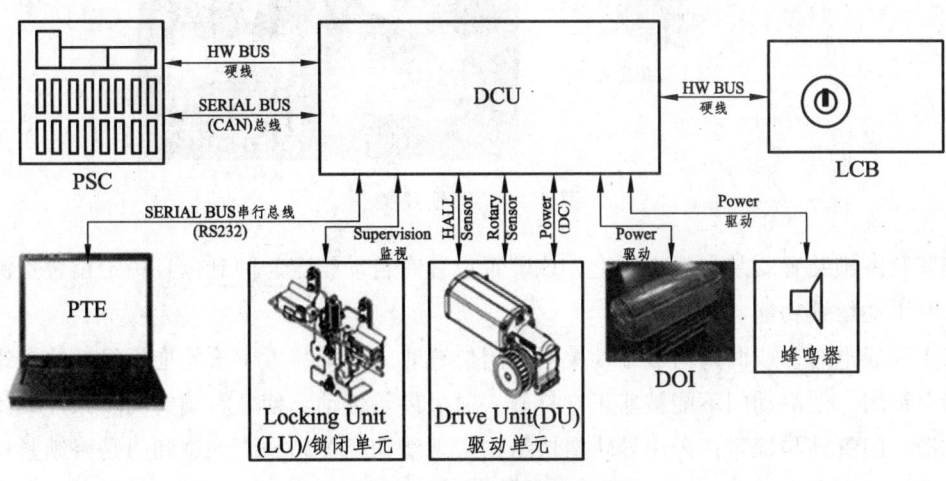

图 3-13　DCU 连接设备图

四、锁紧及解锁装置

屏蔽门系统滑动门锁紧及解锁装置即门锁,包括机械部分和电子部分。机械部分保证滑动门运行至锁定位置后能够锁定。电子部分保证能够通过行程开关将滑动门的状态反馈到每个门单元的门机控制器(DCU)。锁紧及解锁装置提供单道滑动门的关闭、锁紧、全开三种状态,并将三种状态提供给锁闭安全回路使用,也能够将该道滑动门当前的状态反馈至该道门的门机控制器。

屏蔽门滑动锁紧及解锁装置由锁块、位于滑轮挂件上的双头柱形锁销、行程开关、解锁电磁铁、闭锁辅助弹片等组成,如图3-14、图3-15所示。

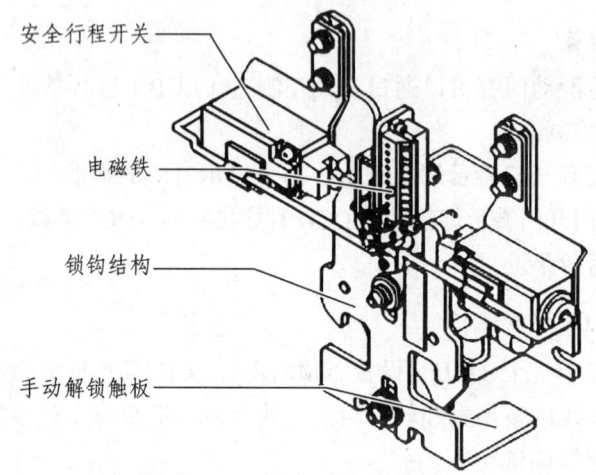

图 3-14 屏蔽门滑动门锁单元

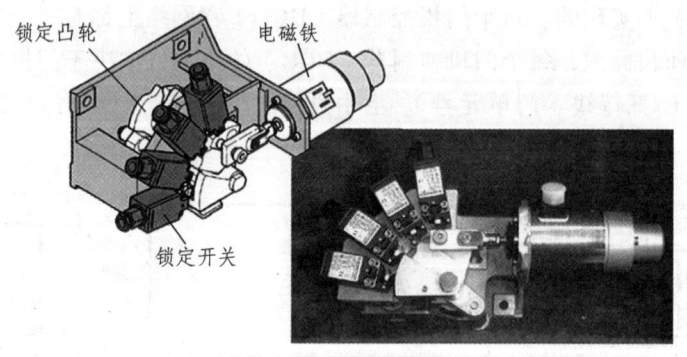

图 3-15 行程开关

锁紧及解锁装置安装在门机梁上,该装置设置有自动锁定、门到位且锁定位置检测、自动解锁及手动解锁功能。

当正常通电时,或两扇门被手动关至关闭位置时,传动装置中滚轮拖板组件的锁销滑入锁钩啮合锁闭,使滑动门不能被非正常打开。通过齿轮传动,使左右锁钩同步张开或闭合,可完成滑动门解锁与锁紧;采用导轨滑块结构实现滑动门关门是否到位和门是否锁紧检测,并在自动锁定过程中发送"门到位且锁定"信号。

当收到开门信号后，门机控制器（DCU）驱使电磁铁通电，磁场力将锁钩拉起，实现解锁，行程开关被触发，左右滑动门背向运动，脱离锁钩水平约束。此时电磁铁断电，到位开关已处于开门状态，滑动门继续运动至门全开位置。同样，当执行关门命令时，门机控制器驱使电机动作，两扇滑动门相向运动，在门关闭位置处锁销滑入锁钩啮合锁闭，行程开关被触发，发出"门到位且锁定"信号。

在自动锁定和解锁过程中，行程开关的常闭触点将滑动门的锁闭状态反馈给门机控制器（双行程开关构成双切回路），解锁电磁铁由门机控制器（DCU）控制。

出于安全性和可靠性的考虑，屏蔽门滑动门还配有手动机械解锁装置。当在轨道侧操作手动解锁装置或在站台侧用钥匙解锁时，解锁装置内的解锁推杆将锁块推起，此时行程开关触点断开，DCU探测到此状态时启动声光报警装置进行报警，同时会自动驱动电机，将门扇自动开启到一定开度。待一定延迟时间（可设置）过后，DCU重新通电驱动电机使门扇自动关闭。当收到"门关闭并锁紧"的信号后，门机控制器才恢复到正常的工作模式。关门的动作将使解锁装置自动复位并锁紧门，滑动门恢复至安全状态。

滑动门采用三个行程开关：其中一个开关为锁定开关，采用顶杆式结构，用来检测门扇是否锁定；另两个为到位开关，采用摆臂式结构，用来检测门扇是否到位。每个开关具有多副常开、常闭触点。

对于锁定开关，其中一副常闭触点作为安全回路使用，常开触点作为门扇锁定-解锁状态检测。当门扇关闭时，门锁拨叉落下，锁定开关释放，恢复自由状态，使常闭触点闭合，安全回路接通。同时，常开触点断开，检测信号传到该滑动门单元门机控制器（DCU），经DCU处理后传到中央控制盘（PSC），再由PSC上传到综合监控系统（ISCS）进行显示和报警。

对于到位开关，其中一副常开触点作为安全回路使用，常闭触点作为门扇到位-打开状态检测。当门扇关闭时，门体挂件触碰摆臂，使常开触点闭合，安全回路接通。同时，常闭触点断开，检测信号传到该滑动门单元门机控制器（DCU），经DCU处理后传到中央控制盘（PSC），再由PSC上传到综合监控系统（ISCS）进行显示和报警。

第二节 半高安全门门机系统

半高安全门门机系统装设在固定侧盒、滑动门门体的下端，主要由驱动装置、锁紧装置、门机控制器（DCU）、传动装置等组成。

目前，国内外半高安全门有两种结构形式：一控制一驱动和一控制两驱动。

一控制一驱动是指每对滑动门由一个门机控制器（DCU）控制一套驱动电机，同时驱动左右滑动门扇，虽节省初期投资，但必须设置门槛，门槛上设置开槽，存在一定的安全隐患；同时部分驱动或控制设备需位于站台装饰面以下，维护及清扫不便，后期维护成本增加。

一控制两驱动是指每对滑动门由一个 DCU 控制两套驱动电机，分别驱动左右滑动门扇（保持同步运动），初期投资相比前者高，但克服了前者的各项不足之处，且后期维护方便，成本略低。其驱动结构如图 3-16、图 3-17 所示。

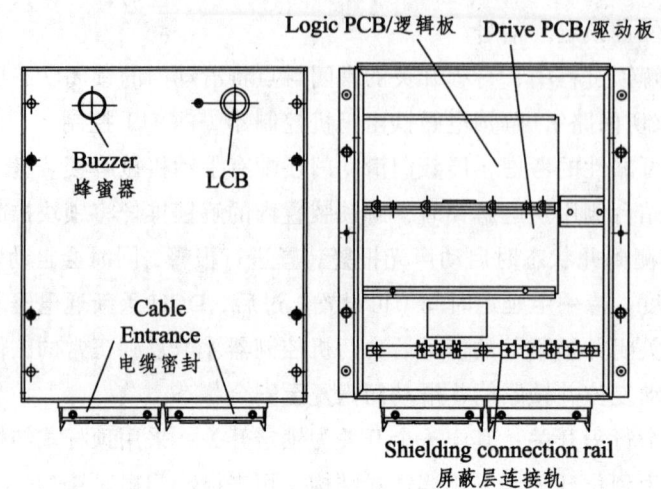

图 3-16　半高安全门门机控制器（DCU）主驱动结构

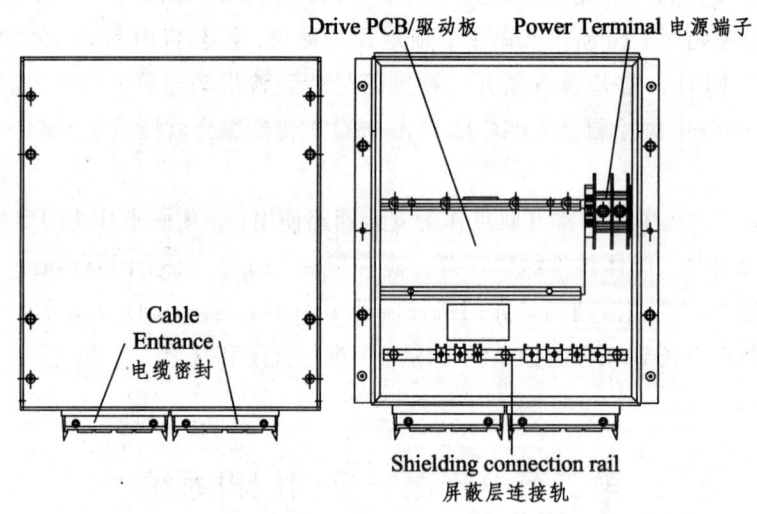

图 3-17　半高安全门门机控制器（DCU）从驱动结构

目前，国内外城市轨道交通车站的半高安全门普遍采用一控两驱形式，门体总高度为 1 500 mm。

另外，需要注意半高安全门锁装置的设置特殊性。为避免乘客在站台侧伸手越过屏蔽门开启轨侧手动解锁装置，半高安全门的解锁装置（尤其是滑动门）均应采取相应的安全措施，包括设置高度和设置形式。轨道侧手动解锁装置的设置应便于在轨道侧开启且不利于在站台侧开启。

思考题

1. 简述屏蔽门门机系统的组成。
2. 如何检测电机的速度、电机的位置、存在的障碍物？
3. 屏蔽传动装置常采用哪两种传动方式？
4. 简述门机控制器（DCU）的内部电路结构。
5. 简述门机控制器（DCU）的功能。
6. 信号如何控制 DCU 的开门与关门？
7. 简述屏蔽门滑动锁紧及解锁装置的自动锁紧和解锁、手动解锁过程。

第四章 控制与监视系统

第一节 屏蔽门控制与监视系统

屏蔽门控制与监视系统主要是与信号系统进行信息交换，对屏蔽门的开门、关门进行控制，保证屏蔽门的开门、关门与列车车门动作同步，同时监视各控制信号及记录屏蔽门状态信息，并在关门过程中具备障碍物探测功能。

屏蔽门控制与监视系统主要由中央控制盘（PSC）（含逻辑控制单元和监视单元）、站台端头控制盘（PSL）、车站综合后备盘（IBP）、门机控制器（DCU）、就地控制盒（LCB）及车站监视器（PSA）等设备组成，如图4-1所示。

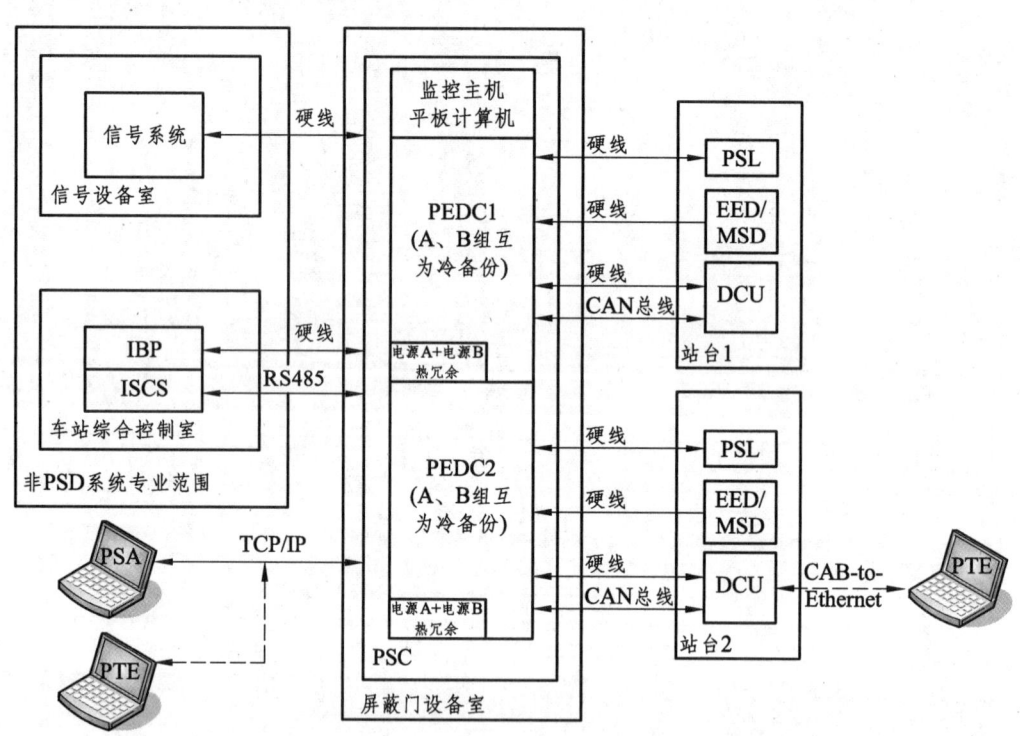

图 4-1 屏蔽门控制与监视系统

一、屏蔽门控制与监视系统功能分析

（1）满足屏蔽门在正常和非正常状态下的安全、可靠运行，在紧急状态下能保证乘客安全疏散。

（2）屏蔽门控制系统以车站为单位构成独立的监控系统，具备抗电磁干扰的能力。

（3）屏蔽门控制系统满足行车组织、信号系统的运行要求。

（4）屏蔽门控制系统满足主控系统和监控系统的接口要求。

（5）屏蔽门控制系统采用 UPS 供电方式。

（6）控制系统中采用的电器元器件（如微动开关、继电器、电缆接头、连接件和接插件等），电缆接头应优先选用航空插头。

（7）屏蔽门边门受 IBP 控制，在站台发生火灾时作为消防排烟通道，可从车控室内电动打开站台屏蔽门边门，不影响屏蔽门系统功能和整体性能。

二、屏蔽门系统控制方式

按操作方式和操作位置，屏蔽门系统的控制可分为系统级控制（PSC 控制或 SIG 控制）、站台级控制（PSL 控制）、车站级控制（紧急级控制或 IBP 控制）和就地级控制（包括 LCB 控制和手动解锁）。这 4 种控制方式可分别实现屏蔽门的 3 种运行模式，即正常运行模式（系统级控制）、非正常运行模式（车站级控制、站台级控制和就地级控制）、紧急运行模式（车站级控制）。

屏蔽门系统分等级进行控制，按顺序从高到低为就地级控制、车站级控制、站台级和系统级控制。只有在执行完优先级的操作后，才可以进行低级别的操作，如图 4-2 所示。

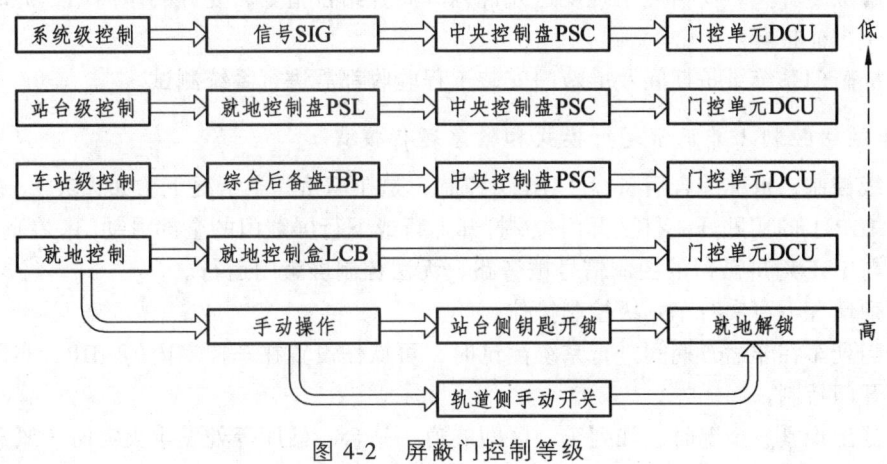

图 4-2 屏蔽门控制等级

1. 系统级控制（正常运行模式）

系统级控制应用于正常运行模式，也称屏蔽门自动运行模式。此时，屏蔽门系统和信号系统及两者间的接口等设备都处于正常状态，由信号系统直接对屏蔽门进行控制。

（1）当列车进站且停在允许的误差范围内时，屏蔽门系统接收 ATC 发来的"开门"指令，PSC 通过硬线安全回路向每个门单元的 DCU 发送打开屏蔽门的命令。门机控制器（DCU）接收到开门命令后，按顺序自动执行解锁、开门等操作。在滑动门打开过程中，滑动门顶箱上的状态指示装置会做出响应动作。

（2）当列车需要离开站台时，屏蔽门系统接收 ATC 发来的"关门"指令。PSC 通过硬线安全回路向每个门单元的 DCU 发送关闭屏蔽门的命令，门机控制器（DCU）接收到关门命令后，按顺序执行关门、闭锁等操作。当所有滑动门和应急门都关闭且锁紧后，屏蔽门系统向信号系统发出"屏蔽门关闭且锁紧"信号，允许列车离站。在滑动门关闭过程中，顶箱上的状态指示装置做出响应的动作。

（3）在开/关门过程中，屏蔽门都需要进行防夹检测，如果检测到滑动门运动受阻，则认为该滑动门在开/关时遇到了障碍物，于是PSC撤销开/关门命令，滑动门停止动作复位并延迟3s（时间可调），再重新开/关滑动门。

（4）如果重开/关滑动门3次后障碍物仍然存在，滑动门打开并发出声光报警，然后需要站台工作人员进行人工操作，将该滑动门进行隔离，等待维修。

2. 站台级控制（非正常运行模式）

站台级控制，也称就地控制盘（PSL）控制，是由列车司机或站台工作人员在站台就地控制盘上对滑动门进行开/关门的控制。

在下列情况下可实行站台级控制操作：

（1）当系统级控制方式不能打开或关闭滑动门时，如信号系统故障、屏蔽门自控系统故障等情况，站台工作人员可通过PSL对滑动门进行开门、关门操作，实现屏蔽门的站台级控制。

（2）当个别滑动门由于故障无法发出"关闭且锁紧"信号时，站台工作人员在认定安全保障的条件下，即在确认没有乘客或物体夹在滑动门中间后，通过专用钥匙操作位于PSL上的"互锁解除"开关，向信号系统发送允许列车离开站台指令，允许列车离站，此时声光报警装置停止声光报警。

（3）屏蔽门系统维护期间及屏蔽门安装工程验收都需进行系统测试。

3. 车站级控制（非正常运行模式和紧急运行模式）

车站级控制，也称综合后备盘（IBP）控制，是在车站紧急情况下（如火灾），在车站控制室操作IBP上的钥匙开关打至开门位，打开上行或下行屏蔽门的全部滑动门。在此模式下，信号系统与PSL对屏蔽门的控制信号被旁路，无法控制屏蔽门运行。

在下列情况下可实行车站级控制操作：

（1）当列车在非运营期间进行系统测试时，可操作设置在车控室内的IBP，实现对整侧屏蔽门的开门控制。

（2）当出现紧急情况时，如列车、区间隧道、站台、站厅等处发生火灾时（紧急运行模式），可操作设置在车控室内的IBP，实现屏蔽门紧急运行模式。得到授权的车站工作人员可用专用钥匙开启车控室内IBP上的操作允许开关，并操作开门/关门按钮，对整侧屏蔽门或边门进行开门控制。

需要注意的是，当发生火灾时，城市轨道交通工作人员应采取的措施有以下几点：

① 列车在区间隧道发生火灾时，乘客沿着区间疏散平台向邻近车站疏散，此时列车驾驶员通过行调通知车站站务人员提前打开火灾侧屏蔽门端门，并派工作人员在此引导乘客由车站疏散。

② 列车在站台发生火灾时，由驾驶员通过站台端头就地控制盘（PSL）或通知车站值班人员在车控室IBP上打开所有滑动门，并通过广播引导列车上乘客疏散、站台候车乘客离开车站。

③ 区间隧道发生火灾时，驶向火灾发生点的列车驾驶员通过车载广播系统通知乘客下车，沿远离火灾发生点车站疏散，该车站站务人员打开所在侧屏蔽门端门，配合乘客疏散。

④ 当站台发生火灾时，车站工作人员可根据火灾工况，通过车控室内的 IBP，打开相应屏蔽门边门。屏蔽门边门打开时，被打开的边门顶箱上的状态指示装置发出强声光报警，以防止站台人员掉入轨行区。

⑤ 当站厅发生火灾时，车站工作人员应广播通知并采用积极措施阻止乘客涌向站台候车，同时，在火灾车站现场，乘客只上不下，将火灾车站的候车乘客疏散离开火灾事故点。

4. 就地级控制（非正常运行模式）

就地级控制，也称手动操作，是站台工作人员或乘客对屏蔽门进行手动操作，包括 LCB 控制和人工操作。

当单个滑动门故障时，可以通过 LCB 控制开关，使该门与整个系统脱离；当出现系统控制故障、系统电源故障、整侧滑动门故障以及紧急撤离等情况时，可以人工开启滑动门、应急门与端门。

就地级操作控制有以下几种情况：

（1）当站台上的个别滑动门发生故障无法自动打开时，站台工作人员可在站台侧操作门体上方的就地控制盒开关滑动门。

（2）当个别滑动门发生故障，且使用就地控制盒也无法打开时，站台工作人员根据需要，也可在站台侧用专用钥匙打开滑动门。

（3）站台工作人员还可以根据需要，在站台侧用专用钥匙打开应急门和端头门，但打开应急门时必须确认行车安全。当站台区域没有列车，或列车虽在站台区域但没有完全停稳的情况下，禁止打开应急门。

（4）在轨道侧可用手动方式打开屏蔽门，打开方式有以下几种：

① 在轨道侧可用滑动门上的开门推杆打开滑动门（当滑动门发生故障无法开门时）。

② 在轨道侧操作应急门上的开门推杆打开应急门（当发生列车停位不准等非正常情况，乘客无法通过滑动门下车时，乘客可在应急门上推动开门推杆，手动打开应急门，向车站疏散）。

③ 在轨道侧操作端头门上的开门推杆打开端头门（当隧道内发生火灾需要在隧道内停车时，乘客将从车厢疏散到隧道内，乘客可通过设置在端头门上的开门推杆打开端头门，并通过端头门进入站台）。

（5）在维修、保养、检测等情况下，维护人员可以操作 LCB 对单道滑动门进行作业。

三、屏蔽门操作情况

（1）在正常运行模式下，屏蔽门接收列车司机或 ATC 发出的指令，与车门同时执行开/关门操作。

（2）当列车司机无法将列车停在规定的范围内且偏离量不多而乘客仍能从滑动门中进出时，或屏蔽门控制系统与信号 ATC 之间发生通信故障等情况时，则可操作 PSL 开/关滑动门。当列车司机无法将列车停在规定的范围内且偏离量较大而乘客不能从滑动门中进出时，则引导乘客从应急门疏散。

（3）当个别滑动门故障且一时难以修复时，则由屏蔽门上方的就地控制盒，将该滑动门的控制与整个系统脱开或隔离，不影响其他门的动作。

（4）如果滑动门在关闭过程中检测到有人或物被夹（即检测到障碍物），则该滑动门立即停止关闭并自动弹开，然后重新关闭，若重复3次障碍物仍存在，门仍无法完全关闭并锁紧，则该滑动门自动打开并报警。

（5）在轨道侧通过把手、在站台侧通过专用钥匙打开和关闭滑动门、应急门和端门。

（6）在列车火灾时，可在IBP上操作紧急开门按钮，打开滑动门疏散乘客；在站台发生火灾时，可配合通风空调排烟模式，再打开边门配合排烟。

第二节　屏蔽门控制与监视系统构成

屏蔽门控制与监视系统主要由中央控制盘（PSC）（包括单元控制器PEDC和接口单元）、站台端头控制盘（PSL）、车站综合后备盘IBP、门机控制器（DCU）、屏蔽门操作指示盘（PSA）、声光报警装置（DOI）、就地控制盒（LCB）等控制设备，以及屏蔽门系统与其他系统（如信号系统、综合监控系统等）的接口电路组成，如图4-3所示。该系统配置的软件有：PSC软件（DCU/PSA/ISCS通信、故障记录、硬线控制）、DCU软件、PSA软件、PTE软件。

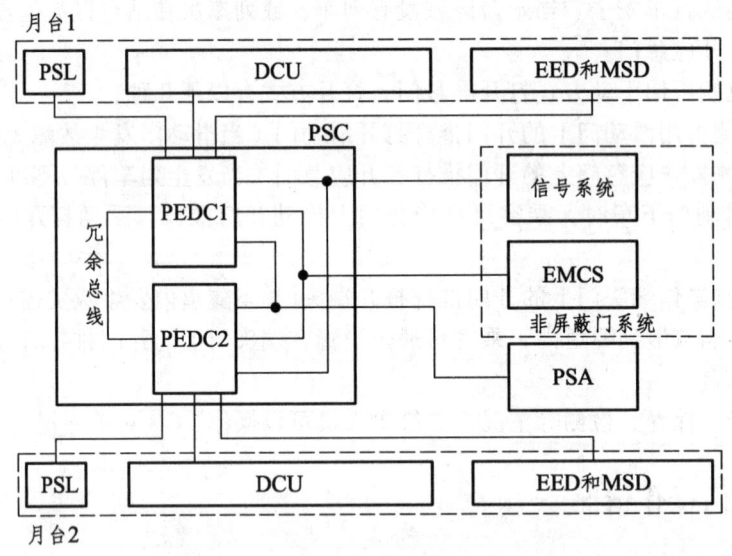

图4-3　屏蔽门控制与监视系统

一、中央控制盘（PSC）

PSC是屏蔽门控制系统的核心，每个车站每一条线路（包括上下行线路）的屏蔽门设备室设置一套PSC，如图4-4所示。

中央控制盘（PSC）由两套相同、相互独立的子系统组成。每个子系统包括一套逻辑控制单元（PEDC），控制一侧站台屏蔽门，其采用高性能安全继电器，以硬线形式连接滑动门门机控制器（DCU）、站台端头控制盘（PSL）、车站综合后备盘（IBP）等，实现关键控制与关键信号的反馈。

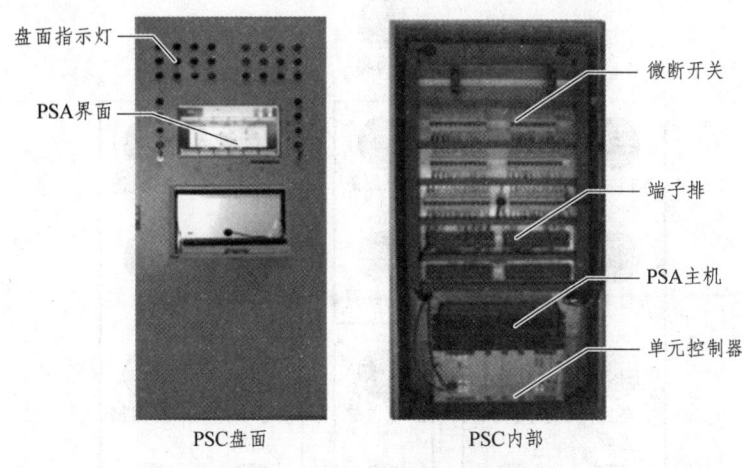

图 4-4　中央控制盘（PSC）

每个子系统还包括一套监控主机，其通过冗余的现场 CAN 总线功能，可实现与两侧站台 DCU 进行实时通信，并将故障和运行状态信息通过总线传送给监控主机。PSC 还包括与信号系统的硬线接口、与综合监控系统的 RS485 串行接口、与 PSC 盘面显示终端 LCD 的 RJ45 以太网接口、接线端子排及柜体面板上的相关按钮开关、指示灯和维修插口（连接 PTE）等。

中央控制盘（PSC）的功能主要有：处理信号系统命令；处理 DCU 命令和信息；处理综合监控系统（ISCS）信息；数据记录和查询；DCU 门控参数的设置；PEDC、DCU 软件下载等。

1. 中央控制盘（PSC）的控制功能

（1）执行信号系统指令，控制 DCU 实现相应操作，并应向信号系统反馈屏蔽门的状态信息。

（2）可靠执行 PSL 上的操作命令。

（3）主控机内可以修改滑动门的速度曲线参数，并能集中下传到每个 DCU。

（4）每套单元控制器（PEDC）配有独立的回路与车站控制室 IBP 综合监控系统接口相连。

2. 中央控制盘（PSC）的监视功能

（1）具有系统运行监视功能和自诊断功能。

（2）能够通过现场总线在线监视所有 DCU 的工作运行状况。

（3）能够查询 PSL 上的操作和状态信息。

（4）能够自动检测屏蔽门系统内部的一些重要故障。

（5）存储重要的数据。

（6）具有手提计算机接口，以便下载数据或更新参数。

（7）具有与综合监控系统的通信功能，将屏蔽门的运营状态及有关故障信息发送至综合监控系统。

（8）PSC 盘面根据设备设计的不同，盘面上设置有以下几类状态指示灯，图 4-5 为某 PSC 盘面指示灯。

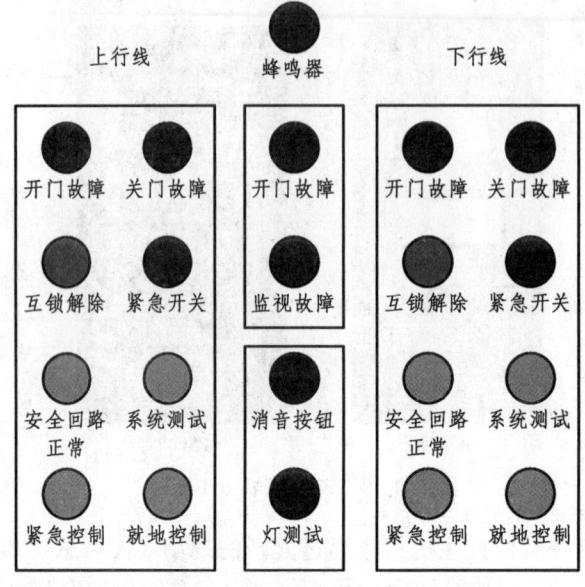

图 4-5 PSC 盘面指示灯

3. 中央控制盘（PSC）的接口功能

（1）信号系统；

（2）PSA；

（3）ISCS；

（4）电源和 UPS；

（5）站台 PSL；

（6）车控室 IBP；

（7）PTE 接口。

二、单元控制器（PEDC）

单元控制器（PEDC）是中央控制盘（PSC）控制子系统的主要设备，属于整个总线网络的主设备，实现系统内部信息的收发、采集、汇总和分析，并实现与综合监控系统、PSA、PSL、DCU 各单位之间的信息交换，同时能够查询逻辑控制单元中各个回路的状态，具有足够存放数据和软件的存储单元，具有运行监视功能和自诊断功能。

单元控制器（PEDC）作为 PSC 的核心部件，在设计中遵循"安全、可靠、易维护"原则。两套 PEDC 在正常工作状态下可进行相互切换，双机热备冗余保证可靠，当一组故障时，自动切换至另一组工作，并可随时断开故障组电源，以插拔方式更换故障插件，维护工作简便轻松，如图 4-6、图 4-7 所示。

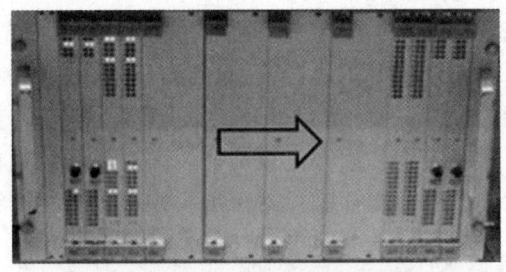

图 4-6　PEDC 双切换

图 4-7　PEDC 插件更换

PEDC 的主要功能：

（1）能够通过现场总线在线监视所有 DCU 的工作运行状况。

（2）每个 PEDC 均能够在接收到信号系统的开/关门命令后，快速准确地反应并发出开/关门命令。

（3）执行信号系统指令，控制 DCU 实现相应操作，并向信号系统反馈屏蔽门的状态信息。

（4）能够查询 PSL 上的操作和状态信息。

三、屏蔽门操作指示盘（PSA）

PSA 设置在屏蔽门设备控制室内或位于监控亭内，每个屏蔽门控制室内安装一套 PSA，通过现场总线接口连接至 PSC。屏蔽门操作指示盘如图 4-8 所示。

图 4-8　屏蔽门操作指示盘

PSA 能监视控制系统各设备的运行状态，能实现系统内部信息的收发、采集汇总和分析，实现与 PSC、PSL、DCU 等设备之间的信息交换，具有存放数据和软件的存储单元，具有运行监视功能和自诊断功能。

　　PSA 具有设备维护、故障查询和故障定位功能。通过现场总线在线监视所有门机控制器的工作运行状况和故障状态信息，能够监视站台端头控制盘的工作状态和故障状态信息。

四、门机控制器（DCU）

　　DCU 是滑动门电机的监控装置，每对滑动门单元均应配置一个 DCU，并安装在门体上部的顶箱内。DCU 由 CPU 组、存储单元、接口单元及相关软件组成。DCU 具有控制、监控、通信及保护四大功能。

　1. DCU 的控制功能

（1）对滑动门的开关（曲线）进行控制；
（2）对滑动门各个单元异常状态进行保护控制并报警；
（3）语音报警控制；
（4）站台侧指示灯控制。

　2. DCU 的监控功能

（1）内部状况的监控；
（2）门锁的监控；
（3）模式开关的监控；
（4）应急门开关的监控；
（5）地址编码器的监控；
（6）紧急释放机构的监控。

　3. DCU 的通信功能

（1）两路 CAN 数据总线链路；
（2）系统维护工具接口。

　4. DCU 的保护功能

（1）滑动门超速保护；
（2）障碍物检测和防夹功能；
（3）紧急释放机构的操作。

五、就地控制盘（PSL）

　　每侧站台屏蔽门两端的端门外各设置一套就地控制盘 PSL（PSD System Local Controller）。PSL 的设置位置与正常停车时列车驾驶室门相对应，以便于列车驾驶员开关控制屏蔽门。当信号系统与屏蔽门系统无法进行通信时，站台工作人员或列车司机可以通过 PSL 对屏蔽门进行开关操作。

PSL 的主要功能：

（1）当 PSL 插入钥匙并离开禁止位后，信号系统和 PSC 控制信号将被旁路，自动控制命令失效。PSL 能够提供模拟信号系统的开关门命令，该命令直接发送给 DCU。这种方式使得当发生信号系统或 PEDC 故障时，PSL 仍能够进行开关门操作。

（2）PSL 应具有与单元控制器（PEDC）连接的硬线接口及电源接口。PSL 通过硬线传输控制信号到 PSC 柜内的 PSL 继电器，PSL 开关的状态信息将反馈给 PEDC，并在相应设备上有提示。

（3）PSL 具有对整侧屏蔽门进行开关控制的功能，当信号系统无法对屏蔽门进行开关控制时，站台工作人员可通过 PSL 对屏蔽门进行开关门操作。

（4）当个别屏蔽门因故障不能关闭锁紧而无法发车时，在人为保障安全的前提下，站台工作人员或列车驾驶员可通过 PSL 向信号系统发出"互锁解除"信号，允许列车离站。

（5）任何一道屏蔽门（含应急门）没有关闭锁紧，则 PSL 面板上的屏蔽门关闭锁紧状态指示灯灭。当车控室值班员将屏蔽门控制权限切换至车控室综合后备盘（IBP）控制时，PLS 操作失效。

（6）如图 4-9 所示，某 PSL 盘面包括：

① "ASD/EED 关闭且锁紧"绿色指示灯；
② "互锁解除"红色指示灯；
③ "PSL 操作模式"黄色指示灯；
④ "开门"自复位带灯按钮，每个包含两个常开触点；
⑤ "关门"自复位带灯按钮，每个包含两个常开触点；
⑥ "PSL 操作允许"2 位钥匙开关，包含两个常开触点；

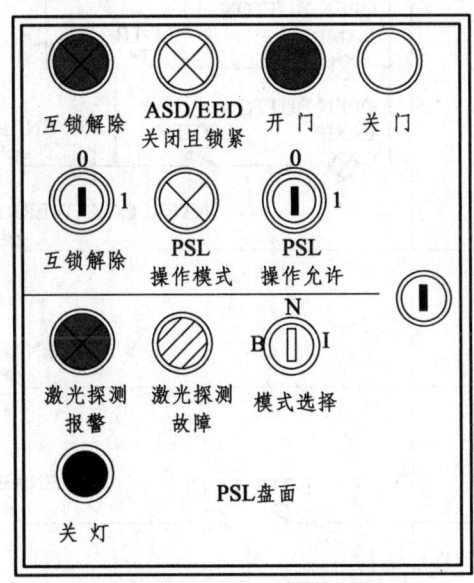

图 4-9 PSL 面板

⑦ "互锁解除" 2 位自复位钥匙开关，包含 3 个常开触点；
⑧ "试灯" 按钮。

（7）PSL 回路。

图 4-10 所示为 PSL 控制回路。其中，PSL ENABLE 为 PSL 使能钥匙开关，LOTB 为 PSL 开门按钮，LCTB 为 PSL 关门按钮，INTERLOCK OVERRID 为互锁解除钥匙开关，LOR1/LOR2 为 PSL 使能继电器，LOT1/LOT2 为 PSL 开门继电器，LAMP TEST 为试灯按钮，ADCR/ADCL 为门关闭与锁紧继电器触点。

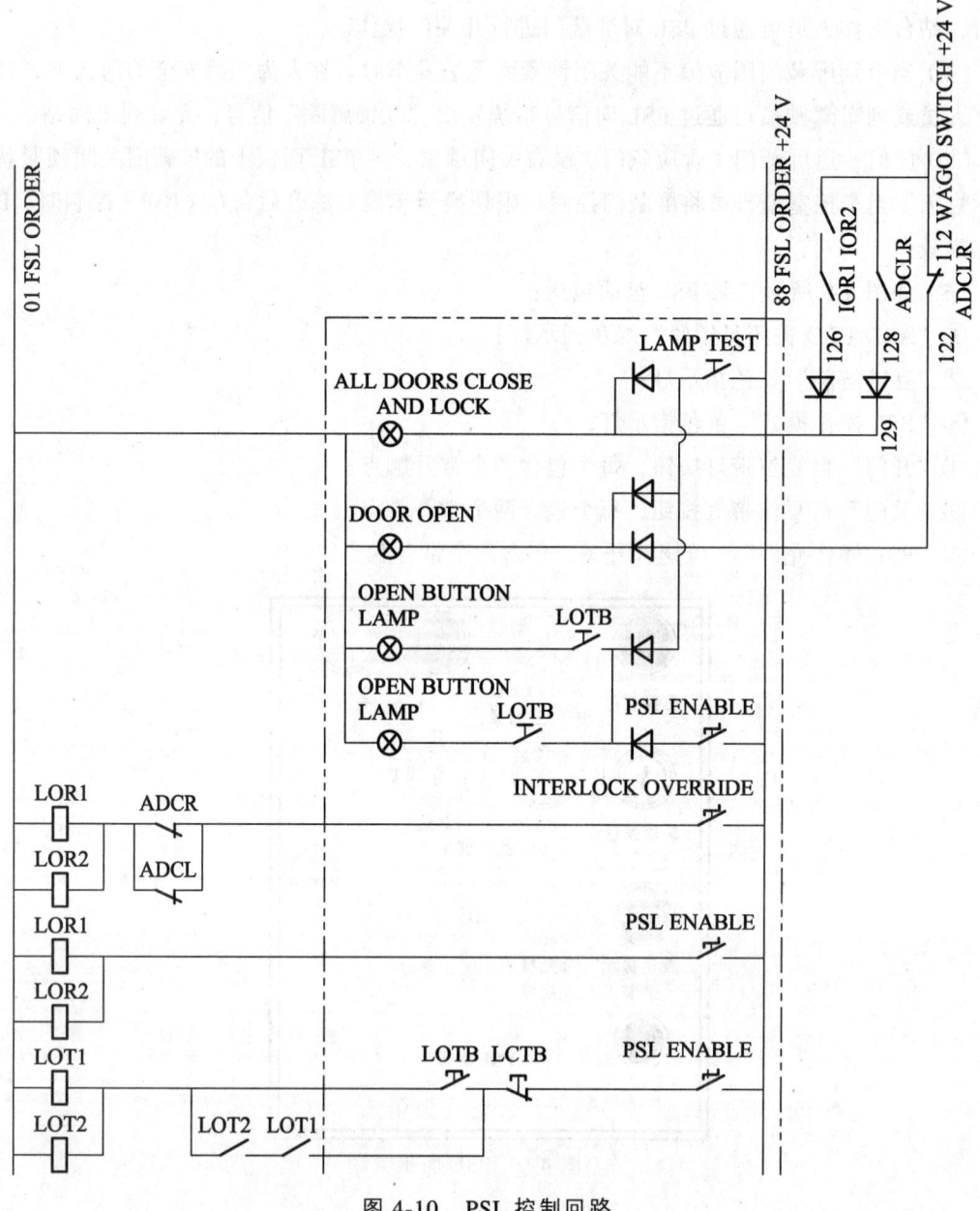

图 4-10 PSL 控制回路

六、就地控制盒（LCB）

每对滑动门配置一套就地控制盒，如图 4-11、图 4-12 所示。LCB 模式开关有自动/隔离/手动开门/手动关门 4 挡可选择。

图 4-11　就地控制盒　　　　　　　图 4-12　LCB 模式开关

在正常情况下，模式开关置于"自动"状态，屏蔽门可接收信号系统的命令进行自动控制。当模式开关离开自动位时，与整个控制系统隔离，则信号系统、PSC、PSL、IBP 的控制都失效。当某对滑动门发生故障需维修或保养时，可将该对滑动门的模式开关置于"隔离"状态。也可将该对滑动门的模式开关置于"手动开门"或"手动关门"状态，以便进行人工开关屏蔽门进行单道门的调试。

LCB 插入钥匙后，钥匙从"自动"位顺时针旋转 90°为"手动关门"位；再顺时针旋转 90°为"手动开门"位。注意：从"手动开门"位不能直接旋转到"隔离"位。从"自动"位可以逆时针旋转 90°为"隔离"位。"自动"位钥匙开关对应设置一个绿灯，当钥匙在该位时灯亮。钥匙只有在"自动"位及"隔离"位时方可取出。只有在"自动"位时，DCU 进入安全回路；其他位置，DCU 退出安全回路。

当 LCB 处于"自动"位时，允许 DCU 接收 PSC 的开关门命令；当 LCB 处于"隔离"位时，DCU 与系统隔离，且隔离本单元的电源，不影响整个系统的正常工作，便于维修作业；当 LCB 处于"手动开门"位或"手动关门"位时，不执行来自 PSC 的命令。门扇可通过对应功能直接手动操作。

LCB 钥匙开关通过专用电缆与 DCU 接口单元连接，且有铝盒密封，接线端子不外露，安全防尘。每个门单元中无论发生网络通信故障、电源故障、DCU 故障、门机故障以及其他故障，均可通过就地控制盒 LCB 切断此对滑动门 DCU 的电源，从而使此故障单元从整个系统中隔离，不影响整个系统的正常工作。

LCB 的安装位置在滑动门门楣右下方，钥匙开关及按钮的安装位置方便站台侧工作人员通过钥匙进行模式转换。

七、综合后备盘（IBP）

IBP（Integrated Backup Panel）安装在车站控制室面板上，分上下行控制。在IBP上以每侧屏蔽门设置开门钥匙开关、开门状态指示灯、关门状态指示灯，并设置一个测试按钮，以测试IBP上屏蔽门指示灯的工作状态。开门、关门指示灯实时反映门状态，如图4-13所示。

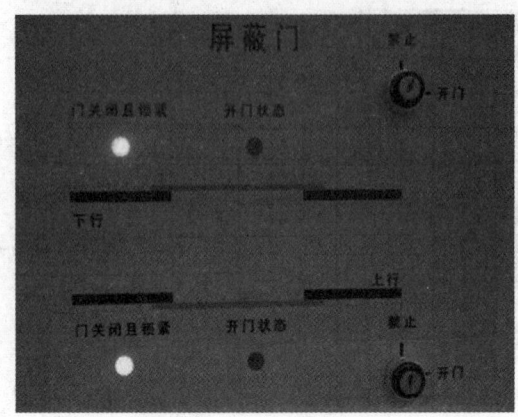

图4-13 综合后备盘

在确认发生火灾时，IBP将相应侧滑动门打开，进行排烟。IBP面板上一般设置有操作允许钥匙开关、开关门按钮及相应的指示灯。当确认火灾发生时，先将操作允许钥匙开关旋转到"允许"位置，然后按下"开门按钮"，则整侧滑动门打开。

在IBP上操作一侧屏蔽门的开关门命令时，不影响另一侧屏蔽门的正常操作。

注意：IBP只能打开屏蔽门，不具有关闭功能。关闭屏蔽门须将IBP盘打回禁止位，在站台采取PSL关闭，或现场采取手动关闭。

典型IBP操作开关回路如图4-14所示。其中，IBP ENABLE为IBP使能操作钥匙开关，IBP OTB为IBP开门按钮，IBPE1为IBP使能继电器，IBP01和IBP02为IBP开门继电器。

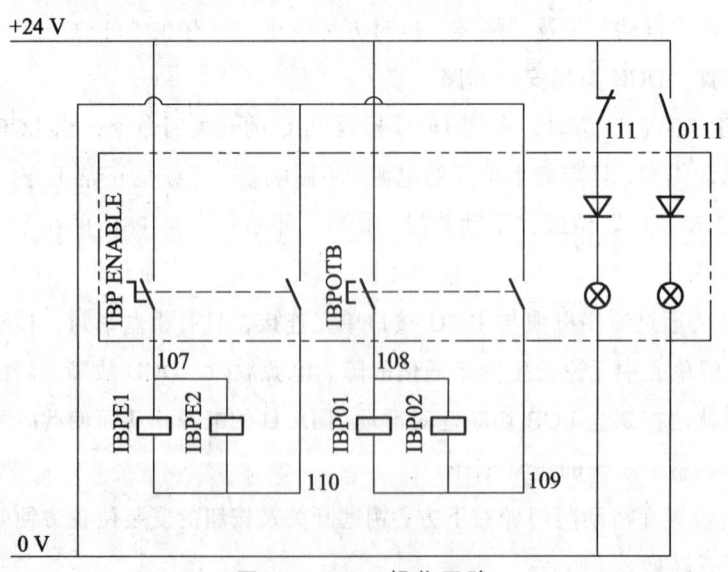

图4-14 IBP操作回路

八、声光报警装置

声光报警装置（DOI），也称开门指示灯，每道滑动门、急应门、端门的顶箱活动盖板上都设置 DOI。在开/关屏蔽门的过程中，声光报警装置应向乘客发出预警信号。DOI 状态一览表如表 4-1 所示。

表 4-1 DOI 状态一览表

滑动门状态	滑动门开门指示灯	警报声
滑动门关闭且锁紧	熄灭	
滑动门开门过程	黄色闪亮	短促
滑动门关门过程	黄色闪亮	短促
滑动门全开状态	黄色常亮	
滑动门发生故障	红色闪亮	急促
滑动门隔离	红色常亮	
滑动门手动开门	黄色常亮	短促
应急门状态	应急门指示灯	警报声
应急门关闭且锁紧	熄灭	
应急门打开状态	黄色常亮	短促
端门状态	端门指示灯	警报声
端门关闭且锁紧	熄灭	
端门打开状态	黄色常亮	
端门打开 30 s 后状态	黄色闪亮	短促
边门状态	边门指示灯	警报声
边门关闭且锁紧	熄灭	
边门打开状态（正常）	黄色闪亮/常亮	
边门打开状态（IBP）	加强红色闪亮	加强声急促

其中，滑动门 DOI 采用双色指示灯：黄色 LED 慢频率闪烁用于指示滑动门正常开关门过程；红色 LED 慢频率闪烁用于指示滑动门故障状态；红色 LED 常亮用于指示滑动门处于隔离状态。

应急门 DOI 采用单色指示灯：黄色 LED 常亮用于指示应急门打开状态。

端门 DOI 采用单色指示灯：黄色 LED 常亮用于指示端门打开状态。30 s 后黄色 LED 变为慢频率闪烁。

所有 DOI 的 LED 灯熄灭都指示对应门体处于关闭且锁紧状态。

在自动模式下滑动门关闭的过程中，灯闪亮且发出报警声。当滑动门被意外打开，灯闪亮且发出报警声。应急门被打开，灯闪亮且发出报警声。端门被打开，灯常亮，超出 30 s（可调）后端门灯闪亮且发出报警声响。

屏蔽门边门顶箱上的声光报警装置应同时具有强声光报警功能，边门被 IBP 打开时发出强报警声，同时边门警示灯闪烁。

第三节　屏蔽门控制与监视系统监视功能

一、屏蔽门控制与监视系统监视功能简析

屏蔽门系统中央控制盘监视着每侧屏蔽门单元的相关状态信息，以及包括 PSC、PSL、IBP、屏蔽门电源的信息，屏蔽门故障警报记录，屏蔽门正常系统运行记录等。实现系统内部信息的收发、采集、汇总和分析，并实现与主控系统车站控制室工作站、PSL、DCU 各单元之间的信息交换，同时能够查询逻辑控制单元中各个回路的状态，具有足够存放数据和软件的存储单元，具有运行监视功能及自诊断功能。

各设备监测单元的监测信号通过可靠的硬线与中央控制盘进行连接，每个设备监测单元将为中央控制盘的逻辑输入模块提供其操作状态（逻辑电平信号），由中央控制盘监测屏蔽门系统的基本操作状态。

中央控制盘将与运营相关的屏蔽门状态及故障信息通过网络通道发送至远程监控系统及综合监控系统，进行状态、故障显示。利用维护终端或从中央控制盘上查询到所监视设备的当前状态及报警信息。综合监控系统的车站控制室工作站及屏蔽门中央控制盘均可实现屏蔽门相关状态的查询及故障报警，并进行报表生成、故障记录等。屏蔽门运行的关键状态及故障信息由综合监控系统发送至控制中心。图 4-15 为屏蔽门的电气与通信系统框图。

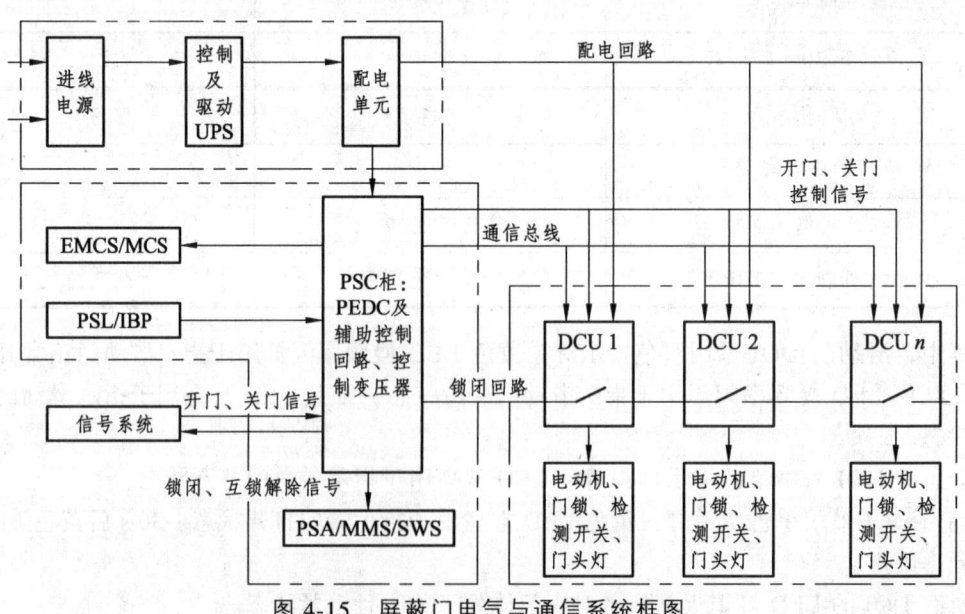

图 4-15　屏蔽门电气与通信系统框图

屏蔽门系统中央控制盘（PSC）监视的相关内容：

（1）收集 PSC、PSL、IBP 以及屏蔽门电源的信息；

（2）通过内部屏蔽门网络收集全部 DCU 信息；

（3）提供维修数据；

（4）允许对 DCU 参数进行修改；

（5）允许下载新的 DCU 软件；

（6）把屏蔽门数据通过 PSC 传输到综合监控系统；

（7）屏蔽门故障警报存储，屏蔽门正常系统运行记录；

（8）DCU 的自诊断数据传送到维护管理系统（MMS）；

（9）维护管理系统能存储 DCU 的故障诊断信息；

（10）维护管理系统从综合监控系统下载 GPS 时钟。

二、监视系统网络

PSC 将运营相关的屏蔽门状态及故障信息发送至综合监控系统（ISCS）进行存储及状态、故障显示，综合监控系统的车站控制室工作站可以实现屏蔽门相关状态的查询及故障报警。监视系统网络示意图如图 4-16 所示。

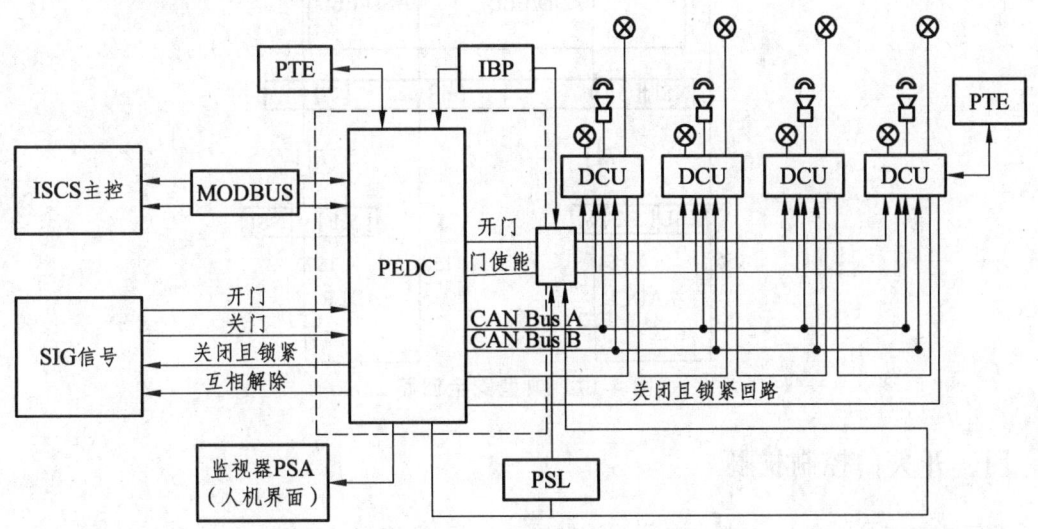

图 4-16　监视系统网络示意图

屏蔽门系统连接的外部网络主要有城市轨道交通信号控制系统（SIG，简称信号系统）和城市轨道交通综合监控系统（ISCS，简称综合监控系统）。屏蔽门控制与监视系统中的 PEDC 与 ISCS 是通过 MODBUS 网络转换器以标准的 MODBUS、TCP/IP 协议提供光纤接口进行网络连接的。PEDC 与 SIG 是通过硬线连接和安全继电器实现通信的。

屏蔽门系统内部网络是由 PSC、PSL、PTE、DCU 等通过多种网络总线构成的开放网络系统。如 PEDC 与各 DCU 是通过双冗余的 CAN 总线和硬线进行连接与通信。该内部总线控制网络由双切关键开门信号、门使能信号、门关闭锁紧信号、互锁解除信号和非关键双 CAN 数据总线组成。双冗余 CAN 总线使得当一路通信发生故障时，系统自动切换到另一路，以保障通信正常，并会在监视系统中进行报警。

三、安全回路

本书中所涉及的安全回路是指关闭且锁紧回路，由 PEDC 串联连接一侧屏蔽门中的所有滑动门、应急门的门关闭和门锁紧传感器而形成电路。只有在所有滑动门、应急门关闭且锁紧时，屏蔽门才能系统级控制自动运营，列车的进出站才是安全的，故称安全回路。所有传感器都是采用四线双切的连接方式串联接入安全回路的。图 4-17 是典型的安全回路。

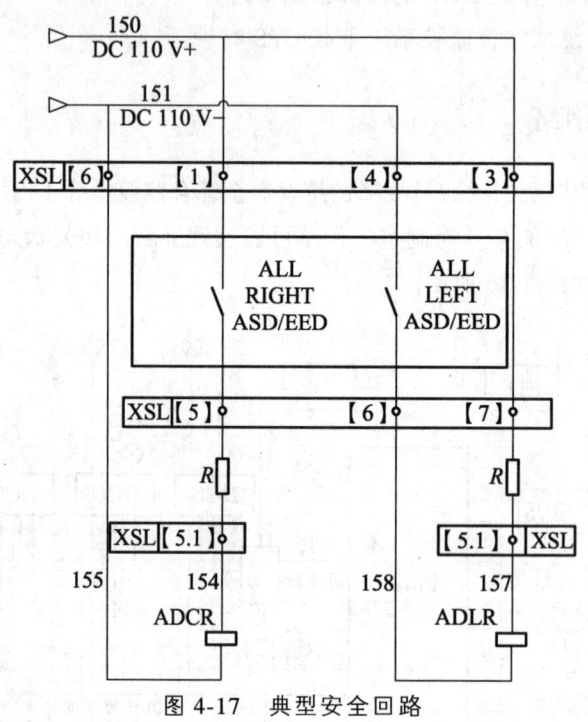

图 4-17　典型安全回路

四、开关门控制权限

在屏蔽门系统自动运行模式下，由信号系统（SIG）通过 PSC 对 EDU 进行控制；当 SIG 或 PSC 有故障时，需要通过站台级控制模式，由站台两端的 PSL 对 EDU 进行控制；当发生紧急状况时，需要通过车站级控制模式，由车站 IBP 对 EDU 进行控制；当屏蔽门系统滑动门无法电动运行时，需要手动打开应急门，在极端情况下，也需要手动打开滑动门。当屏蔽门进行检修时，可通过 LCB 控制滑动门。在这些控制开关门的方法中，手动打开应急门、滑动门属机械开门方法，优先于其他电动开门方法。而 LCB 是直接控制 EDU 的操作设备，故在电动开门方法中权限最高。其他三种方法见典型的 IBP/PSL/信号系统的开关门控制回路图，如图 4-18 所示。

在图 4-18 中，IBPE 为 IBP 使能继电器，当其通路开关闭合时，联动开关使得另一路信号断开，由此可以看出 IBP 在该电路中控制权限最高；LOR 是 PSL 使能继电器，当其通路开关闭合时，联动开关使得另一路信号断开，由此可见 PSL 比信号系统的控制权限高。

所以开关门控制权限由低到高为 SIG→PSL→IBP→LCB→手动。

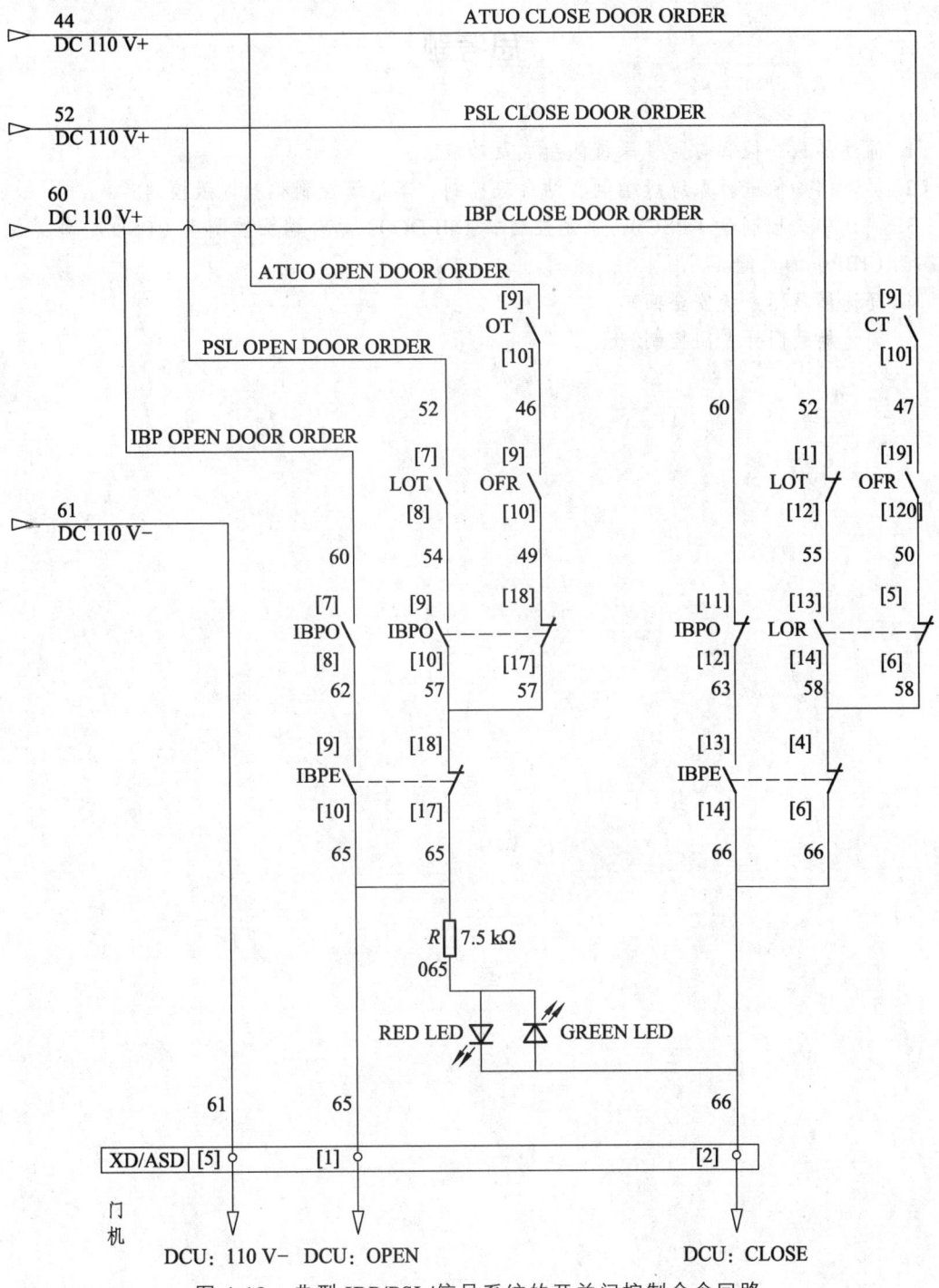

图 4-18　典型 IBP/PSL/信号系统的开关门控制命令回路

其中，IBPE 为 IBP 使能继电器，IBPO 为 IBP 开门继电器，LOR 为 PSL 使能继电器，LOT 为 PSL 开门继电器，CT 为信号关门继电器，OT 为信号开门继电器，OFR 为开门故障检测继电器。

思考题

1. 简述屏蔽门控制与监视系统的组成及功能。
2. 屏蔽门如何进行系统级控制、站台级控制、车站级控制和就地级控制？
3. 简述中央控制盘（PSC）、单元控制器（PEDC）、站台端头控制盘（PSL）、车站综合后备盘（IBP）的功能。
4. 简述屏蔽门系统安全回路。
5. 简述屏蔽门开关门控制权限。

第五章 电源系统

第一节 电源系统

一、屏蔽门电源系统简介

屏蔽门系统的运营直接影响到乘坐城市轨道交通的乘客安全以及城轨车站的服务水平。当正常供电系统故障或车辆在区间阻塞或区间发生火灾时,要求屏蔽门系统必须保证在轨道区间的乘客能顺利通过屏蔽门进入站台,同时车站要保证所有在站台和站厅的乘客能够疏散到地面的安全区域,因此屏蔽门系统的用电负荷可纳入特别重要负荷。根据《供配电系统设计规范》(GB 50052—2009)一级负荷中特别重要的负荷供电,应符合下列要求:

(1)除应由双重电源供电外,尚应增设应急电源,并严禁将其他负荷接入应急供电系统。
(2)设备的供电电源的切换时间,应满足设备允许中断供电的要求。

在《城市轨道交通站台屏蔽门系统技术规范》(CJJ 183—2012)中对电源系统都做出明确规定:

① 屏蔽门系统必须按一级负荷供电,必须设置备用电源。
② 驱动电源和控制电源的供电回路宜相互独立设置。
③ 驱动电源的后备电源容量应符合完成 30 min 内本站全部滑动门开关 3 次的需要,控制电源的后备电源容量应符合系统满负载持续工作 30 min 的需要。

按照《供配电系统设计规范》《城市轨道交通站台屏蔽门系统技术规范》和《地铁设计规范》的规定,屏蔽门系统的供电电源为特别重要的一类负荷。屏蔽门的供电设计为:输入电源应为两路独立的三相 AC380 V、50 Hz 交流电,还需配置备用电源,屏蔽门系统的供电电源必须两路交流电源可自动切换。同时,屏蔽门系统电源包括门机驱动电源和控制电源,两种电源分开配备。

在轨道交通车站中常单独建设有屏蔽门设备室。设备室内设置驱动电源柜(DPS)、配电柜(PDP)、电池柜(BAT)和控制电源柜(CPS)组成的屏蔽门电源设备柜,如图 5-1 所示。其中,驱动电源柜中设置有驱动电源 UPS 主机、整流模块、监控模块;电池柜放置所有驱动电源电池组;配电柜设置有隔离变压器、驱动电源交流配电设备;控制电源柜里设置有控制电源 UPS 主机、整流模块、监控模块、电池及配电设备。

现在屏蔽门电源系统基本上都采用模块化功能部件,具有良好的扩容性,可实现完善的 N + 1 备份、在线式热插拔及在线维修等功能。

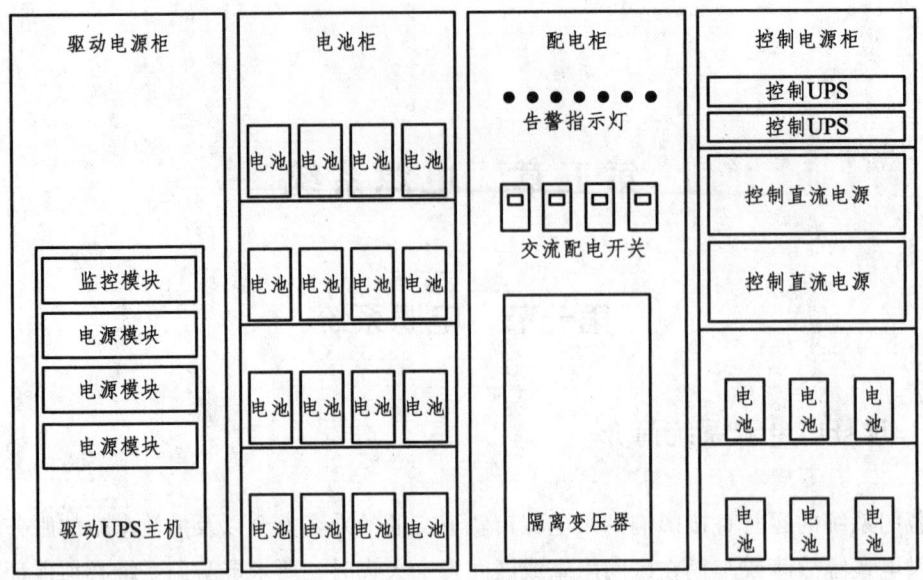

图 5-1 屏蔽门电源设备柜

城市轨道交通供电系统中,由于轨道是供电线路的回流部分(回流轨),其供电系统一般需要采用隔离变压器,以便轨道与车站的地线完全隔离,在屏蔽门电源系统中也不例外。

屏蔽门供电系统的保护措施包括屏蔽门系统采用 TN-S 接地方式,将中性导体(工作零线)和保护导体(保护地线 PE)在系统中分开,即安装在屏蔽门门体上的设备金属外壳及金属保护管与门体相连,工作零线悬浮。安装在屏蔽门门体上的设备外壳及金属保护管与门体等电位,屏蔽门的门体与轨道之间采用一点连接,即要求门体与轨道保持等电位,每侧屏蔽门各单元及各个单元之间用硬铜母线(俗称铜排)进行连接,要求单侧站台屏蔽门整体电阻值不大于 0.4 Ω。屏蔽门门体与站台结构绝缘,要求绝缘电阻不小于 0.5 MΩ。

1. 电源系统工作过程

车站低压配电系统输出两路三相交流电(一路主供电,一路备用供电)到屏蔽门电源系统。电源系统通过电源自动切换装置,将两路三相交流电输入切换成一路交流电。切换后的交流电将经隔离变压器电气隔离后分配给屏蔽门电源系统给 AC/DC、UPS 装置。

输入的 380 V 交流电通过配电单元分配到 UPS、AC/DC 等交流不间断电源。其中,驱动电源经输入隔离变压器电气隔离后经整流模块整流成 110 V 直流电给屏蔽门驱动电机供电。控制电源 UPS 输出分为两部分:一部分直接给 PSC 设备提供 220 V 交流电,另一部分经过 AC/DC 整流模块整流成 24 V 直流电后给屏蔽门控制设备供电,如图 5-2 所示。

屏蔽门电源系统在交流输入异常或整流器故障时,蓄电池将经 UPS 逆变单元逆变后提供稳定的不间断的交流电给负载供电,从而实现对负载的零间断供电。

同时,绝缘监测单元可在线监测直流母线和各支路的对地绝缘状况。集中监控单元可实现对交流配电单元、充电模块、交直流馈电、绝缘监测单元、直流母线和蓄电池组等运行参数的采集与各单元的控制和管理,并可通过远程接口接收后台操作的监控。

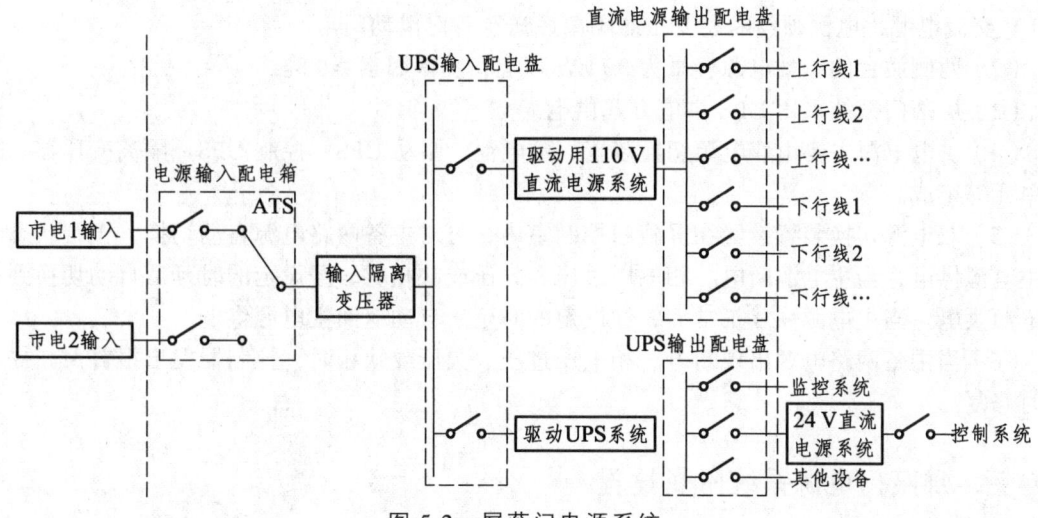

图 5-2 屏蔽门电源系统

2. 电源系统主要配置

站台屏蔽门系统电源分为驱动电源和控制电源两部分。驱动电源负责对门机系统（DC 110 V）供电，采用直流供电方式，具备充电、馈电、故障保护（过压、并联、过流、过载等）、电源参数和报警信息监测及记录功能。控制电源主要负责对 DCU、PSC、PSL、IBP 和接口等的供电（AC 220 V/DC 24 V），如图 5-3 所示。

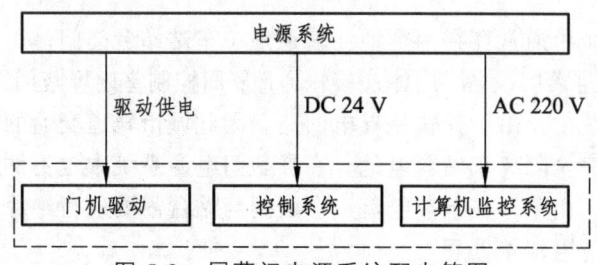

图 5-3 屏蔽门电源系统配电简图

（1）驱动电源系统容量一般为 30～60 kVA，主要为城市轨道交通车站屏蔽门的驱动电机供电。其功率的大小主要取决于城市轨道交通车站滑动门个数。

（2）控制电源系统容量一般较小，只有几百到几千伏安。屏蔽门控制系统采用直流供电，电压等级有 24 V、48 V、110 V 等。控制电源系统一般采用冗余供电方式，来保证其供电可靠性。

（3）屏蔽门系统还需配有 UPS 作为备用电源。正常情况下，由交流配电箱供电。当事故停电时，由 UPS 对屏蔽门系统供电。根据中国行业标准《城市轨道交通站台屏蔽门系统技术规范》（CJJ 183—2012）要求：驱动电源的后备电源容量应符合完成 30 min 内本站全部滑动门开关 3 次的需要，控制电源的后备电源容量应符合系统满负载持续工作 30 min 的需要。

二、屏蔽门电源系统技术要求

（1）屏蔽门系统属于一级负荷标准，即供电系统向屏蔽门系统提供两路独立的三相

380 V 交流电源，电源须经隔离变压器隔离后送至各对滑动门。

（2）两侧站台的车站电源容量为 30 kW 以上，功率因素≥0.8。

（3）屏蔽门系统采用 UPS 供电方式供电。

（4）供电电源主要由双电源切换装置、蓄电池、驱动 UPS、控制 UPS、隔离变压器、配电单元等组成。

（5）双电源切换装置设置在屏蔽门控制室内，可对主备两路电源自动切换，正常状态时由主电源供电，当主电源断电、相电压过压、欠压或缺相时，经设定的时延后自动切换到备用电源供电。当主电源恢复正常后，经设定的时延后自动返回主电源供电。

（6）当主备两路电源出现断电、相电压过压、欠压或缺相时，控制器发出报警声，提示及时修复。

三、屏蔽门电源系统附属设置

1. 交叉配电及灯带照明

屏蔽门供电系统还经常包括配电系统和灯带照明系统。城市轨道交通车站会将对应每节车厢的四道滑动门分四路进行交叉配电，以保证其中一路电源故障时，其他三道滑动门能可靠供电。另外为提高车站美观性，显现各类指示标识，地下车站全高封闭式屏蔽门门体顶箱上设置照明灯带。灯带照明属二级负荷，其电源由交流电源直接提供，与屏蔽门系统用电分开配备。

2. 地线隔离

在站台屏蔽门系统中通常存在两个地：轨道地（车站站台门门体）和弱电地（车站提供的弱电地）。通常站台屏蔽门设备、门体连接轨道地；而控制室内屏蔽门设备连接车站弱电地。城市轨道交通供电系统中，由于铁轨是导电回路，因此城市轨道交通的供电系统一般需要采用隔离变压器，以便完全隔离车站弱电地，在屏蔽门电源系统中也不例外。

为确保乘客安全，由于存在杂散电流，屏蔽门与站台需要进行绝缘处理，同时，屏蔽门与列车之间需要进行等电位差处理。

（1）门体绝缘。

① 屏蔽门与站台土建结构的电气隔离，在正常大气压试验条件下，系统绝缘电阻要求：在额定电压 U = 500 V 时，绝缘值≥0.5 MΩ（用 500 V 兆欧表测量）。

② 屏蔽门底部应采用绝缘材料，将下部支撑组件进行绝缘，使门槛的金属部件与土建结构绝缘。屏蔽门顶部采用绝缘套，实现屏蔽门设备与顶部土建结构绝缘。

（2）等电位连接。

① 屏蔽门与列车之间存在电位差。为确保乘客和工作人员的安全，屏蔽门与车辆之间设计及安装等电位装置，采用铜芯电缆与钢轨相互连接消除电位差。整个屏蔽门门体保持等电位连接：通过等电位铜排以及等电位导线将屏蔽门的各金属部件相连，满足等电位的要求。

② 在车站站台有限长度范围内，采用一点均布的方式通过铜芯电缆将等电位铜排与钢轨相连，保证门体与车体电位相等，确保人身安全。

3. 电源监控

城市轨道交通屏蔽门的控制与监视系统须将包括电源在内的众多设备的工作状态及告警

信息接入进来。因此，需要对电源系统的各个子系统进行监控。监控方式一般采用工业常用的 MODBUS 通信协议，通信方式为 RS485 或 RS422。

四、屏蔽门电源方案

屏蔽门电源方案有多种选择。如图 5-4 所示，屏蔽门系统驱动电机均为直流电机，主要有 DC48 V、DC110 V 两种。其驱动电源部分的供电方式主要有两种：直流供电方式（即在屏蔽门电源设备室进行集中整流再分配到各门机的用电）或交流供电方式（即在每个门单元处进行分散整流），如图 5-5 所示。除项目明确要求外，方案主要取决于各屏蔽门系统供货商的技术优势。在国内外主要的几家屏蔽门系统供应商中，英国西屋（Westinghouse）公司习惯于采用交流供电方式，而法国法维莱（Faiveley）公司、瑞士卡巴（KABA）公司和广州新科佳都（PCI）公司则多采用直流供电方式。

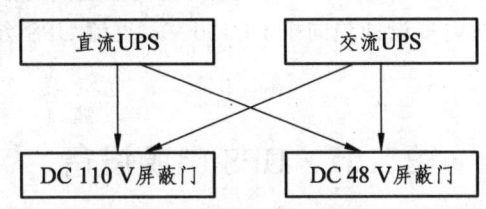

图 5-4　屏蔽门电源方案选择

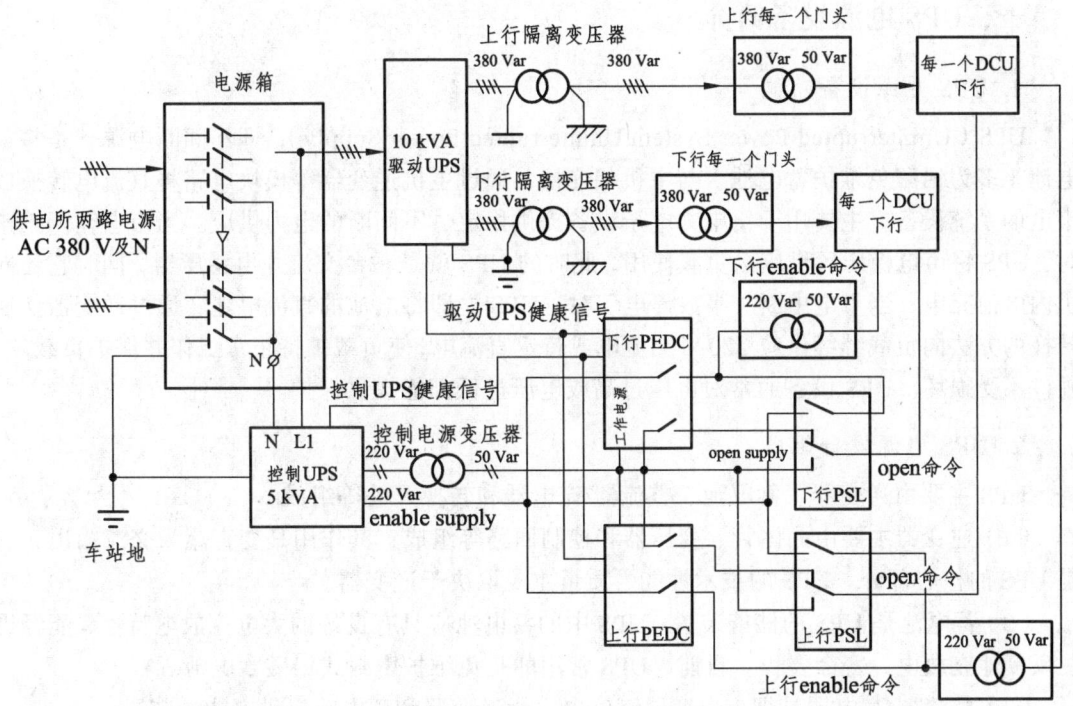

图 5-5　屏蔽门交流 UPS 方案

城市轨道交通屏蔽门电源系统后备电源一般可选择交流在线式 UPS 和直流 UPS 两种设计方案。两种方案比较如下：

（1）单点故障。交流方案采用单台 UPS 供电存在 3 个单点故障点，即电池、电池升压和逆变。直流方案只存在电池 1 个单点故障点。电池单点故障点通过双组电池备用可以消除。交流方案要消除单点故障，需要 UPS 1 + 1 备份。

（2）功率变换。由于驱动供电的特殊性（峰值功率要求高），交流方案在正常情况下需要经过二级功率变换提供驱动供电，即 AC/AC（UPS）和 AC/DC 变换；直流方案只需要 AC/DC 一级功率变换。综合评估，交流方案所需要的变换功率为直流系统的 1.7 倍以上，而变换功率的大小与成本密切相关；因此，直流方案的投资较小。

（3）电池备用的可靠性。交流方案电池后备供电需要经过电池升压、逆变和 AC/DC 模块对外供电，经过的电源变换环节多。直流方案电池直接对 DC110 V 供电，无变换环节。因此，直流方案电池后备更可靠。

（4）直流方案模块化技术成熟，采用全模块化结构，模块可带电插拔，维护方便，不需要专业技术人员现场服务，维护成本低。备件为标准模块，整条线路备件通用，备件成本低。

目前，屏蔽门系统建设更多设计趋向于 DC110 V、直流 UPS 方案。

第二节　UPS 电源设备

一、UPS 电源设备简介

1. UPS 电源设备功能

UPS（Uninterrupted Power System/Uninterrupted Power Supply），即不间断电源，是将蓄电池（多为铅酸免维护蓄电池）与主机相连接，通过主机逆变器等模块电路将直流电转换成市电的系统设备，主要用于给电力电子设备提供稳定、不间断的电力供应。当市电输入正常时，UPS 将市电稳压后供应给负载使用，此时的 UPS 就是一台交流式电稳压器，同时它还向机内电池充电；当市电中断（事故停电）时，UPS 立即将电池的直流电能，通过逆变器切换转换的方法向负载继续供应 220 V 交流电或特定直流电，使负载维持正常工作并保护负载软、硬件不受损坏。UPS 设备通常对电压过高或电压过低都能提供保护。

2. UPS 电源设备组成

UPS 主要由逆变器、蓄电池、整流器/充电器和转换开关等组成。

（1）逆变器主要由晶体管、变压器和控制回路等组成，其作用是变直流为交流输出，它是 UPS 的核心部分。UPS 的技术性能、质量主要取决于逆变器。

（2）蓄电池是 UPS 的储能装置。UPS 中的蓄电池应具有良好的大电流放电特性，能经得住反复地充放电，寿命要长。目前，UPS 常用的是免维护密封式铅酸蓄电池。

（3）整流器/充电器是把市电变成直流电，为逆变器和蓄电池提供电能的装置。

（4）转换开关（静态开关）的作用是通过瞬时的高速检测回路，当市电有干扰或出现大的浪涌时，把 UPS 迅速转到旁路输出，以保护 UPS；它的另一作用是提供维修通道。对转换开关要求切换时间快、过载能力大。

3. AC/DC 模块配置

交流电通过 AC/DC 模块提供控制系统用 DC24 V 和 DC110 V，模块采用 1+1 备份；交流电通过 AC/DC 模块提供驱动系统用 DC110 V，模块采用 N+1 备份，驱动系统用 AC/DC 模块要满足开关门时最大冲击功率要求。

二、UPS 电源设备分类

UPS（不间断电源设备）严格来讲是指在外部供电中断时，通过蓄电池对负载进行继续供电的设备，输出电源可以是交流，也可以是直流。由于输出为交流的方式普遍适用于各类电器，通常所讲的 UPS 是这一类的不间断电源。然而，输出为直流的不间断电源也有其优点，现统称为直流供电 UPS 电源，也称直流屏，目前在电信行业和轨道行业使用比较多。

屏蔽门电源系统由于其技术特点，需要使用输出为交流和输出为直流的这两种不间断电源。

交流输出的 UPS 按工作方式来分，可分为在线（on-line）式 UPS 和离线（off-line）式 UPS。离线式 UPS 又称后备式 UPS，它还可分为正弦波输出、方波输出、带稳压的或不带稳压的交流电源。

下面简要介绍后备式 UPS、在线式 UPS、直流供电 UPS 电源。

1. 后备式 UPS

后备式 UPS 是指 UPS 中的逆变器只在市电中断或欠压失常状态（欠压值约在 170 V，即 UPS 投入电压）下才工作，向负载供电，而平时逆变器不工作，处于备用状态。

图 5-6 为后备式 UPS 电能流程图。市电供电正常时，市电一方面直接通过交流旁路支路转换开关，经滤波器输出至负载；另一方面通过电源变压器，经整流后变成直流电，再经充电回路向蓄电池组充电。当市电供电中断时，蓄电池储存的电能通过逆变器变成交流电，经滤波器继续向负载供电。

在后备式 UPS 中实际电路含有各种保护、告警等控制回路，比较复杂。

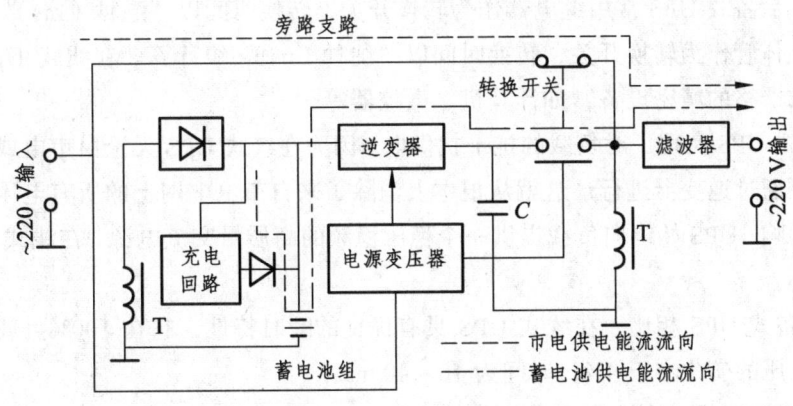

图 5-6　后备式 UPS 电能流程图

2. 在线式 UPS

（1）在线式 UPS 的工作过程。

图 5-7 为在线式 UPS 电能流程图。

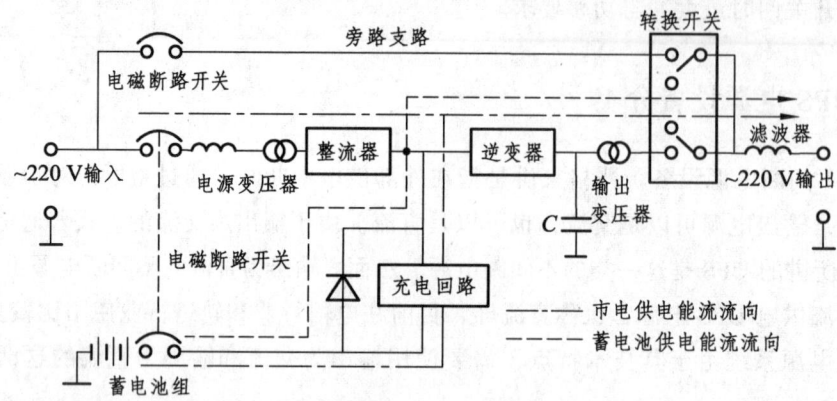

图 5-7　在线式 UPS 电能流程图

在线式的运作模式为市电和负载（用电设备）是隔离的，市电不直接给负载供电。市电供电正常时，市电经过电源变压器、整流器后，一路经逆变器、滤波器输出至负载；另一路经充电回路向蓄电池组充电。

市电供电品质不稳或停电时，蓄电池从充电转为供电，通过逆变器输出交流电至负载，直到市电恢复正常时蓄电池转回充电。UPS 在用电的整个过程中逆变器是全程工作的。当蓄电池端电压低于设定值或逆变器故障时，市电就通过旁路支路经转换开关、滤波器向负载供电。这类电路的优点是输出的波形和市电一样是正弦波，而且纯净无杂讯，不受市电不稳定的影响，可以供电给任何使用市电的设备。

由此可见，不管市电正常或中断，在线式 UPS 的逆变器总是在工作。在线式 UPS 的实际电路也含有各种保护、告警等控制回路，都比较复杂。

（2）在线式 UPS 的特点。

① 在线式 UPS 都为正弦波输出，其最显著的特点是实现了对负载的真正不间断供电。两者相比较，后备式 UPS 常用继电器作为转换开关，转换时间以"毫秒（ms）"级计算；而在线式常用晶体管作为转换开关，转换时间以"纳秒（ns）"级计算。在线式 UPS 更适合对交流电源要求严格的精密设备，如计算机、微控器等。

② 在线式 UPS 实现了对负载的抗干扰供电。因为在线式 UPS 无论由市电或蓄电池对负载供电，都要通过逆变器进行，这就从根本上消除了来自市电电网上的所有电压波动和电干扰对负载的影响，UPS 始终向负载提供一个稳压稳频的高质量交流电源，在线式 UPS 的正弦失真系数更小。

③ 与后备式 UPS 相比，在线式 UPS 具有优良的瞬时特性，它在 100%负载加载或减载时，其输出电压的变化小于 4%，时间为 10～40 ms。

④ 在线式 UPS 具有较高的工作可靠性。

3. 直流供电 UPS 电源

（1）直流供电 UPS 电源的组成及分类。

直流供电 UPS 电源系统由整流器、蓄电池、直流变换器和直流配电屏等部分组成。当市电中断时，蓄电池单独给负载供电。由于蓄电池通常处于充足电状态，所以市电短期中断时，由蓄电池保证不间断供电。若市电中断期过长，整流器应另由发电机组供电，如图 5-8 所示。

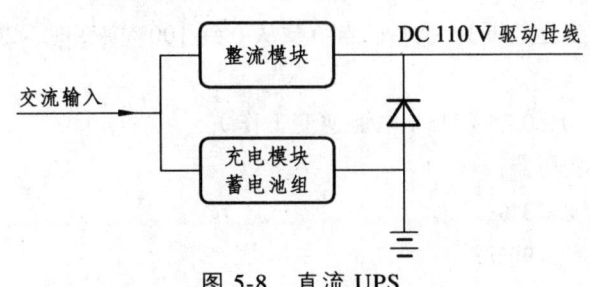

图 5-8　直流 UPS

根据设备规模容量及直流负荷大小、性质、种类的不同，直流供电系统可采用分散式供电和集中式供电方式；另根据供电电源种类的不同，直流供电系统又可分为常规式供电和混合式供电。

（2）直流供电 UPS 电源的特点。

① 整流器的交流电源由交流配电屏引入，整流器的输出端通过直流配电屏与蓄电池和负载连接。

② 当负载需要多种不同数值的电压时，采用直流变换器将基础电源的电压变换为所需的电压。

③ 由于直流供电系统中设置了蓄电池组，可保证不间断供电。

④ 目前广泛应用的直流供电方式为并联浮充供电方式。

（3）并联浮充供电。

并联浮充供电方式是将整流器与蓄电池并联后对负载供电。在市电正常的情况下，整流器一方面给负载供电，另一方面又给蓄电池充电，以补充蓄电池因局部放电而失去的电量。

在并联浮充工作状态下，蓄电池还起一定的滤波作用。

并联浮充供电方式的优点是结构简单、工作可靠，供电效率较高。但是，采用这种工作方式时，在浮充工作状态下，输出电压较高，当蓄电池单独供电时，输出电压较低，因此负载电压变化范围较大。

三、UPS 电源技术要求

1. 蓄电池技术要求

蓄电池的折合浮充寿命在 25 ℃ 达 10 年，电池的质保期不少于 3 年。城市轨道交通供电系统对蓄电池的要求非常特殊，一般采用胶体电池或比较耐高温且寿命长的电池。对电池的延时要求一般为 1 h 左右。由于负载为屏蔽门，故其具体延时要求一般为半小时内屏蔽门能够开关门 3 次或一小时内屏蔽门开关门 5 次。

2. UPS 电源电气性能要求

① 为了保证 UPS 电源的长期稳定和可靠运行，UPS 采用成熟的数字控制方式；
② 电源设备的输入电压为 380 V，输入电压可调范围为 ±15%；
③ 输入频率为 50 Hz×（1±10%）；
④ 输入功率因数应不小于 0.9，输入谐波电流失真度不大于 7%；
⑤ 输出为三相（380 V）交流电源，输出电压稳压精度为 ±1%；
⑥ 瞬态输出电压变化范围为 ±2%；当负载从 0 到 100% 突变时，20 ms 以内输出电压恢复到 ±1%；
⑦ 输出频率为（50±0.25）Hz（电池逆变工作）；
⑧ 配置输出隔离变压器；
⑨ 输出波形失真度≤3%；
⑩ 电源设备的效率≥90%；
⑪ 输出功率因数≥0.8；
⑫ 电流峰值系数≥3；
⑬ 过载能力：105% 长期，125% 维持 10 min 以上，150% 维持 1 min 以上；
⑭ 允许三相负载 100% 不平衡；
⑮ 采用 IGBT 功率器件；
⑯ UPS 配置手动维修旁路，可实现现场不断电维修；
⑰ 电源输出满足输出分路的需要，供电电源中断后，电源设备能为车站屏蔽门系统提供开关整列屏蔽门 5 次的电源供应；
⑱ UPS 电源设备具有对电池组在线检测功能，能够实时检测电池容量及电池的相关技术指标。
⑲ UPS 电源设备应具有抗雷击浪涌能力，能承受模拟雷击电压波形 10/700 μs、幅值为 5 kV 的冲击 5 次，模拟雷击电压波形 8/20 μs、幅值为 20 kV 的冲击 5 次，每次冲击间隔为 1 min，设备仍能正常工作。

3. UPS 电源保护功能

① UPS 电源设备具有输出短路保护功能，在输出负载短路时，立即自动关闭输出，同时发出声光报警信号；
② UPS 电源设备应具有输出过载保护功能，在输出负载超过额定负载时，发出声光报警；超出过载能力时，转为旁路供电；
③ 在 UPS 电源设备处于逆变工作方式时，电池电压降至保护点时发出声光告警，停止供电。

4. UPS 电源监控

屏蔽门 UPS 在车站与综合监控系统直接互联（不经过屏蔽门控制系统），屏蔽门 UPS 监控信息传送给综合监控系统，并经综合监控系统传送至综合维修中心。屏蔽门 UPS 向综合监控系统提供所有状态、故障等信息。

第三节　控制电源系统

控制电源系统为屏蔽门系统的控制与监视系统主机、接口继电器等提供电源，故其电源的重要性和稳定性要求较高。同时，控制电源系统在供电系统失去交流供电时，利用蓄电池组为屏蔽门系统操作提供临时电源。

屏蔽门各品牌厂家设计的控制电源的供配电原理与部件基本相似。方案主要为：UPS输出220 V、50 Hz的纯净正弦交流电，经24 V整流模块整流后输出DC24 V控制电源为PSC柜内的继电器、监控主机等设备供电；UPS输出另一路AC220 V电源直接给PSC柜，在PSC柜内经过变压、整流和滤波后输出DC60 V供给信号专业接口的电气回路（即与信号系统接口继电器）使用。在信号回路中，可通过调节滑动变阻器的阻值，使得当触点闭合时，继电器线圈上的电压在允许范围内。

由于在线式UPS的特点是无论市电输入是否存在波动，输出总为稳定的AC220 V电源，从而可保证与信号接口回路的DC60 V/DC24 V电源的稳定性，因此在屏蔽门系统控制电源供电回路中一般都采用了在线式UPS。

同时，由于设置一定容量的蓄电池，可保证在市电停电后的一段时间内监视主机仍可持续工作一段时间，从而完成内部数据的处理和存储工作，满足运营的需要。控制电源一般采用冗余的供电方式，以保证其供电可靠性。

一、控制电源系统组件

控制电源系统包括隔离变压器、UPS、蓄电池组、高频开关电源装置、输出馈电单元、监控模块，原理图如图5-9所示。馈线部分由两部分组成：AC220 V馈出和DC24 V馈出。

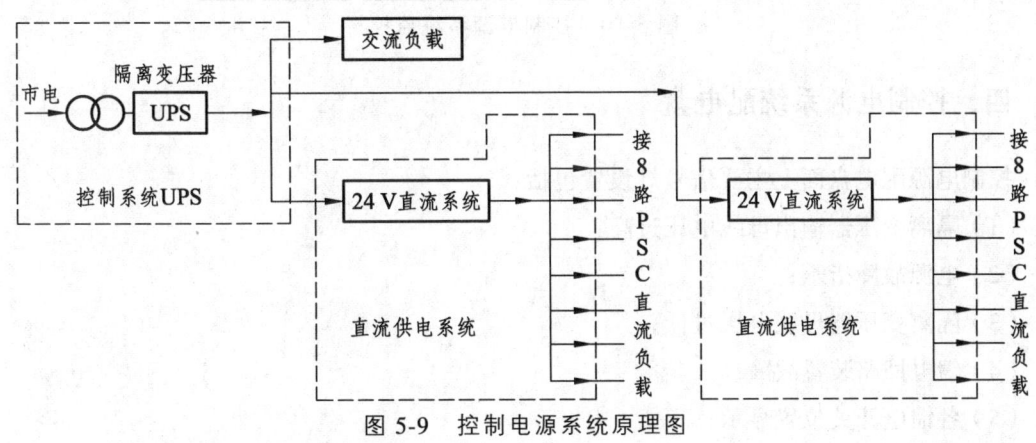

图5-9　控制电源系统原理图

二、控制电源系统工作原理

控制电源是将双路电源切换后的输出交流电源经过隔离变压器作电气隔离，再经UPS把

AC 转 DC 再转成高质量的 AC 后输出。控制电源输出分为两部分：一部分直接给 PSC 设备提供 220 V 交流电源，另一部分经过 AC/DC 整流模块整流成 24 V 直流电后给屏蔽门控制设备供电。正常工作时，UPS 是在线式状态。蓄电池组直接连接于 UPS 直流母线上，控制 UPS 电源在交流输入异常或整流器故障时，蓄电池提供经 UPS 逆变单元逆变后稳定的不间断的交流电给负载供电，从而实现对负载的零间断供电。其供电路径为：

（1）AC 220 V 交流电源输入→隔离变压器电气隔离及 C/D 级防雷装置保护→UPS；

（2）UPS→AC/DC 高频开关电源整流→24 V 直流馈线输出；

（3）UPS→220 V 交流馈线输出。

三、控制电源系统监控

如图 5-10 所示，监控模块能监视控制电源装置的输出电压、电流，并能监视电源系统正常运行状态和故障状态，对 UPS 的重要状态进行远程监视，能将故障、状态信息传输到屏蔽门控制系统的主控机上。

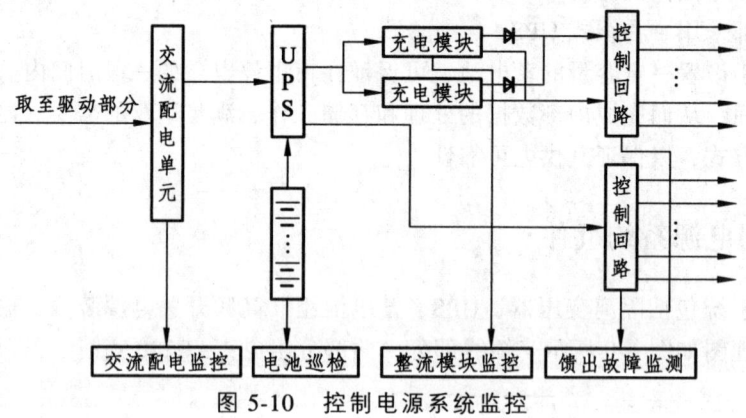

图 5-10 控制电源系统监控

四、控制电源系统配电盘

控制电源配电盘面上主要信号灯设置包括：

（1）隔离变压器输出母线电压过高；

（2）电源故障指示；

（3）隔离变压器母线电压过低；

（4）馈电回路装置故障；

（5）各馈电开关位置显示；

（6）控制电源 UPS 故障；

（7）蓄电池组故障；

（8）受、馈电回路短路故障。

第四节 驱动电源系统

驱动电源系统主要为城市轨道交通车站屏蔽门系统的滑动门开/关门操作提供动力来源，即为其驱动电机提供电源。同时，驱动电源系统在供电系统失去交流供电时，利用蓄电池组为滑动门提供临时电源。其功率一般为 30~60 kVA，功率的大小主要取决于每个轨道交通车站站台某一侧滑动门个数。

一、门机驱动特点

屏蔽门电机要求启动快、动作迅速，所有屏蔽门均采用直流电机，门机驱动波形如图 5-11 所示。驱动电源需要满足直流电机启动的冲击特性，UPS 功率要满足开关门时最大冲击功率需求。在屏蔽门正常动作时，驱动电源系统提供功率 3~5 kW，启动瞬间达到 8~40 kW；单台标称电机功率为 80~150 W。

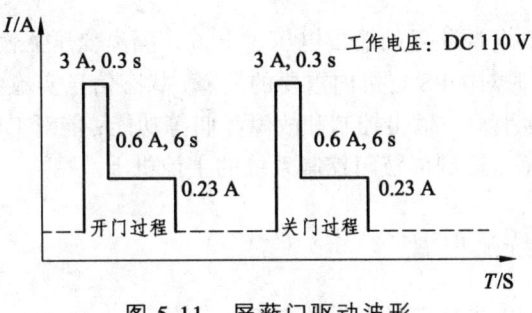

图 5-11　屏蔽门驱动波形

二、驱动电源系统工作原理

整套驱动电源直流系统由隔离变压器、高频开关电源充电装置、蓄电池单元、输出馈电单元、监控模块等组成。其主要原理如图 5-12 所示。

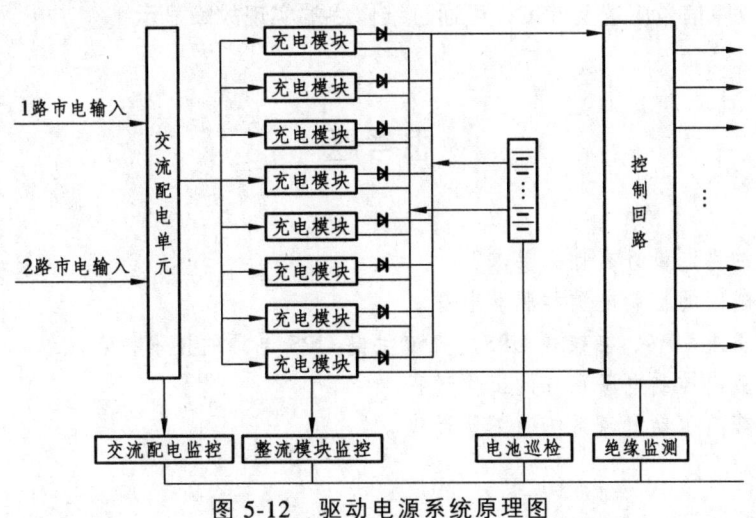

图 5-12　驱动电源系统原理图

低压配电系统提供两路独立的 380 V/40 kVA 三相电源，两路电源通过双电源切换装置自动切换后经隔离变压器作电气隔离，提供驱动及控制部分所需要的电源。驱动部分通过 AC/DC 装置整流后，提供 DC 110 V 馈出回路给屏蔽门驱动供电，蓄电池组直接连接于直流母线上，并联浮充供电。在交流输入失电、超限、故障、整流模块故障等情况下，蓄电池组将通过直流母线直接给负载供电，从而实现对负载的不间断供电。其路径为：

AC 380 V 交流电源输入→隔离变压器电气及防雷装置→AC/DC 高频开关电源整流→充电机及蓄电池母线→降压→控制直流母线→控制馈线输出。

驱动电源的输出回路存在着交错配电情况。由于轨道交通车辆的车型不同，每节车厢的车门数量也不相同，分别设计有 3、4、5 道。以每节车厢 5 道车门为例，驱动电源的输出回路数至少为 5 路，即每节车厢 5 道车门的 5 道滑动门需要设计分别对应不同的输出回路，以保证在其中一个回路驱动电源故障时，每一节车厢的其余 4 个车门对应的滑动门能够正常工作，最大限度地避免乘客出现拥挤现象。

三、驱动电源系统监控

监控模块能监测驱动电源装置的输出电压、电流，隔离变压器输出的电压、电流，蓄电池浮充电压、电流等，同时对 UPS 主机内重要的故障、状态信息实施数据采集并能进行显示；根据不同的情况实行电池管理、输出控制和故障呼叫等功能；能对 UPS 重要的状态进行远程监视，将故障、状态信息传输到屏蔽门控制系统的主控机上。

四、驱动电源系统配电盘

驱动电源配电柜盘面上主要信号灯设置包括：
（1）电源故障指示灯；
（2）各馈电开关位置状态显示；
（3）蓄电池组故障；
（4）受、馈电回路短路故障。
电源装置故障信号应送至 PSC，可通过维修终端实现故障显示。

思考题

1. 屏蔽门的供电设计有什么要求？
2. 简述屏蔽门的控制电源和驱动电源。
3. 比较后备式 UPS、在线式 UPS、直流供电 UPS 电源的技术特点。
4. 简述屏蔽门控制电源系统的工作过程。
5. 简述屏蔽门驱动电源系统的工作过程。

第六章 接口描述

第一节 屏蔽门系统的接口

一、屏蔽门系统与信号系统的接口

屏蔽门系统与信号系统的接口是用在信号系统与屏蔽门系统之间传送信号。信号设备室通过硬线连接屏蔽门设备室,中央接口盘(PSC)端子排是两系统之间的物理接口。

根据《地铁设计规范》(GB 50157—2012)相关规定要求:信号系统应能控制站台屏蔽门与列车车门的开、闭按预定顺序动作。信号系统中列车自动保护(ATP)子系统负责对屏蔽门状态的连续安全监督,列车自动运行(ATO)子系统负责屏蔽门与车门的同步开、关控制。列车在车站停车,经 ATP 确认满足停车精度的要求后,才允许 ATO 向列车门控系统和站台屏蔽门系统发送开门指令。列车需要离开站台时,由 ATO 自动或人工发出关闭车门和屏蔽门的命令,经 ATP 确认车门和屏蔽门均已关闭且锁定后才允许起动列车。

1. 屏蔽门与信号系统的关系

信号系统是屏蔽门系统获取"开门"与"关门"指令的通道,当信号系统与屏蔽门系统联锁运行时,列车发出开、关门指令,开、关门信号通过信号系统传达给屏蔽门系统;屏蔽门系统通过信号系统向列车提供屏蔽门状态信息(屏蔽门关闭且锁紧信号),只有当列车收到屏蔽门关闭且锁紧信号,列车才能以 ATO 模式驾驶。

信号系统向屏蔽门系统发送"开门"及"关门"的控制命令,并且该命令一直保持,直到下一次发出改变门状态的命令终止。屏蔽门系统向信号系统提供屏蔽门的状态信息(PSD 开门或 PSD 关闭锁定),一直保持到下一次改变门状态命令时终止。在屏蔽门系统故障时,向信号系统发送"互锁解除"的信息,以解除互锁关系。屏蔽门系统收到信号系统的指令后,要求在 0.3 s 内滑动门开始动作。

信号系统与屏蔽门控制系统之间通过安全认证的传输通道连接。控制电缆从信号设备室引至屏蔽门设备室内 PSC 端子排,接口界面在屏蔽门设备室内屏蔽门中央接口盘外线端子排,采用继电器接口方式。屏蔽门系统在每侧站台提供一组接口与信号系统连接,因此,岛式站台和侧式站台有两组接口,一岛两侧式站台有四组接口,如广州地铁 1 号线与 2 号线换乘站公园前站。

2. 屏蔽门与信号系统接口功能

屏蔽门与信号系统接口功能如表 6-1 所示。

表 6-1　屏蔽门与信号系统接口功能

内容	信号名称	接线方式	信号方向	信号系统说明	屏蔽门系统说明
信号系统与PEDC	开门命令	硬线	PEDC←SIG	司机在驾驶室内进行开门操作，信号系统收到此信号，将发出开门命令给屏蔽门系统	从信号系统收到开门命令信号后，由 PEDC 控制所有屏蔽门打开（0.3 s 内）
	关门命令	硬线	PEDC←SIG	司机在驾驶室内进行关门操作，信号系统收到此信号后，将发出关门命令给屏蔽门系统	从信号系统收到关门命令信号后，由 PEDC 控制所有屏蔽门关闭
	门开/闭状态	硬线	PEDC→SIG	PEDC 收到 DCU 发出的门开/关状态信号后向 SIG 发出此信号	DCU 收到 PEDC 门开/闭命令，控制驱动电机开/闭屏蔽门后，向 PEDC 发出门状态信息
	ASD/EED 关闭、锁紧	硬线	PEDC→SIG	SIG 收到 PEDC 发出的 ASD/EED 全部门关闭、锁紧后，信号系统将允许发车	屏蔽门关闭后，所有 DCU 门关闭锁紧信号发给 PEDC，PEDC 将此信号发给 SIG
	"PSD/EED"互锁解除	硬线	PEDC→SIG	SIG 收到 PEDC 发出的 ASD/EED 互锁解除信号后，信号系统将允许发车	当屏蔽门关闭后，信号系统因收不到关闭锁紧信号不能发车时，司机可操作 PSL 上的互锁解除开关，PSL 向 PEDC 发送互锁解除信号，PEDC 则向 SIG 发出此信号

二、屏蔽门系统与综合监控系统的接口

屏蔽门系统与综合监控系统的接口是用在向综合监控系统传送屏蔽门运行状态及故障信息，中央接口盘（PSC）端子排是两系统之间的物理接口。

综合监控系统能监视屏蔽门的运行平台，在车控室的显示终端进行显示；同时综合监控系统对屏蔽门系统进行故障监控与报警，可实施故障查询和记录。

综合监控系统显示的屏蔽门系统主要信息如表 6-2 所示。

表 6-2　屏蔽门系统在综合监控系统显示信息

类别	序号	实现的功能	信息说明	备注
状态信息	1	ASD/EED 开门状态	显示每侧 ASD/EED 开门状态	每侧站台
	2	ASD/EED 关门状态	显示每侧 ASD/EED 关门状态	每侧站台
	3	每个门单元的控制模式状态	每个门单元的隔离、自动、维修状态	每个门单元
	4	PSL 操作允许	PSL 的操作允许开关置"PSL 操作允许"位	每侧站台
	5	每侧站台的 PSL 开门命令触发	每侧站台的 PSL 每次开门命令成功触发	每侧站台
	6	每侧站台的 PSL 关门命令触发	每侧站台的 PSL 每次关门命令成功触发	每侧站台

续表

类别	序号	实现的功能	信息说明	备注
状态信息	7	灾害模式下每侧站台所有屏蔽门滑动门开门命令触发	IBP发出开门命令	每侧站台
	8	IBP允许每侧站台所有滑动门命令触发	IBP发出操作允许命令	每侧站台
	9	火灾模式下每侧站台边门开门命令触发	IBP发出开门命令	每侧站台
	10	MSD开门状态	显示每个MSD开门状态	每对端门
故障信息	1	单侧站台ASD/EED关门故障	单侧站台上每个PSD单元在设定时间内未关闭,则故障报警	每个门单元
	2	单侧站台ASD/EED开门故障	单侧站台上每个PSD单元在设定时间内未打开,则故障报警	每个门单元
	3	门处于手动/隔离报警	门处于手动/隔离状态,此门从自动控制系统中隔离出来,进行报警	每个门单元
	4	主电源故障报警	双电源切换箱供电出现故障,进行故障报警	每车站
	5	UPS驱动电源故障报警	车站内PSD中驱动电源出现故障,则进行故障报警	每车站
	6	UPS控制电源故障报警	车站内PSD中控制电源出现故障,则进行故障报警	每车站
	7	控制系统故障报警	单侧站台的PEDC出现故障,则进行报警	每侧站台
	8	现场总线故障报警	PSC中的主监控系统出现故障,则进行报警	每侧站台
	9	每个MSD未锁紧报警	在2 min(1~5 min内可调)内,MSD未锁紧则故障报警	每对端门
	10	单侧站台ASD/EED互锁解除报警	单侧站台ASD/EED处于"互锁解除"状态,进行报警	每侧站台
	11	每个DCU故障报警	站台上有DCU出现故障,则进行故障报警	每个门单元
	12	每个电机故障报警	站台上有电机出现故障,则进行故障报警	每个门单元
	13	单侧站台应急门打开状态报警	每侧站台上有应急门处于打开状态,则进行故障报警	每对应急门
	14	单侧站台声光报警装置故障报警	每侧站台上有声光报警装置故障,进行报警	每侧站台

三、与低压配电系统的连接

分界点:在车站屏蔽门设备室电源屏内双电源切换箱输入端。

屏蔽门系统和低压配电系统物理接口的范围如表6-3所示。

表 6-3　屏蔽门与低压配电系统的连接

接口位置	屏蔽门系统	低压配电	接口类型	接口效用
在屏蔽门设备室内	在双电源切换箱的输出端子排上	电力电缆引至屏蔽门设备室内双电源切换箱上	电缆连接	为屏蔽系统提供两路三相 380 V 交流电源

第二节　屏蔽门系统的模式控制

信号系统与屏蔽门系统之间的联动控制与状态监督，在保证列车和乘客安全的前提下，提高了城市轨道交通系统的自动化程度，在快速、高密度、有序运行的同时提高了服务水平，也为无人驾驶系统的发展奠定了基础。

为了实现屏蔽门的自动开关，一般情况下屏蔽门由信号系统进行控制。而当屏蔽门或是线路产生故障时，就需要人为进行处理。在不同状况下，可以将屏蔽门系统分为以下三种模式控制进行分析。

一、正常运行模式控制

1. 控制屏蔽门系统滑动门的打开

列车到站停车，ATP 子系统确认列车停在允许的误差范围内（±500 mm）。若不满足停车精度要求，则屏蔽门和车门均不能打开，允许列车以规定的限速（≤5 km/h）后退一定距离（≤5 m）或者依据 ATP 系统移动授权点的位置前进一定距离，以达到停车精度要求。ATP/ATO 车载系统通过车地通信设备 PTI 环线向车控室发出"列车到站"持续信息，同时向屏蔽门系统和列车发送开门命令。该命令通过屏蔽门主控机（PEDC）传给门机控制器（DCU）；DCU 收到开门命令后，按顺序执行解锁、开门的操作，同时 PEDC 停止向信号系统发送"关闭锁定"的状态信息。

2. 控制屏蔽门系统滑动门的关闭

停站时间到，ATP/ATO 车载系统通过 PEDC 向 DCU 发出关门命令。DCU 收到关门命令后，按顺序执行关门、闭锁的操作。在所有滑动门关闭且锁定后，PEDC 给轨旁 ATP 系统发送全部滑动门"关闭并锁定"的状态信息，轨旁 ATP 系统收到此安全可靠信息后，才允许起动列车。若有一个屏蔽门单元没有锁定，屏蔽门系统不能给出闭锁信息。

二、故障模式控制

1. 停站列车的解除互锁

当屏蔽门系统发生故障，或屏蔽门已经关闭但因故"关闭并锁定"的状态信号不能有效地传送给 ATP 系统时，为了不影响线路的正常运营，由列车司机或授权的站台工作人员在站台端通过专用钥匙操作位于就地控制盘（PSL）上的转换开关，屏蔽门系统经 PEDC 向 ATP 系统发送"互锁解除"的信号，用以解除屏蔽门系统和信号系统间的互锁关系，ATP 系统才允许列车起动离开站台。该信号一直保持到故障修复为止。

2. ATP 子系统对屏蔽门打开状态时的保护

列车准备进站时，信号系统与屏蔽门系统进行联锁。ATP 轨旁单元通过故障-安全型继电器的接点条件，接收当前屏蔽门的状态并传输给列车。当列车在运行中屏蔽门处于打开状态时，ATP 子系统监督并控制列车的安全移动。

（1）列车进站前，屏蔽门打开，轨旁 ATP 会生成一个安全停车点，不让列车驶入相应的车站站台。当列车制动距离小于列车与安全停车点的接近距离时，列车实施正常制动，使列车在停车点前停车。当列车制动距离大于列车与安全停车点的接近距离时，列车则要被实施紧急制动。

（2）列车已进入站台区域，收到"PSD 关闭"改变为"PSD 开门"的信息时，车载 ATP 单元产生一个紧急制动命令使列车停车。

（3）列车尚未完全驶离站台区域，收到"PSD 关闭"改变为"PSD 开门"的信息时，车载 ATP 单元也会产生一个紧急制动命令使列车停车。

（4）列车已完全驶离站台区域时，信号系统与屏蔽门系统解除联锁关系，若此时屏蔽门打开，列车不会产生紧急制动。

3. 屏蔽门失去关闭状态表示

只有在列车不间断地接收到屏蔽门关闭状态信息的情况下，列车才能进入站台区域或从站台区域发车。当因故失去屏蔽门关闭状态表示时，信号系统将封锁相应站台，关闭信号机，不允许列车进、出站，并对正在进站和出站的列车实施紧急制动。

三、运行不同编组列车时对屏蔽门的控制

不同编组列车在线路上混合运营，信号系统根据列车编组情况给屏蔽门系统发送对应的开、关门控制命令。

以 4 节编组和 6 节编组列车混跑为例，4 节编组列车在站台的停车位置有两种情况，即列车停在站台中央（4 节编组列车停在距站台端部 1/6 处）和发车方向站台的端部。不论哪种情况，只要列车的停车位置确定，信号系统会根据列车编组数向屏蔽门系统发送对应列车编组的开门控制信号；同时，屏蔽门系统向信号系统提供站台全部屏蔽门的"关闭并锁定"状态信息，信号系统在收到该信息后才允许列车起动，如图 6-1 所示。

另外需要注意的是，当列车在 ATP 停车范围内停稳后，列车车门打开。为了防止列车在车门开启的情况下人为地起动列车，ATP 车载单元有一个持续的故障-安全输出，切断列车的牵引系统。在列车需要离开站台时，ATP 系统接收到屏蔽门系统的"关闭及锁定"状态信息后，列车牵引系统被释放，车载 ATP 才允许列车起动。

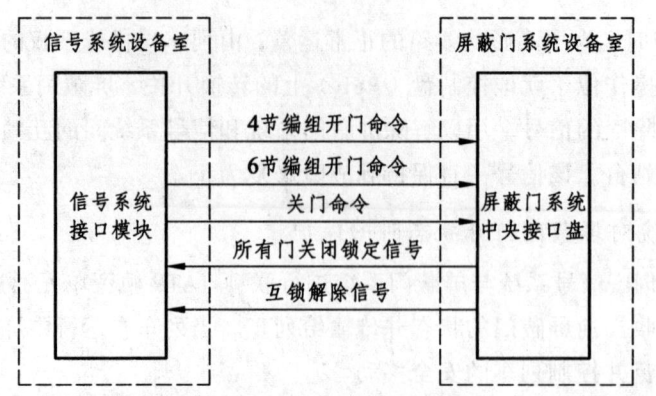

图 6-1 运行不同编组列车时信号系统对屏蔽门开、关门控制示意图

思考题

1. 信号系统是如何控制屏蔽门系统开门与关门、锁紧与解锁的?
2. 综合监控系统显示屏蔽门系统的哪些信息?
3. 简述屏蔽门系统故障模式控制。

第七章 屏蔽门安装

第一节 屏蔽门安装流程

以某地下车站工程为例,每一侧站台边缘均设置屏蔽门,每侧屏蔽门有 12 对滑动门,标准滑动门开度为 2 000 mm×2 150 mm,首末单元为 1 600 mm×2 150 mm。每侧屏蔽门设置 6 对应急门,应急门采用单开方式。

一、屏蔽门安装流程

屏蔽门安装流程如图 7-1 所示。

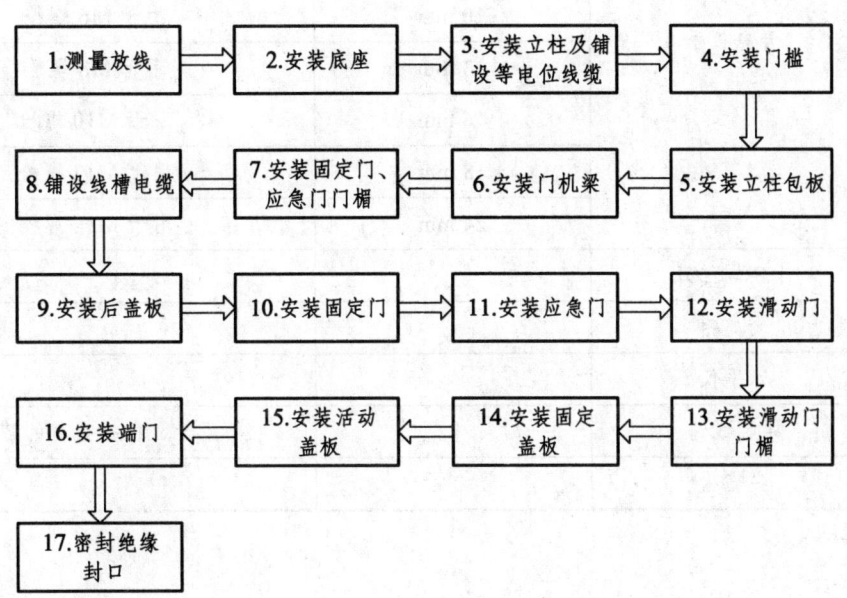

图 7-1 屏蔽门安装流程图

二、安装工具

安装工具如表 7-1 所示。

表 7-1　专用工具清单

序号	主要设备名称	型号规格	备注
1	测力计	指针式 NK-200	测试滑动门、应急门、端门的推拉力
2	玻璃吸盘	三爪玻璃吸盘	固定玻璃用
3	扭矩扳手（可调节型）	2～210 N·m	螺栓紧固
4	内六角扳手	2.5 mm	用于 M3 螺栓
		3 mm	用于 M4 螺栓
		4 mm	用于 M5 螺栓
		5 mm	用于 M6 螺栓
		6 mm	用于 M8 螺栓
		8 mm	用于 M10 螺栓
		10 mm	用于 M12 螺栓
5	开口扳手	5.5 mm	用于 M3 螺栓
		7 mm	用于 M4 螺栓
		8 mm	用于 M5 螺栓
		10 mm	用于 M6 螺栓
		13 mm	用于 M8 螺栓
		16 mm	用于 M10 螺栓
		18 mm	用于 M12 螺栓
		24 mm	用于 M16 螺栓
6	十字螺丝刀		
7	老虎钳		
8	水平仪		
9	磁性线锤		用于立柱垂直度的测定
10	尖嘴钳		

第二节　安装指引

一、安装前准备

安装前请详细阅读表 7-2 所示目录图纸，安装图纸详见安装图纸手册。

表 7-2 安装图纸目录

序号	图名	序号	图名
1	底座钻孔位置图	11	门槛安装图
2	顶梁钻孔位置图	12	立柱一侧安装图
3	屏蔽门一侧布置图	13	PSL 电盒安装图
4	屏蔽门剖视图	14	尾端灯条及细节安装图
5	滑动门门体安装图	15	顶箱前盖一侧布置图
6	应急门安装图	16	顶箱灯带一侧布置图
7	端门安装图	17	顶箱后盖一侧布置图
8	定位器安装图	18	门机梁一侧布置图
9	固定门门体安装	19	底座安装布局图
10	隔离板安装布局图	20	门楣安装布局图

二、测量放线

1. 屏蔽门安装控制点设置

根据业主交接的轨道基标点设置屏蔽门安装控制点,请参考《屏蔽门控制点成果书》。

2. 土建接口测量及放线

土建接口测量请参考测量参考书及记录,最后作为安装资料提交。

土建接口测量放线内容请参考表 7-3。

表 7-3 土建接口测量放线

序号	作业内容	说明
1	轨道中心线划线	
2	站台面标高划线	
3	有效站台中心线划线	
4	屏蔽门站台起点里程及终点里程划线	
5	土建顶梁标高参考线	用于测量安装
6	预留孔及预埋件中心线划线	用于测量

3. 屏蔽门一侧布置图

屏蔽门一侧布置图见安装图纸手册附录图纸。

三、底部支撑安装

按照站台板上位置划线,从有效站台中心线开始往两边依次安装底座,底座中心间距请参考底座安装布局图,并注意累积误差。每个底座的位置均应以有效站台中心线为基准进行复核，两个底座之间布置尺寸允许误差范围为±2 mm，每侧纵向布置尺寸允许的累积误差范围为±5 mm。

使用垫片对底座高度和水平进行微调，底座与站台装修完成面的坡度（2‰）方向一致，如图7-2所示。

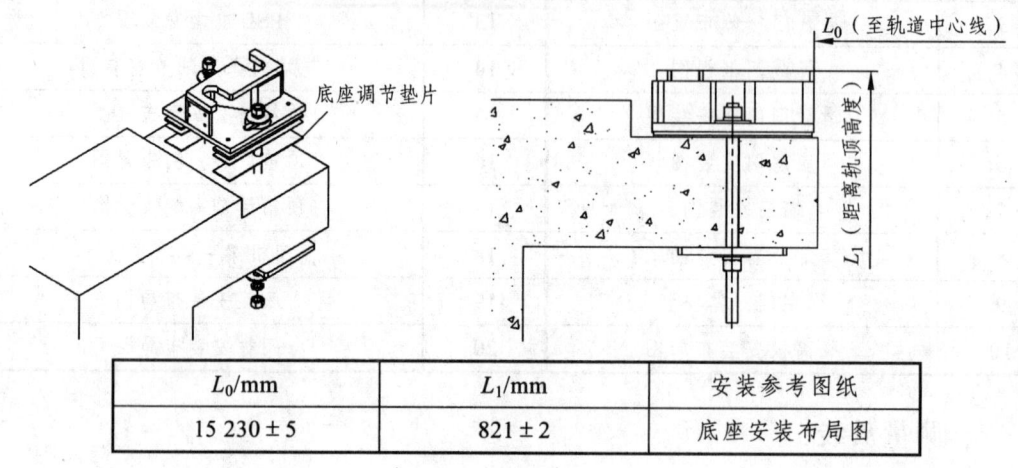

L_0/mm	L_1/mm	安装参考图纸
15 230 ± 5	821 ± 2	底座安装布局图

图7-2 底部支撑安装图

安装底座需要将站台预留孔附近200 mm×200 mm的区域打扫干净并平整，不允许有较大的石子以及固状颗粒，以免影响支撑与地面的接触。

端门底座安装如图7-3所示。

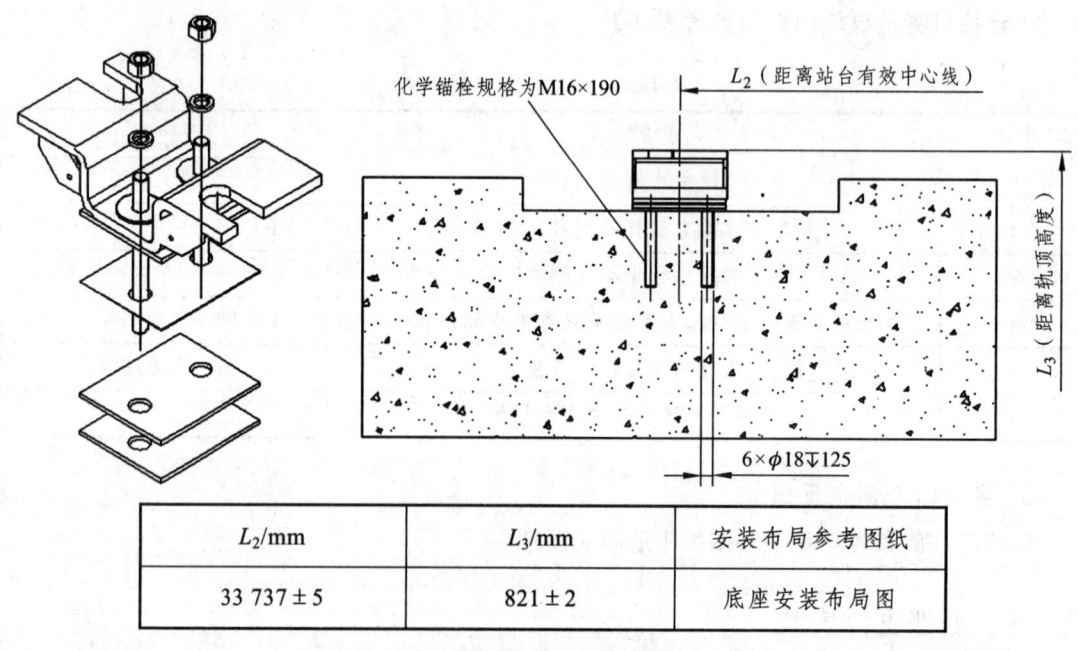

L_2/mm	L_3/mm	安装布局参考图纸
33 737 ± 5	821 ± 2	底座安装布局图

图7-3 端门底座安装图

端门底座需要现场钻孔，使用M16×190的化学螺栓安装固定。

四、立柱安装

1. 正线立柱安装

如图 7-4 所示,首先将立柱底板与底座连接固定,然后将 L 形支架固定在顶梁土建预埋件上。定位尺寸以轨顶及轨道中心线为基准。站台侧立柱的倾斜方向与站台坡度一致,倾向低坡度方向。线锤在 2 m 高度以上检查立柱上下部位 X 方向立柱垂直度偏移量为(4 ± 1) mm,Y 方向立柱垂直度偏移量 ±1 mm(安装好立柱后,先把等电位线穿过立柱底板过线孔,以备后续接线用)。

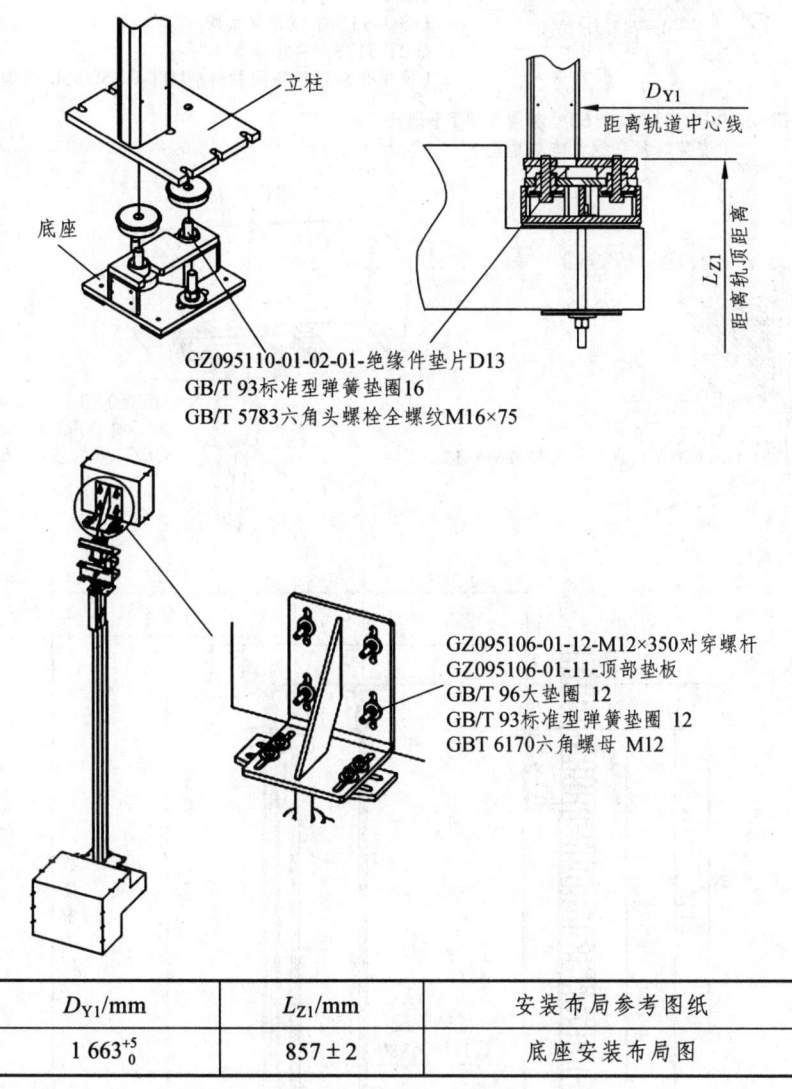

D_{Y1}/mm	L_{Z1}/mm	安装布局参考图纸
1663^{+5}_{0}	857 ± 2	底座安装布局图

图 7-4 正线立柱安装图

2. 端门立柱安装

如图 7-5 所示,首先在端门顶梁利用化学锚栓固定好端门顶部支撑连接板,固定连接板时,先把 T 形专用螺栓放进哈芬槽里;然后,将端门立柱底部与门槛插接件对插安装,利用螺栓固定底部；最后，端门顶部连接组件与端门顶部支撑连接板利用T形专用螺栓固定。端门立柱不按站台坡度倾斜。线锤在2 m高度以上检查立柱上下部位X方向立柱垂直度偏移量为±1 mm，Y方向立柱垂直度偏移量为±1 mm。

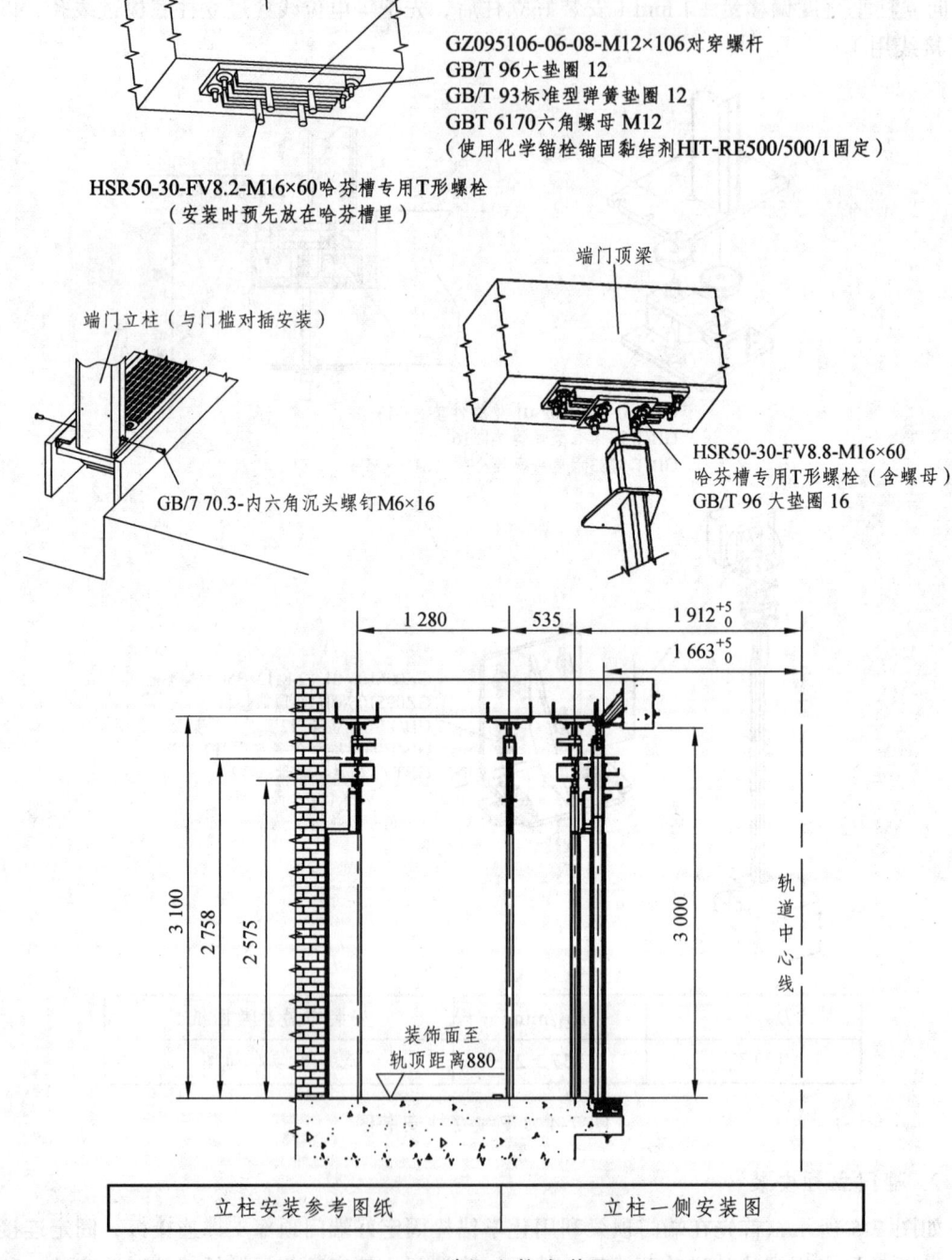

图 7-5　端门立柱安装图

五、门槛安装

（1）固定门与滑动门门槛安装如图 7-6 所示。

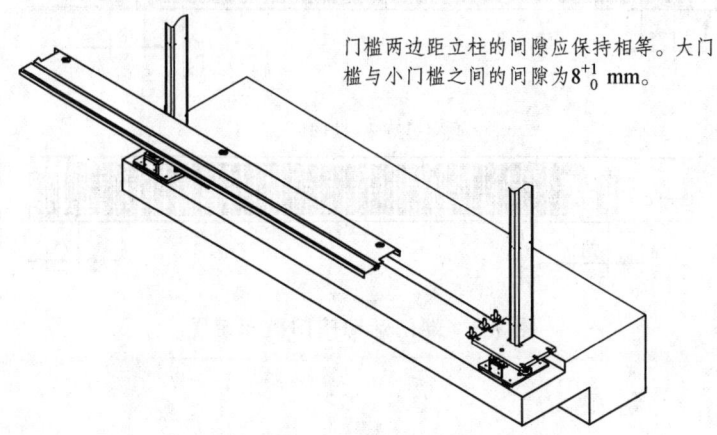

图 7-6　固定门与滑动门门槛安装图

（2）门槛安装位置如图 7-7 所示。

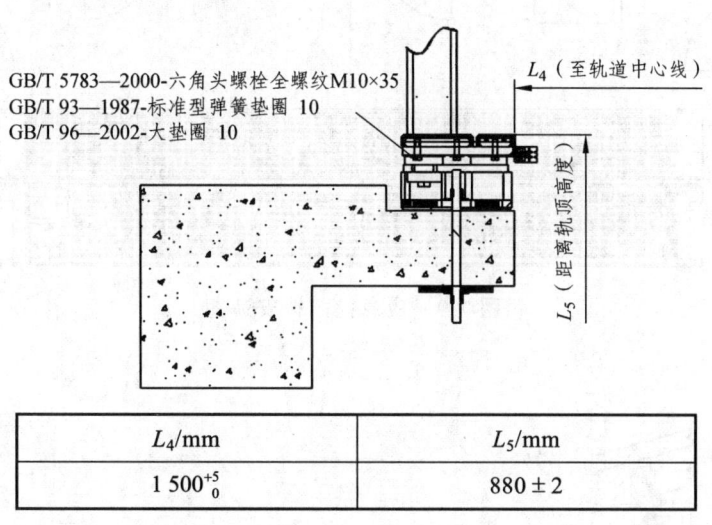

L_4/mm	L_5/mm
$1\,500^{+5}_{0}$	880 ± 2

图 7-7　门槛安装位置

（3）端门活动门门槛安装如图 7-8 所示，门槛安装需注意门轴底座的方向，以及门轴底座中心和锁座中心到立柱的距离。

应急门门槛安装如图 7-9 所示。

六、立柱包板安装

立柱与门槛安装完成后，再安装立柱包板，使用抽芯铆钉与立柱连接。立柱包板安装完成后与门槛站台侧面持平。头尾端立柱包板安装，正线立柱包板与端门立柱包板持平，如图 7-10 所示，立柱包板截面详细请参考生产图。

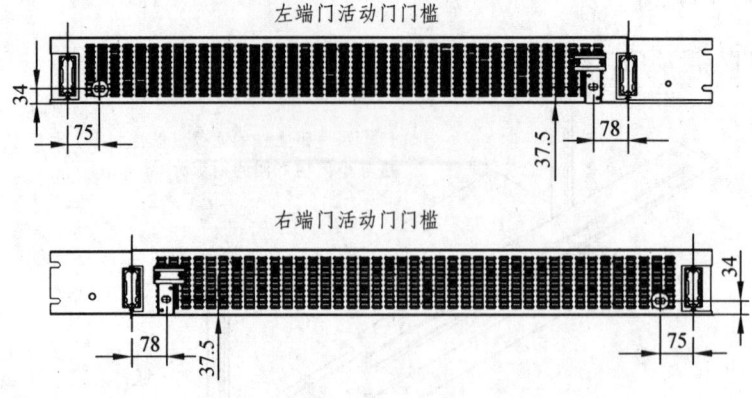

图 7-8 端门活动门门槛安装图

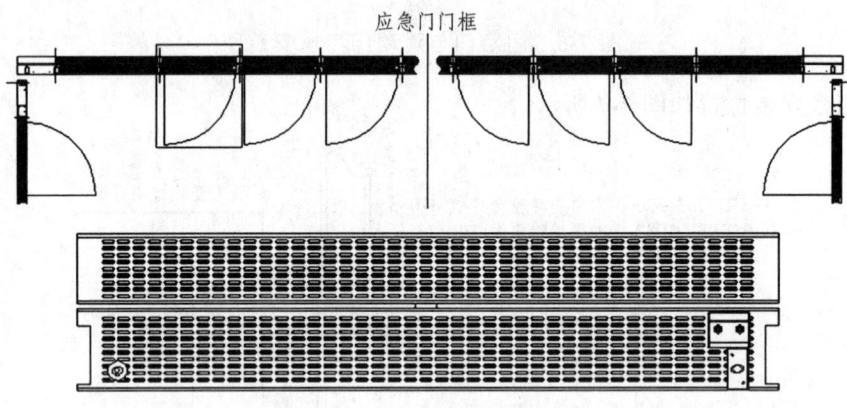

图 7-9 应急门门槛安装图

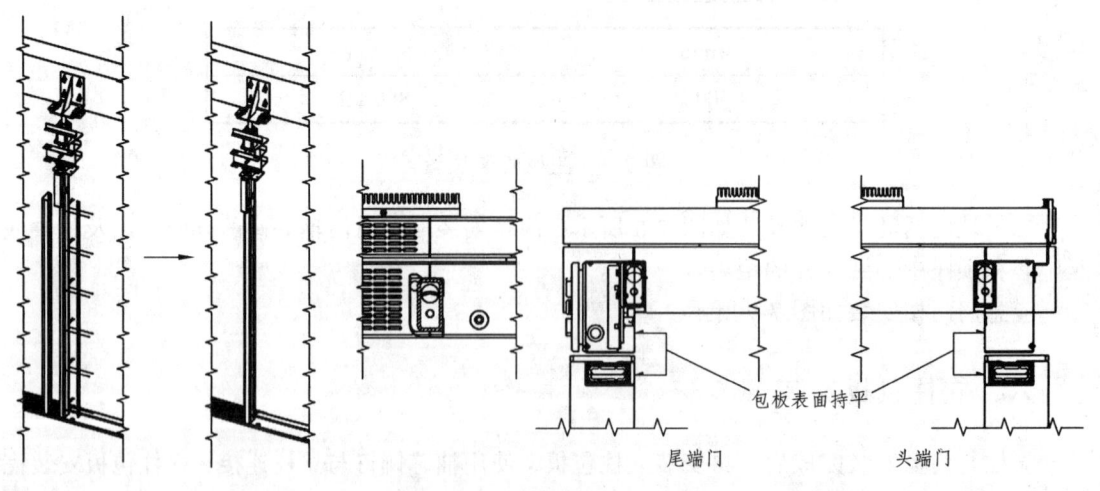

图 7-10 立柱包板安装图

七、门机梁安装

如图 7-11 所示，门机梁的安装请参考门机梁一侧布置图，注意末端单元门机梁、标准单元门机梁、列车厢中间门机梁长度是不同的，安装时请注意以免出错。严格保证导轨前边缘到立柱后侧面 D_{Y2} 的距离。

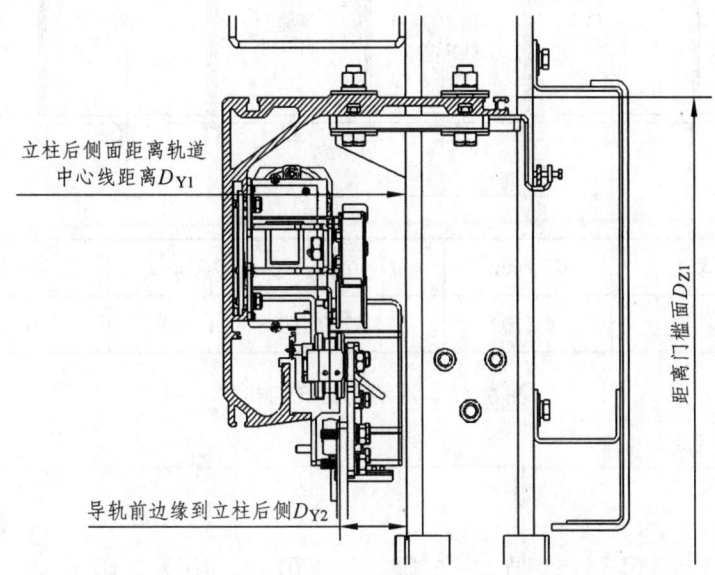

尺寸	D_{Y1}/mm	D_{Y2}/mm	D_{Z1}/mm
数值	$1\,663^{+5}_{0}$	53.5 ± 1	2 475
门机梁安装参考图纸		门机梁一侧布置图	

图 7-11 门机梁安装图

在安装门机梁时，请使用垫片调节水平。同时须注意，垫片在 3 mm 以上时，螺栓将无法拧紧，须更换适合的螺栓。

门机梁在安装时，每一对滑动门中心须对齐门机梁中心。门机梁中心与滑动门中心线偏差为 ±2 mm。同时，必须考虑到站台的坡度 2‰。门机梁与门机梁的间隙为 D_{X4}，如图 7-12 所示。

末端门机梁与标准门机梁间隙为 D_{X4}，如图 7-13 所示，注意站台板有 2‰ 的坡度，左右末端对称布置。

装完门机梁之后须重新确认立柱两个方向的垂直度，如果立柱有偏移，需要重新调整立柱，调整完毕后将门机梁紧固在立柱上，并将立柱垂直度、间距填入立柱检查表中。

门机梁与门机梁接头处，须保持平齐。

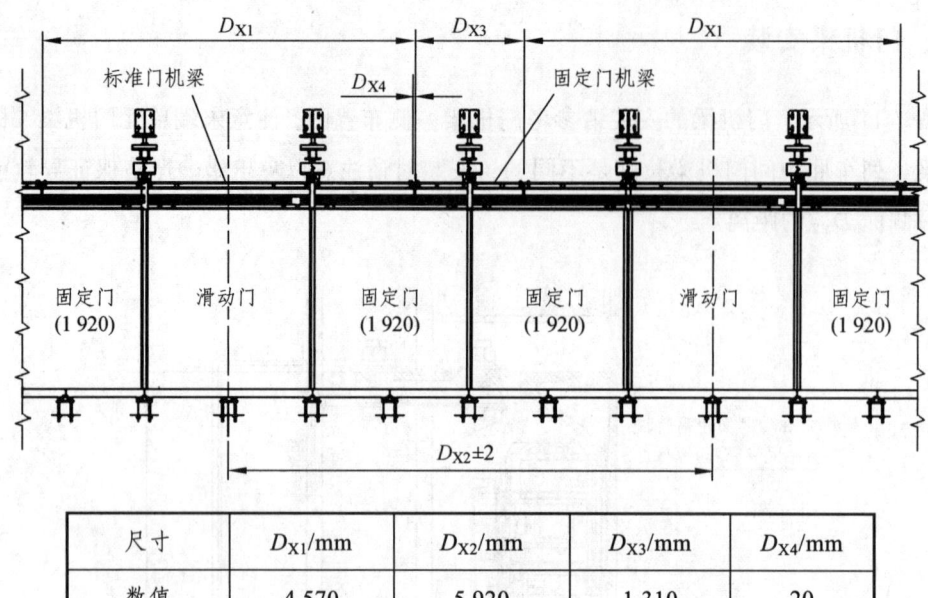

尺寸	D_{X1}/mm	D_{X2}/mm	D_{X3}/mm	D_{X4}/mm
数值	4 570	5 920	1 310	20

图 7-12　滑动门对齐门机梁

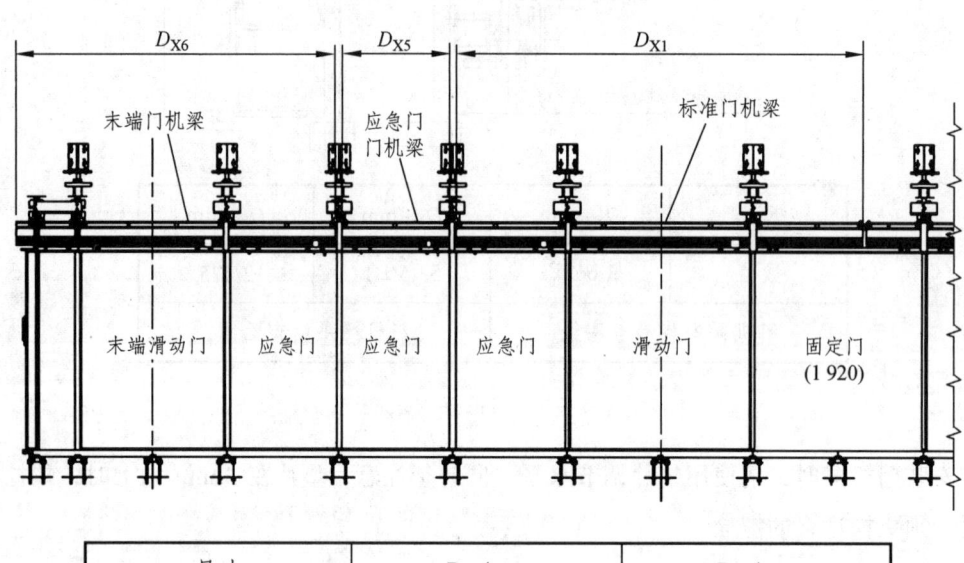

尺寸	D_{X5}/mm	D_{X6}/mm
数值	1 210	3 625

图 7-13　末端门机梁布置

八、门楣安装

（1）门楣安装如图 7-14 所示。

（2）门楣安装请参考：门楣安装布局图图纸。

（3）门楣底部到门槛上表面距离为（2 150±1）mm。

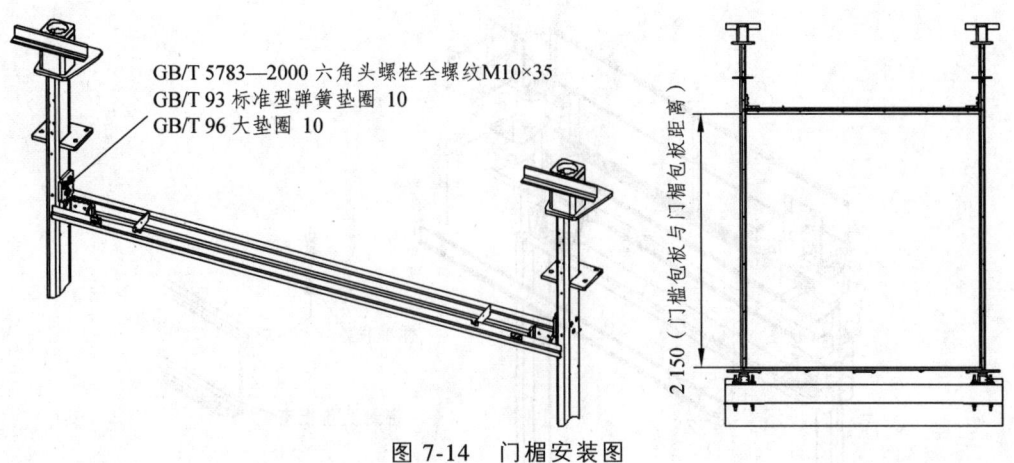

图 7-14 门楣安装图

九、屏蔽门内部电缆及线槽安装

门楣、门机梁及盖板支撑件安装完后,先安装线槽,再铺电线、电缆,如图 7-15 所示。

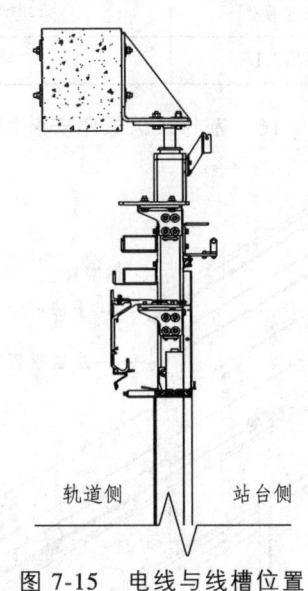

图 7-15 电线与线槽位置

十、后盖板及机械部件的安装

1. 安装密封及盖板座

如图 7-16 所示,除末端与端门处外,密封及盖板座的长度规格与立柱间距相等,即根据立柱中心线间距安装,左右不留间隙;末端与端门处则对齐立柱上相应的孔位安装。

2. 安装上部密封架和后盖板密封胶条

根据安装图画出上部密封架固定孔的位置,然后用冲击钻钻孔,安装膨胀螺栓,固定整侧上部密封架,然后将后盖板密封胶条展开平放于地面(不要扭曲),逐个位置将胶条插入上部密封架和密封及盖板座,如图 7-17 所示。

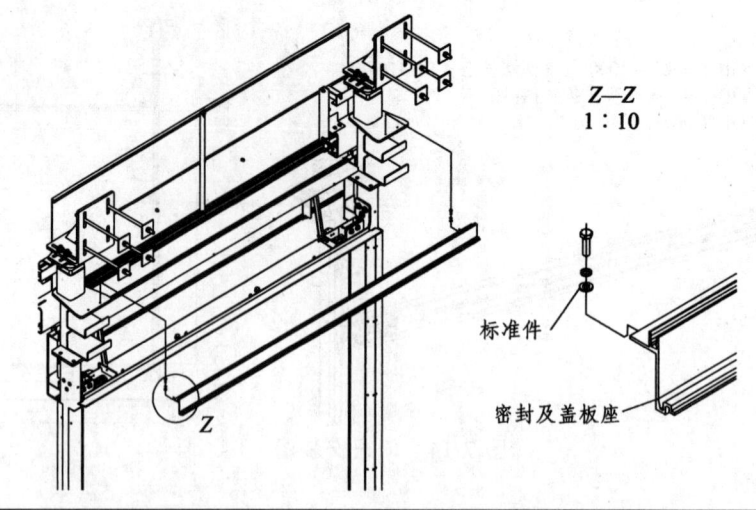

安装图	顶箱后盖一侧布置图	
标准件	GB/T 53—2000	六角头螺栓全螺纹 M6×20
	GB/T 93	标准型弹簧垫圈 6
	GB/97.1	平垫圈 6

图 7-16 密封及盖板座安装图

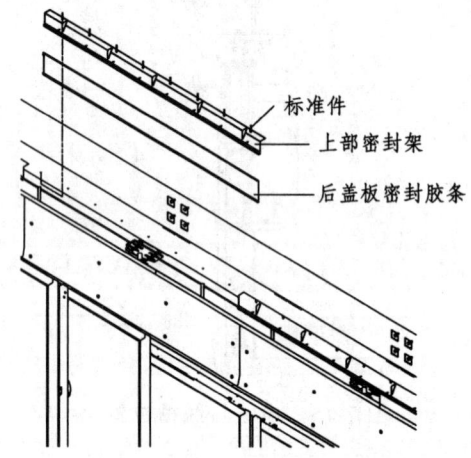

安装图	顶梁钻孔位置图	
	顶箱后盖一侧布置图	
标准件	JB ZQ4763—2006	膨胀螺栓 M6×65-A2-70

图 7-17 上部密封架和后盖板密封胶条安装图

3. 安装后盖板

从有效站台中心线开始，向两边对称安装，后盖板之间不留缝隙，两相邻后盖板中有一块搭接板；搭接板先固定在一块后盖板上，然后安装下一块后盖板，搭接板共用先安装的后盖板固定螺栓；安装完正面后盖板和端门后盖板后，再安装转角后盖板，如图 7-18 所示。

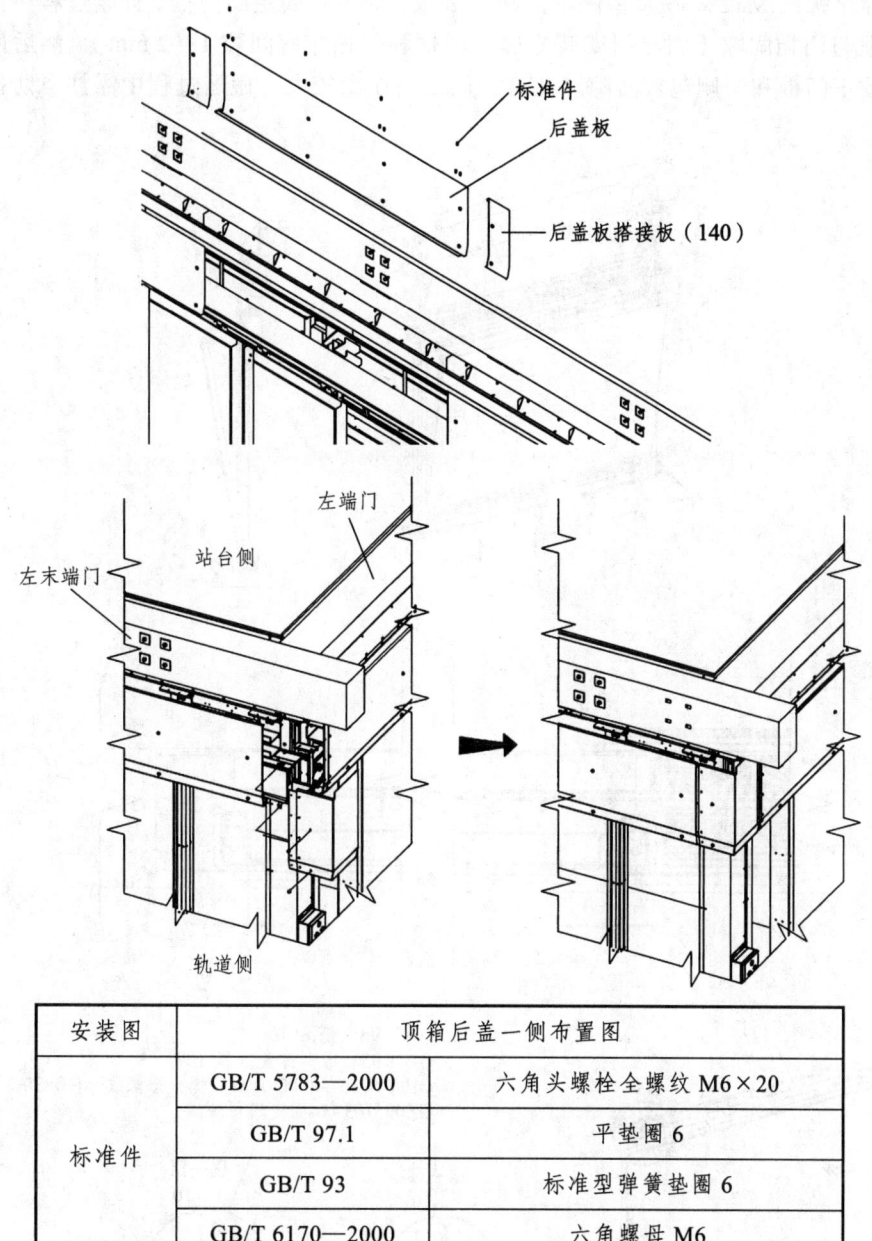

安装图	顶箱后盖一侧布置图	
标准件	GB/T 5783—2000	六角头螺栓全螺纹 M6×20
	GB/T 97.1	平垫圈 6
	GB/T 93	标准型弹簧垫圈 6
	GB/T 6170—2000	六角螺母 M6

图 7-18 安装后盖板

十一、固定门安装

固定门安装如图 7-19 所示。

首先将地轴插入门槛中，然后将固定门倾斜着抬起，固定门底边与门槛平行，地轴对齐底部门轴座，将门轴插入门轴座，慢慢将门竖起，垂直，调整门体与包板间的间隙，保持两边均匀，参考间隙为 2~3 mm；最后将上部顶轴从门楣中插入门顶轴座，轻微带紧螺丝，将六角头螺栓全螺纹 M12×35 及垫圈从门楣上装入，固定好固定门门框，拧紧过程中注意保证固定门门框与门楣间隙（固定门安装好后，门框和门楣应有间隙 1～2 mm），然后用螺栓紧固顶轴，校正门框和两侧包板间隙。注意：固定门质量较大，搬运过程中需注意防护。

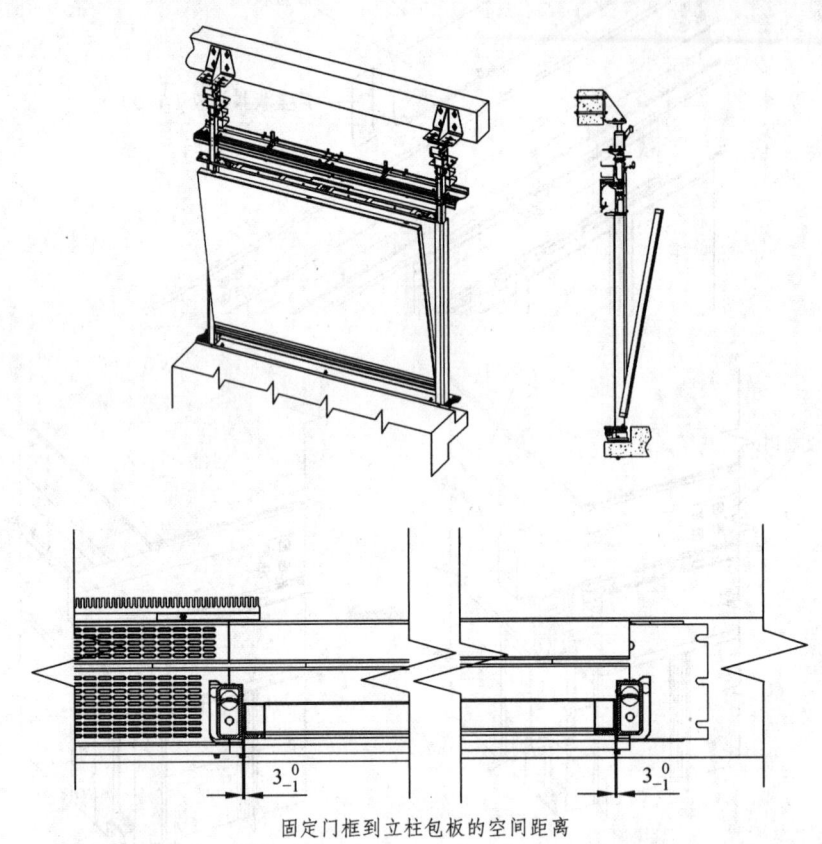

固定门框到立柱包板的空间距离

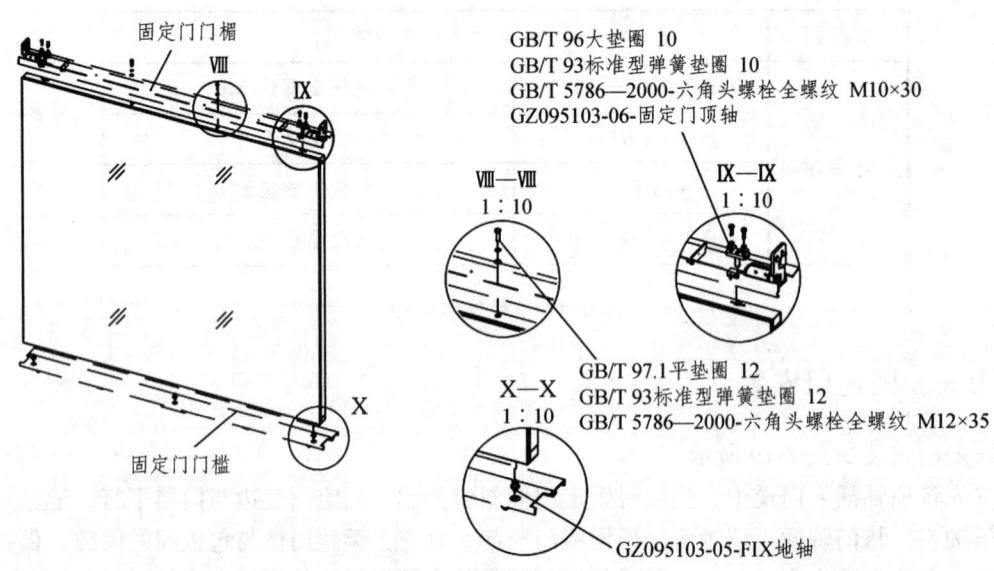

图 7-19　固定门安装示意图

左右末端固定门顶部各由 3 个 M12×35 螺栓同门楣连接,左右端门固定门顶部各由两个 M12×35 螺栓与门楣连接,无固定门顶轴,螺栓安装方法同固定门,如图 7-20 所示。

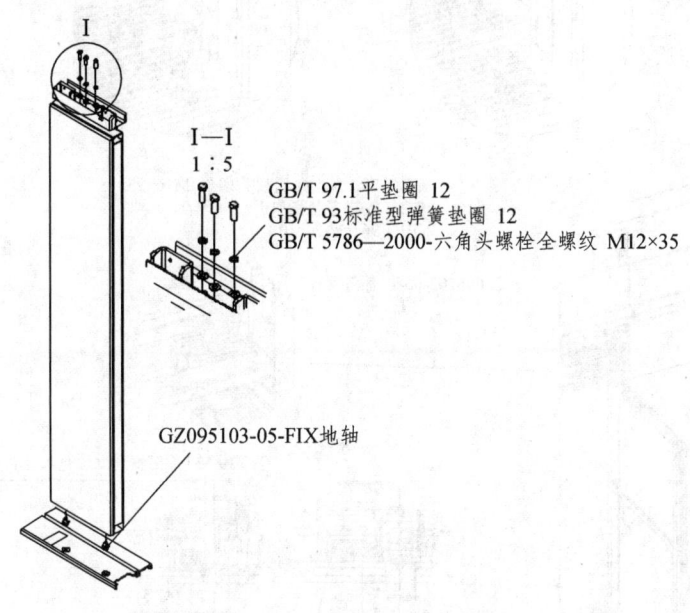

图 7-20　末端固定门安装示意图

十二、应急门安装

1. 应急门门体安装

如图 7-21 所示,将地轴插入门槛中,然后将应急门倾斜着抬起,应急门底边与门槛平行,地轴对齐底部门轴座,将门轴插入门轴座,慢慢将门竖起,垂直,最后将上部顶轴从门楣中插入门顶轴座,调整地轴与顶轴保持同心,测试门体打开畅顺后,锁紧顶轴螺丝(地轴与顶轴及相关紧固件随门体配送,拆装门体包装时要注意)。

2. 定位器安装

如图 7-22 所示,测试门体打开顺畅后,把门体定位到 90°,调整定位块并锁紧,然后将滑撑连杆与门楣连接,插上 GZ095112-03-08-EED 滑撑臂固定轴与紧固件固定。门体关闭时,调节门槛 GZ045105-03-04 应急门后挡块来保证门体与立柱包板面持平。

如图 7-23 所示,调整应急门门锁杆,在锁合状态能顺利通过门楣,与门楣、上活动盖板无摩擦,然后进行开关门测试。使用应急门推杆以及钥匙都能够开关门并且过程顺畅,地轴插进门槛锁孔装置无阻塞,无异响。

如图 7-24 所示,将应急门触发器安装在门楣上,然后进行开关门测试,保证应急门触发器能够顺畅开关。

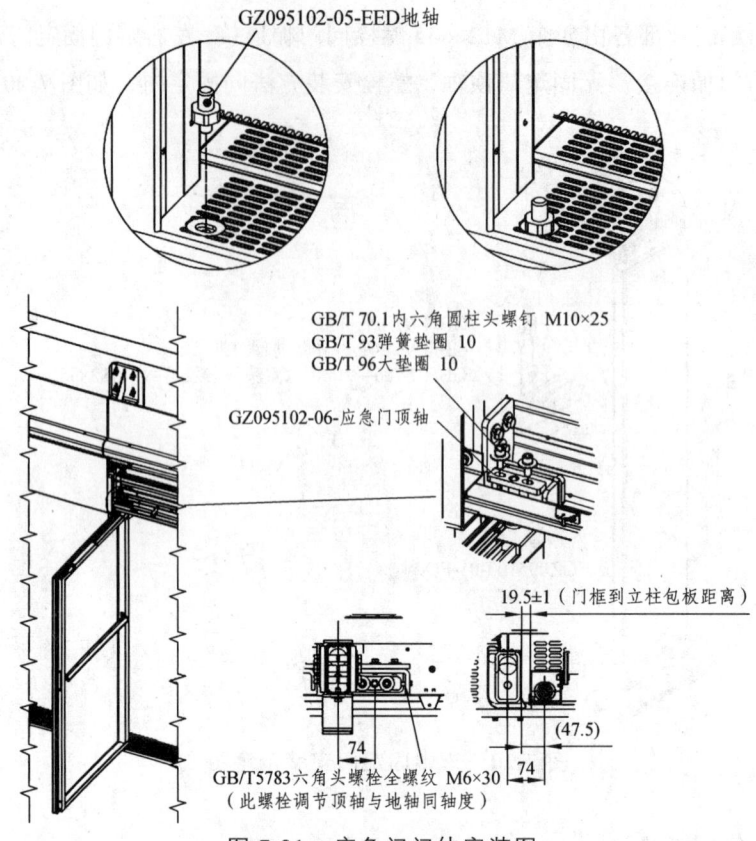

图 7-21 应急门门体安装图

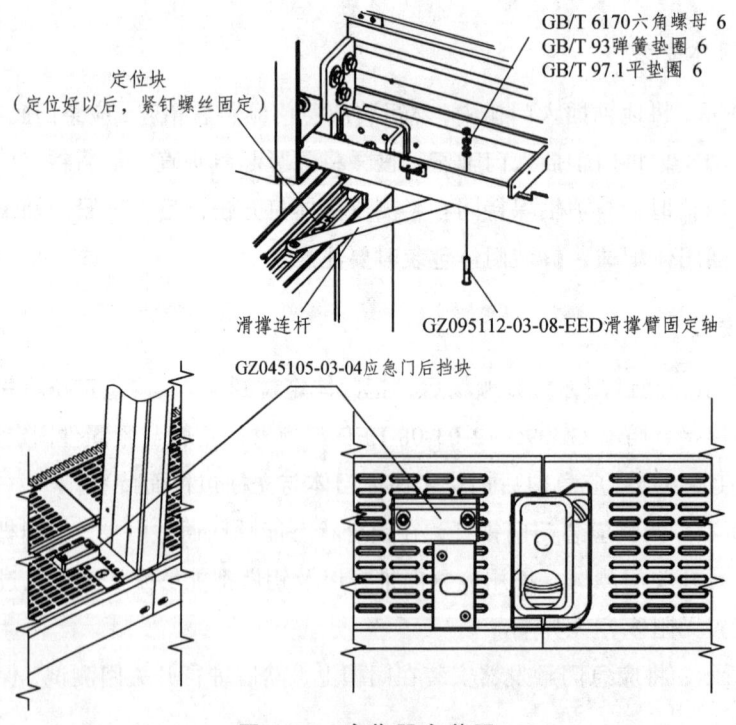

图 7-22 定位器安装图

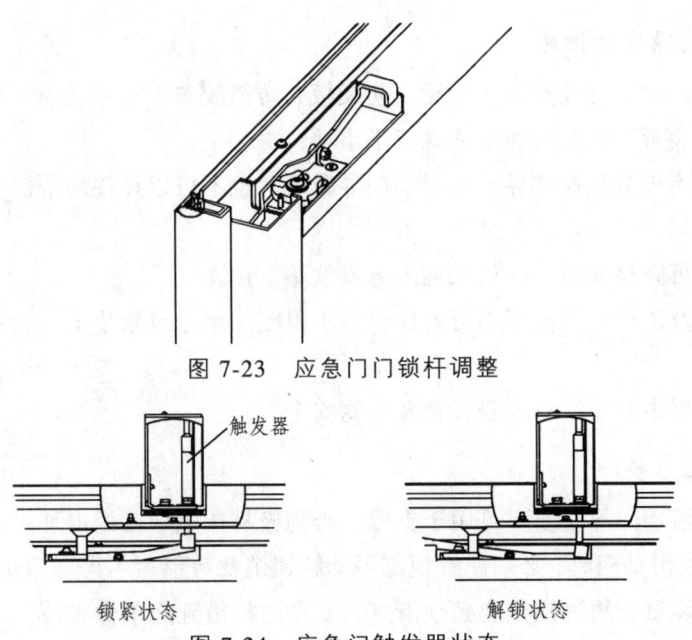

图 7-23　应急门门锁杆调整

锁紧状态　　　　　　　解锁状态

图 7-24　应急门触发器状态

十三、滑动门安装

滑动门是屏蔽门系统主要的运动部件,其安装质量直接影响到整个屏蔽门系统的可靠性与安全性,是安装质量最直观的反映,对滑动门的安装一定要认真、仔细,如图 7-25 所示。

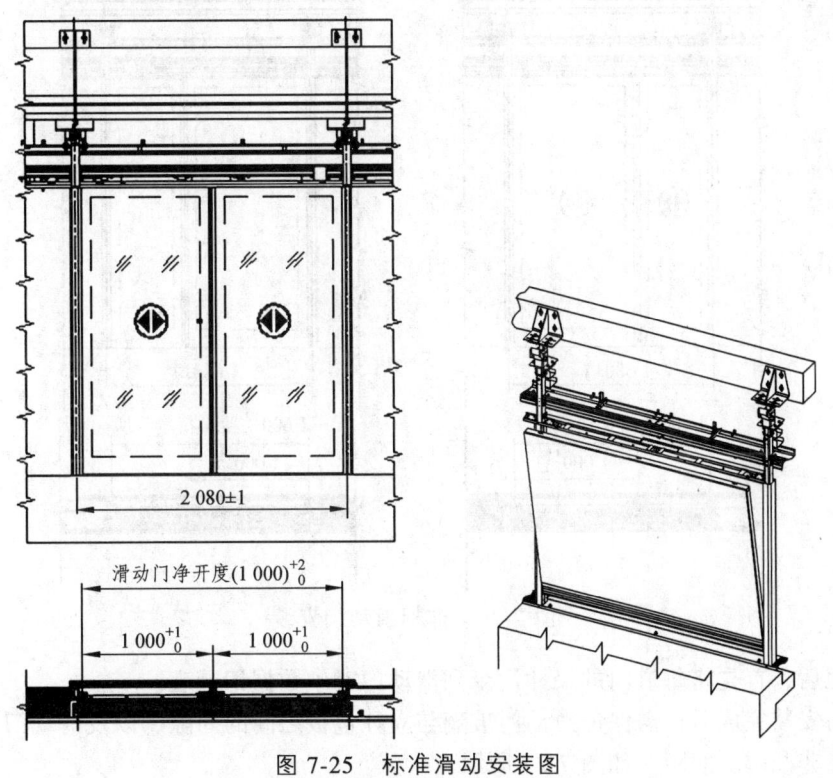

图 7-25　标准滑动安装图

1. 搬运和运输安全措施

滑动门在出厂时，已经安装了导靴、防爬板、防撞胶条、密封胶条等配件。左滑动门还安装了手动解锁装置。在搬运时应注意以下事项：

（1）搬运时不得直接托住导靴及滑动门导靴板，也不可以托住防撞胶条及密封胶条，否则这些部件易损坏。

（2）玻璃不可直接着地，必须采用木方或软垫支撑。

（3）导靴以及滑动门导靴板不可着地，也不得支于木方或软垫上，否则导靴及滑动门导靴板易损坏。

（4）搬运过程中必须注意人身安全及货物安全。

2. 上门时注意事项

（1）导靴及滑动门导靴板不可用于支撑，否则极易造成导靴的损坏。

（2）在安装左滑动门时，必须注意顶部手动解锁销及解锁片不得与门机梁解锁装置碰撞。

（3）上门时注意有轨道侧作业必须清点，安全防护措施必须做到位。

安装标准滑动门时，注意两对滑动门要确保图 7-25 中的尺寸 $1\,000^{+1}_{0}$ mm；非标滑动门的安装如图 7-26 所示。

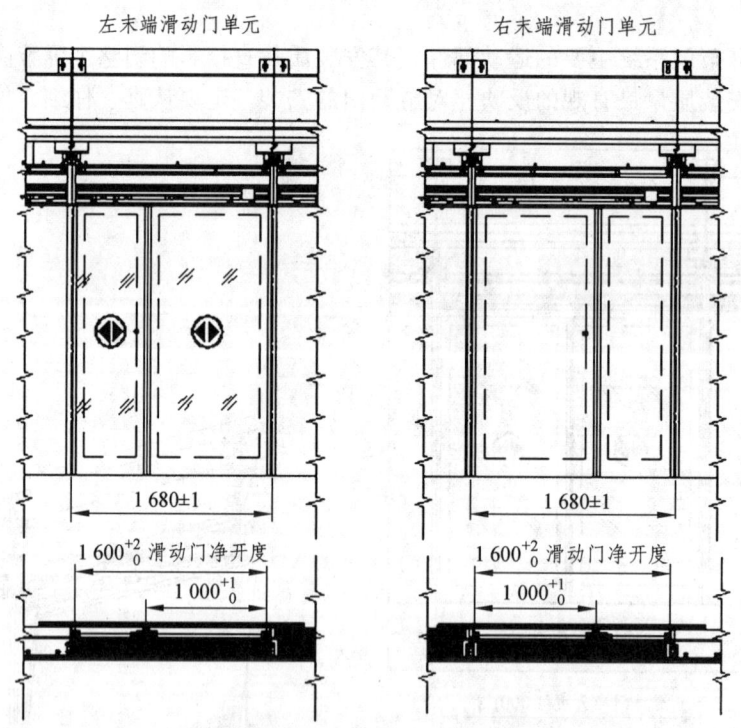

图 7-26 非标滑动门安装

安装完后，首先将每道门的尺寸记录到滑动门对中数据记录表。

滑动门安装完成后，需保证滑动门玻璃与立柱包板之间的间隙，以及滑动门门框底面至门槛表面（非凸起）间距，如图 7-27 所示。

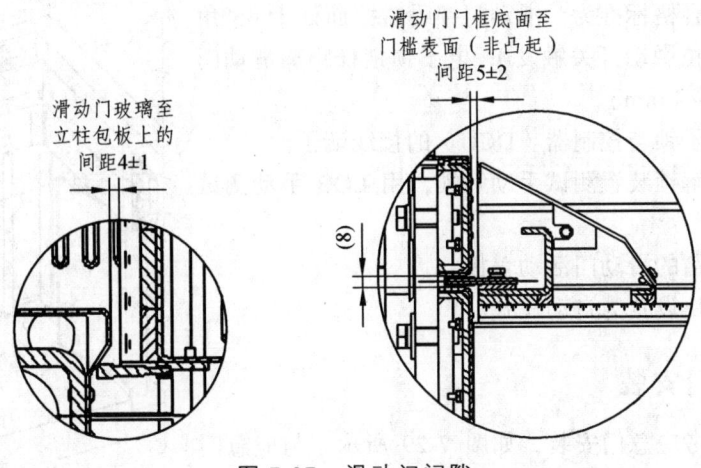

图 7-27 滑动门间隙

调节完后,记录每对滑动门玻璃与立柱包板之间的缝隙。注意要记录滑动门处于不同开门位置时的间隙最大值,将结果记入滑动门玻璃与立柱包板之间的缝隙记录表。滑动门安装后相邻两滑动门玻璃面平齐。

十四、滑动门电子锁安装

滑动门电子锁安装如图 7-28 所示。

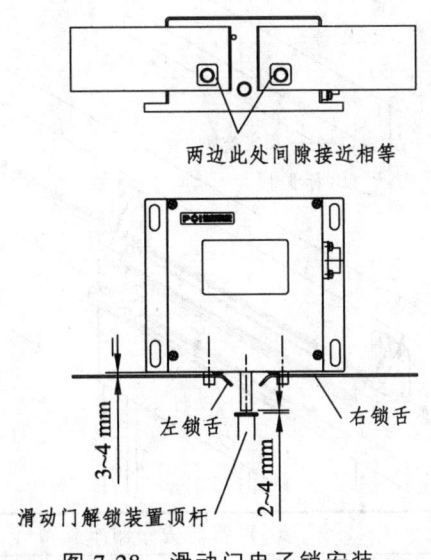

图 7-28 滑动门电子锁安装

(1)将接口模块设置为手动模式。
(2)断开本单元滑动门电源。
(3)打开顶箱的滑动门活动盖板。
(4)拧紧电子锁固定螺栓,检查、调整电子锁底部与左、右锁舌之间的距离。关门到位时,面向电子锁,电子锁底部与左、右锁舌的垂直距离为 3~4 mm(通过 3~4 mm 塞尺进行测量,此高度的合格标准为:滑动门锁舌碰撞面处于45°角或以下,关门到位微动开关触发);电子锁锁杆距离滑动门解锁装置顶杆 2~4 mm。

(5)插接电子锁与控制器(DCU)的接线端子。

(6)用手动解锁装置测试手动解锁,用 LCB 手动测试活动门(ASD)。

(7)关闭顶箱的滑动门活动盖板。

(8)接口模块设置为自动模式。

十五、端门安装

端门安装参考应急门安装,如图 7-29 所示,与应急门的区别在于门锁处端门多了一对端门把手。

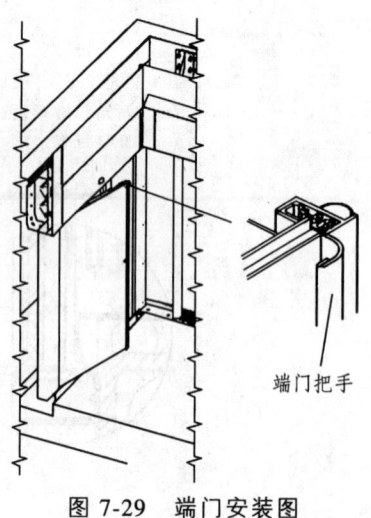

图 7-29 端门安装图

十六、前盖板及机械部件的安装

1. 安装固定盖板和顶箱灯带

如图 7-30 所示,首先把固定盖板挂到立柱支撑板上,然后用螺栓固定盖板下部于立柱盖板支架上。相邻固定盖板之间的间隙是(4±1)mm。

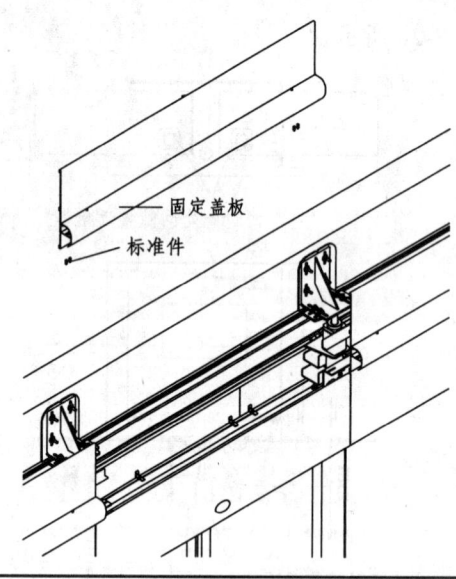

安装图	顶箱前盖一侧布置图	
	顶箱灯带一侧布置图	
标准件	GB/T 5783—2000	六角头螺栓全螺纹 M6×25
	GB/T 97.1	平垫圈 6
	GB/T 93	标准型弹簧垫圈 6
	GB/T 6170—2000	六角螺母 M6

图 7-30 固定盖板安装图

2. 安装活动盖板

如图 7-31 所示，首先把活动盖板上部固定在立柱支架上，调节相邻两块活动盖板之间的间隙至 (4±1) mm，活动盖板与固定盖板之间的间隙调至 (10±1) mm。然后把活动盖板斜撑下铰链安装到固定盖板门楣上的支撑耳上，调至斜撑处于垂直面上，最后调节立柱支架，保证活动盖板下表面与门楣下表面平齐。

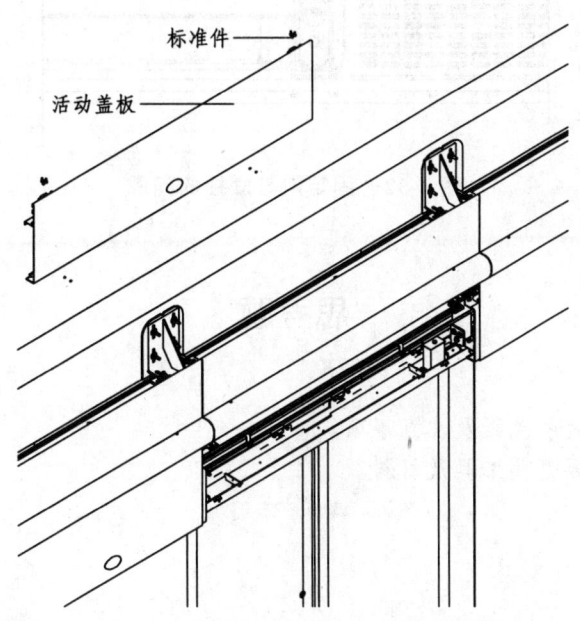

安装图	顶箱前盖一侧布置图	
标准件	GB/T 5783—2000	六角头螺栓全螺纹 M6×20
	GB/T 97.1	平垫圈 6
	GB/T 93	标准型弹簧垫圈 6
	GB/T 70.3	内六角沉头螺钉 M4×8

图 7-31 安装活动盖板

十七、固定门间隙打胶

注意事项：固定门与立柱之间的间隙采用道康宁 791 胶进行密封，打胶时应认真、细致。打胶要打实，避免虚孔。打胶后密封处应光滑、漂亮，并注意节约用胶。

用宽 30 mm 的不干胶纸在需密封的缝隙边缘贴好，以防止密封胶打在不需要打胶的立柱包板和玻璃上，如图 7-32 所示。

用打胶枪将密封胶均匀地打入固定门玻璃与立柱包板之间的间隙内，打胶速度应平稳、匀速，并节约用胶。

打胶完毕后用 $\phi 50$ 的圆板将多余的胶清除，清除时应从上到下，一次性清除多余密封胶，清除速度应匀速、平稳。将移除的多余密封胶填入另外的缝隙中，不允许浪费密封胶。

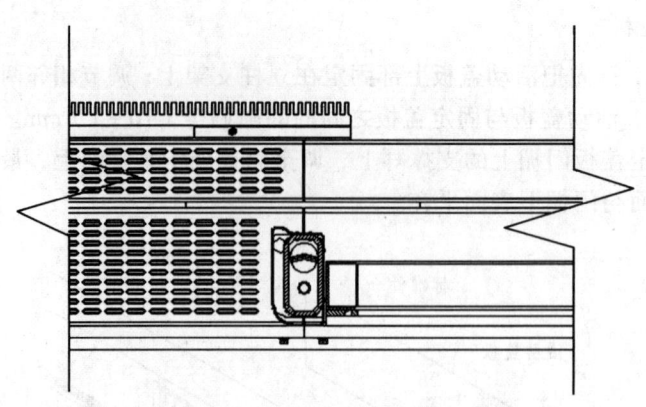

图 7-32 固定门与立柱的间隙

思考题

1. 简述屏蔽门安装各流程及注意事项。
2. 屏蔽门安装需要哪些工具及材料?

第八章 屏蔽门设备系统的操作

第一节 安全操作制度

（1）所有操作都必须严格遵守一般通用生产安全规定。轨道侧的作业，应遵守轨道作业指引，相关的文件可从运营分公司有关安全文件中获得。

（2）屏蔽门操作人员必须经过培训，取得供货商颁发的屏蔽门培训结业证书或获得相关部门授权操作权限后，才能操作屏蔽门。

（3）屏蔽门故障或破损时，应及时安放好防护栏及警告标识，并尽快通知相关部门。

（4）操作开关屏蔽门时，应注意观察站台边人群拥挤情况，严禁没有警告及防护措施不当时开关屏蔽门，防止乘客跌入轨道造成伤害。

（5）故障排除后，必须手动操作屏蔽门测试开关一次，关闭屏蔽门，才能把模式开关转到自动控制位置。

（6）在列车进出车站的过程中及屏蔽门在正常的状态下，严禁打开应急门。应急门使用后，必须确认关闭并锁紧，严禁使用异物阻挡应急门的关闭。

第二节 屏蔽门设备操作

一、屏蔽门操作前准备

（1）操作人员必须向相关人员（OCC 行调或车控室值班员）发出操作请求，取得允许后方能操作。

（2）检查端门、应急门是否正常锁闭，屏蔽门门体有无破损，站台侧屏蔽门有无渗水现象。

（3）注意观察站台人群拥挤情况，严禁没有警告及防护措施不当时开启屏蔽门。

二、屏蔽门上电操作步骤

允许操作人员：经过培训的机电工班员工及车站站务人员。

（1）操作人员将滑动门打开。

（2）上电后，在接近最小速度和力矩极限的状态下，滑动门关闭且锁紧。

（3）每天运营开始前用 PSL 开关进行开关门操作，观察屏蔽门是否正常运行，确认 PSL 上门关闭指示灯点亮。

三、屏蔽门的自动操作

允许操作人员：经过培训的列车司机。

（1）在正常运行模式下，列车到站并停在允许的误差范围内，信号系统（SIG）发出允许开门的命令。

（2）各种安全因素经过列车司机的人工确认后，按压开门按钮，屏蔽门自动打开。

（3）当列车停站时间到时，信号系统（SIG）发出允许关门命令。

（4）经过列车司机人工确认各种安全因素后，按压关门按钮，屏蔽门自动关闭。

如图 8-1 所示为自动开门操作顺序流程图，图 8-2 所示为自动关门操作顺序流程图。自动开门操作结果是顶箱上指示灯点亮，PEDC 上 ASD/EED 状态指示灯应亮。自动关门操作结果是，关门过程中顶箱上指示灯闪烁且发出短促警报声；门关闭并锁紧后顶箱上指示灯和 PEDC 上 ASD/EED 状态指示灯应熄灭，警报声关闭，列车可以离站。

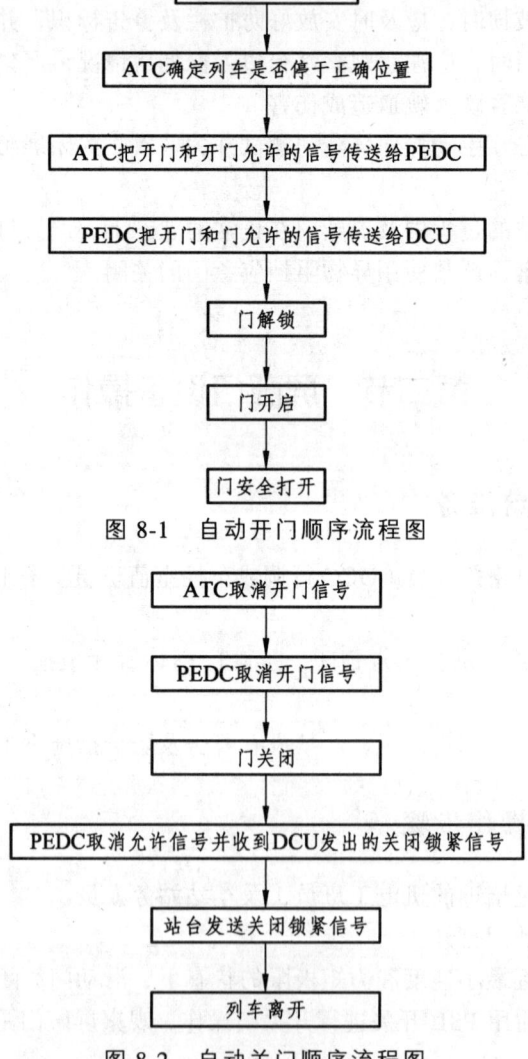

图 8-1　自动开门顺序流程图

图 8-2　自动关门顺序流程图

四、关门障碍时的操作

允许操作人员：经过培训的机电工班员工及车站站务人员。

（1）门关闭时，如遇障碍物，门后退一段距离，障碍物清除后，门关闭且锁紧。

（2）如果障碍物依然存在，循环4次后，门完全打开，门顶箱发出声光报警。

（3）经授权人员操作LCB隔离该门道，并向相关人员报告。

（4）排除故障后，用测试开关进行至少一次开关门操作。

（5）将该门道的模式钥匙开关切换到自动位置（中间位置），将门恢复到自动控制。

（6）钥匙从开关上取出带走，操作完毕。

五、就地控制盘（PSL）操作

就地控制盘（PSL）操作也即站台级操作。允许操作人员：经过培训的列车司机、机电工班员工及车站站务人员。

当因信号系统（SIG）故障失效或屏蔽门系统控制柜（PSCC）对屏蔽门控制单元（DCU）控制发生故障时，由司机或被授权操作人员操作就地控制盘（PSL）控制屏蔽门的开关。操作时，信号系统被完全忽略。

1. 就地控制盘（PSL）允许操作开关的操作

（1）开门操作：司机或车站工作人员用钥匙打开PSL上的操作允许开关，此时PSC及PSL面板上的"PSL操作允许"指示灯应亮；停顿1 s，再将钥匙打到开门位置，保持5 s，整侧屏蔽门打开，PSL、PEDC上ASD/EED开门（红灯）状态指示灯点亮。

（2）关门操作：司机或车站工作人员在PSL上打开操作允许开关，停顿1 s，将钥匙打到关门挡位，发出关门命令，保持5 s，此时PSC及"PSL操作允许"指示灯点亮，屏蔽门开始关闭，当屏蔽门全部锁闭后，PSL上的ASD/EED关门（绿灯）状态指示灯点亮，PEDC上ASD/EED状态指示灯熄灭。

（3）取出钥匙并带走，操作完毕。

2. ASD/EED互锁解除开关的操作

当屏蔽门全部关闭后，但信号系统因无法确认而不能发车时，此时由司机或车站工作人员用互锁解除专用钥匙转动互锁开关至"OVERRIDE"（互锁解除）位置，PEDC收到"ASD/EED互锁解除信号"后，PEDC上的"PSL操作允许"指示灯点亮。SIG获得互锁解除信号后允许列车发车，但钥匙必须保持在PSL操作盘上。

ASD/EED互锁解除开关的操作，强行给出ASD/EED互锁已解除的信号，让列车继续前行或进入车站，这过程一般由车站工作人员操作：

（1）插入钥匙转动至互锁解除位置并保持。

（2）确认列车车尾驶出S棒线或停车到位，松开钥匙开关。

（3）取出钥匙并带走，操作完毕。

3. 测试按钮操作

当该按钮被按下时，所有LED灯亮，用于测试就地控制盘（PSL）上所有指示灯是否正常。

六、综合后备盘（IBP）操作

综合后备盘（IBP）操作也即紧急模式操作、火灾模式操作，允许操作人员（经过培训的机电工班员工及车站站务人员）操作开关门按钮。

当车站站台发生火灾时，由经过授权的人员对 IBP 进行操作：

（1）插入专用钥匙至对应站台侧的允许钥匙开关，转到允许位置并保持。

（2）按下开门按钮，开启整侧滑动门（也有允许钥匙直接转动至开门位置，没有开门按钮的设计），配合站台排烟。

（3）紧急模式结束后，允许钥匙开关转到禁止位置。

（4）取出钥匙并带走，操作完毕。

（5）操作 PSL，关闭整侧屏蔽门；或逐个操作 LCB 关闭屏蔽门。

需要注意的是：IBP 只能开启整侧屏蔽门，不能关闭整侧屏蔽门，而此状况下需现场手动关闭。

列车在隧道内发生火灾时，司机应尽可能驶向前方车站停车疏散乘客，在列车进站前与车站值班人员联系，打开所有滑动门配合乘客到站后迅速疏散。

列车在区间隧道内发生火灾或故障并无法继续行驶到前方车站时，站务人员打开站台端门配合隧道内乘客迅速疏散到车站站台。

七、LCB 模式开关操作

LCB 模式开关操作也即手动级操作。允许操作人员：经过培训的机电工班员工及车站站务人员。

站台工作人员在站台侧用钥匙或乘客在轨道侧用把手打开滑动门。执行此操作时，PEDC 上的"ASD/EED 手动操作"状态指示灯应点亮，手动操作打开滑动门后，如 DCU 能正常工作，则在 15 s 后自动关闭滑动门。

1. 自动位置操作

（1）当屏蔽门自动运行时，LCB 开关挡位应该设置于此，LCB 指示灯（绿灯）常亮。当出现单道门单元故障时，使用模式钥匙隔离或测试维修，当故障排除后，必须手动操作开门和关门各一次，关闭屏蔽门，才能把模式开关转到自动控制位置。

（2）将该道门的模式钥匙开关切换到自动位置（中间位置），将门恢复到自动控制状态。

（3）钥匙从开关上取出带走，操作完毕。

2. 门道故障隔离操作

（1）当某一门单元控制出现故障，导致无法打开或关闭时，为了使它不影响整列屏蔽门的控制，将该门从屏蔽门系统整侧安全回路（锁闭回路）中旁路出来，插入模式钥匙切换到隔离位置（逆时针转动），隔离该道门，绿灯灭。

（2）在故障门前设置安全围栏，站台工作人员加强监护，以保证正常运营。

（3）排除故障后，用手动开关进行至少一次开关门操作。

（4）将该门道的模式钥匙开关切换到自动位置（中间位置，顺时针转动），将门恢复到自动控制。

（5）钥匙从开关上取出带走，操作完毕。

3. 测试位置操作

（1）将模式开关钥匙插入，切换到手动开关门位置（顺时针转动），此时可进行测试开关的操作。

（2）开关把手打到"开"位置时，此道屏蔽门打开。

（3）开关把手打到"关"位置时，此道屏蔽门关闭。

（4）排除故障后，用手动开关进行至少一次开关门操作。

（5）将该门道的模式钥匙开关切换到自动位置（中间位置，逆时针转动），将门恢复到自动控制状态。

（6）从开关上取出钥匙带走，操作完毕。

八、应急门操作

当列车进站出现停车故障，车辆门无法对准滑动门，且不能进行位置调整时，乘客需要从应急门上下列车。应急门有两种操作：

（1）乘客在轨道侧推压推杆，推杆带动门框内的解锁机构松开应急门的上下门闭锁，后向站台侧旋转90°推开应急门。

（2）站台人员在站台侧用钥匙打开应急门的门闭锁，向站台侧旋转90°推开应急门。

注意：每道应急门有两门扇，门框上装有闭门器，使用后站台工作人员应确保应急门自动复位关闭，防止乘客跌入轨道。

九、端门操作

当列车在隧道中出现特殊紧急事故或停车故障且无法短时修复时，司机指挥乘客从隧道边的应急通道步行至车站时，或当车站工作人员进出隧道区时，乘客或车站工作人员需要操作端门。端门有两种操作：

（1）乘客在轨道侧推压推杆，推杆带动门框内的解锁机构松开端门的上下门闭锁，向站台侧旋转推开端门。

（2）站台人员在站台侧用钥匙打开端门的门闭锁，向站台侧旋转推开端门。

注意：每道端门有两门扇，门框上装有闭门器。当端门旋转达到90°以上，端门将定位90°；当端门旋转没有达到90°，端门将自动关闭。所有车站工作人员使用端门通道后必须确保关闭，防止乘客误入轨道侧

十、UPS 操作

1. 启动步骤

（1）合闸驱动 UPS 供电、控制 UPS 供电；

（2）按驱动 UPS 电源开机指引启动驱动 UPS 工作，启动控制 UPS 工作；

（3）在系统配电柜按顺序合上门单元供电、系统控制器供电，进入待机状态；

（4）确认在列车未进站时，所有门单元关闭并锁紧。

2. 停机步骤

（1）确认所有门单元关闭并锁紧；

（2）在系统配电柜按顺序断开系统控制器供电、门单元供电；

（3）按 UPS 电源停机指引停止控制 UPS、驱动 UPS 工作；

（4）断开驱动 UPS 供电、控制 UPS 供电。

第三节　屏蔽门故障应急处理方法

当屏蔽门系统设备突发故障时，各站务人员的应急处理是为了能及时组织抢险，最大限度地减少对运营的影响，减少公司的经济损失，保障人员安全。屏蔽门故障进行应急处理后，应立即按事故信息流程通知维修人员进行故障排除。

一、应急处理原则

（1）发生屏蔽门故障时，要按照"先通后复"的原则进行处理，在保证安全的前提下，站务人员要尽快处理，及时向司机显示"好了"信号，司机在确保安全的情况下按时刻表的要求行车，确保列车准点运行。

（2）当运营中屏蔽门发生异常情况时，司机、站务人员要及时进行处理，做好行车组织，同时做好乘客广播、引导等客运组织工作。

（3）应急处理过程中的行车组织必须严格按照行车组织规则的有关规定执行。

二、整侧屏蔽门不能开启和关闭应急处理及操作

（1）在列车进站后，系统级控制（即信号系统）对屏蔽门开启和关闭操作失效时的应急处理：

① 司机可通过使用 PSL 对屏蔽门进行开关门操作（仅在一端操作 PSL）；

② 若 PSL 专用钥匙断在锁孔中，司机将连接 PSL 的 LITTON 接头从 PSL 上卸除，车站工作人员通过同一列车另一端的 PSL 对屏蔽门进行开关门操作；

③ 关闭整侧屏蔽门后，须确认 PSL 上门关闭指示绿灯亮。

（2）用 PSL 开关屏蔽门，整侧屏蔽门不能开启时，要求至少有 3 名工作人员到场进行应急处理：

① 将部分屏蔽门单元门隔离，并将隔离的单元门断电；

② 用专用三角钥匙将已隔离的滑动门强行打开，使其保持开门状态，一般情况下每节车厢至少要保证有一对滑动门打开；

③ 司机同时通过车内广播通知乘客使用轨道侧滑动门上的手动解锁把手自行开启屏蔽门；

④ 若打开了较多的滑动门且未能及时进行隔离，则需操作 PSL 上的互锁解除开关，模拟关闭锁紧信号让列车进站或发车；

⑤ 车站加强对开启滑动门的监控及安全防护，车站广播要求站台乘客勿靠近开启的滑动门；

⑥ 如故障仍未解决，后续列车司机及车站人员通知乘客从已开启的滑动门上下列车。

（3）用 PSL 开关屏蔽门，整侧屏蔽门不能关闭时：

① 保持整侧屏蔽门的开启状态；

② 操作 PSL 上的互锁解除开关，模拟关闭锁紧信号让列车进站或发车；

③ 车站加强对整侧屏蔽门的监控及安全防护，车站广播要求站台乘客勿靠近开启的滑动门。

三、当列车无法在规定范围内停车，且偏离量较大，而且乘客无法从滑动门进出时

（1）站台工作人员在站台侧用钥匙打开应急门；

（2）由列车司机通过广播指导乘客压推杆锁打开应急门。

四、当隧道内发生火灾、列车出轨等情况，需要在隧道内停车时

（1）乘客将从车厢疏散到隧道；

（2）乘客到达车站端门时，按压轨道侧推杆锁打开端门，或由站台工作人员在站台侧用专用钥匙打开端门；

（3）乘客通过端门进入站台。

五、司机通过 PSL 手动关闭屏蔽门，屏蔽门关闭后，将 PSL 钥匙恢复到 OFF（禁止）位，屏蔽门又自动打开时

（1）通过 PSL 关闭屏蔽门，并将 101 钥匙保持在 DOORS CLOSE（门关闭）位；

（2）待列车起动往前移动 2 m 后，站务员将钥匙恢复到 OFF（禁止）位，拔出钥匙。

六、用 PSL 操作屏蔽门系统开关门时，发生 PSL 的专用钥匙断在锁孔中时

（1）将连接 PSL 的 LITTON 接头从 PSL 上卸除；

（2）通过同一列车另一端的 PSL 对屏蔽门进行开关门操作。

七、当一个或数对滑动门不能正常打开时

引导乘客从正常的门单元上下列车。

八、当一个或数对滑动门、应急门不能正常关闭时

（1）对关不上的门道进行隔离处理；
（2）手动将滑动门关上，对关不上的应急门进行监护；
（3）加设安全护栏和警示牌；
（4）若查不出具体门道号或有较多滑动门、应急门不能关上时，则需用 105 钥匙操作 PSL 上的互锁解除开关，模拟关闭锁紧信号让列车进站或发车。

九、单道或多道屏蔽门上方渗漏水时

（1）打开受渗漏水影响的屏蔽门的顶箱盖板；
（2）拉下断路器开关，切断电源并隔离；
（3）车站加强对受渗漏水影响的屏蔽门的监控及安全防护。

十、屏蔽门滑动门玻璃破碎时

（1）用封箱胶纸将破碎的玻璃粘贴住；
（2）将其左右两道滑动门打开；
（3）将打开的屏蔽门及玻璃破碎的屏蔽门隔离并断电；
（4）车站加强监控及安全防护；
（5）通知维修人员赶赴现场，做进一步的安全应急处理。

十一、屏蔽门固定门/应急门玻璃破碎时

（1）用封箱胶纸将破碎的玻璃粘贴住；
（2）将玻璃破碎固定门/应急门对应挡的滑动门打开并隔离断电；
（3）将玻璃破碎的屏蔽门隔离；
（4）车站加强监控及安全防护。

十二、屏蔽门端门玻璃破碎时

（1）用封箱胶纸将破碎的玻璃粘贴住；
（2）将该端门相邻近的屏蔽门打开；
（3）将打开的屏蔽门隔离并断电；
（4）车站加强监控及安全防护。

第四节　屏蔽门故障各岗位人员行动指引

一、关键指引

（1）发生屏蔽门故障时，应坚持"在确保安全的前提下，先发车后处理"的原则。
（2）与信号系统联锁后，在 RM、SM、ATO 模式下屏蔽门均可实现与车门同步开关；在反方向运行下，必须使用 PSL 开关屏蔽门。

（3）故障屏蔽门断电不能代替隔离（旁路），要保持屏蔽门开启状态必须断电；要保证故障屏蔽门不影响行车必须隔离（旁路）。

（4）因屏蔽门故障影响列车接发时，首列车接发不需使用互锁解除，后续列车（即自第二列起）使用互锁解除接发车。

（5）操作尾端PSL仅是在钥匙断在头端墙PSL锁孔时使用。

（6）对不能关闭的单个或多对滑动门，必须设置安全防护栏或安排专人看护。专人看护时，原则上每个人最多可监护五道相邻屏蔽门。

（7）整侧屏蔽门不能开关时，车站安排不少于3人到现场支援。

（8）故障屏蔽门修复后，由行调负责组织，车站和司机配合，利用下一列车进行一次相应侧的屏蔽门开关门试验。

（9）在无列车停靠站台需要人工手动打开单个或多个屏蔽门时，车站必须征得行调同意，先将门隔离（旁路）和关闭电源，并密切注意PDP屏显示列车到站时间；当显示"列车即将到达"信息时，必须停止操作。

（10）车站屏蔽门备用钥匙要求统一放在监控亭，站务员负责保管。101号钥匙与105号、机械钥匙（丁字形钥匙）必须分开，不得连在一起。105号钥匙与机械钥匙（丁字形钥匙）可连在一起。

（11）就地操作PSL的技术要求：

① 开门时，要在"门关闭"位停顿1 s，再打到"门打开"位，并在"门打开"位保持5 s，确保屏蔽门全部打开；

② 关门时，要在"门关闭"位保持5 s，确保门全部关闭，屏蔽门PSL"ASD/EED门关闭"绿灯亮后，才可将钥匙回到禁止位，拔出钥匙。

二、屏蔽门故障各岗位人员行动指引

屏蔽门故障各岗位人员行动指引如表8-1所示。

表8-1　屏蔽门故障各岗位人员行动指引

故障现象	负责人员	行　动
1. 屏蔽门玻璃破碎	站务员	（1）发现玻璃破碎报告车控室，如是滑动门/应急门玻璃破碎，应将该门隔离（旁路）、断电； （2）如玻璃未掉下来，将其左右相邻两道滑动门隔离（旁路）、断电后处于常开状态[端门破碎时将临近的1#或30#滑动门隔离（旁路）后处于常开状态]； （3）使用封箱胶纸将破碎的玻璃粘贴住，并设置隔离带和张贴告示牌； （4）加强监督防护，提醒乘客注意安全
	行车值班员	（1）接报后，通知值班站长到场处理； （2）做好乘客安全广播； （3）通报行调、维修承包商、维修调度
	值班站长	（1）接报后组织员工处理，并赶赴现场； （2）如玻璃掉下来，则组织将其清扫；如掉到轨道影响列车安全，应向行调报告，请点进入轨行区清理

续表

故障现象	负责人员	行 动
2. 使用PSL的专用钥匙断在锁孔中的处理	司机	（1）如钥匙断在"门关闭"位，上下客完毕且屏蔽门已关闭，将连接PSL的LITTON接头从PSL上卸除，关车门动车后报行调。 （2）如钥匙断在"禁止"/"门关闭"位，乘客尚未上下或断在"门打开"位时： ① 立即将情况报车控室（使用站台直线电话，直线电话故障时报行调转达车站），要求派站务员到尾端PSL操作屏蔽门；同时，将连接PSL的LITTON接头从PSL上卸除； ② 待站务员关闭屏蔽门后，关闭车门动车，并将情况报告行调
	行车值班员	（1）接报后，通知站务员到尾端墙协助开关屏蔽门； （2）通报行调、维修承包商、维修调度
	站务员	（1）列车乘客未曾下车时，通过尾端PSL开启屏蔽门； （2）确认乘客上下车完毕后，操作PSL关闭屏蔽门； （3）后续列车到达对标停稳后，通过尾端PSL开启屏蔽门；乘客上下车完毕（列车开门约20 s），操作PSL关闭屏蔽门
	行调	通知运行前方站交一新钥匙给司机
	运行前方站值班站长	与司机交接新钥匙
3. 列车进站时自动或紧急停车	司机	（1）通过ATC查看确认为屏蔽门问题，立即向行调报告； （2）如收不到速度码时，按行调指令RM模式进站； （3）自动停车后收到速度码，列车正常进站； （4）不能正常发车时按照本程序第9条执行
	行调	与车站确认站台安全后通知司机以RM模式进站
	行车值班员	（1）查看车控室MCP盘"关门"绿灯是否常亮，亮则报告行调屏蔽门正常；不亮则通知站务员查看屏蔽门状态； （2）通报维修承包商、维修及监控调度
	站务员	（1）接到行值通知，查看屏蔽门门头状态指示灯是否报警，如指示灯报警，则将该单元门进行隔离（旁路），并报车控室；如指示灯不报警，表示站台屏蔽门安全，报告车控室； （2）首列车开车后，查看头端墙PSL，如"ASD/EED门关闭"绿灯不亮，使用互锁解除，接发后续列车
4. 列车到站后整侧滑动门不能同步开/关	司机	（1）操作PSL开/关屏蔽门； （2）将情况报告行调
	行调	（1）通报维修及监控调度； （2）后续列车仍出现不能同步开关时，通知车站报维修承包商
5. 列车到站后，一个或数对滑动门不能正常打开	司机	（1）视情况适当延长站停时间，并报告行调； （2）乘客上下完毕后，关门动车
	站务员	（1）将情况报车控室； （2）引导乘客从正常的门上下车； （3）在故障门上粘贴故障告示
	行车值班员	（1）多道门故障时，报告值班站长和行调； （2）做好站台乘客广播，引导乘客从正常门上车； （3）通报维修承包商、维修调度
	值班站长	多道门不能打开时，组织人员现场引导乘客从正常的门上下车
	行调	多道门故障时，通知线上后续列车司机做好乘客广播
	后续列车司机	多道门故障时，做好乘客广播，引导乘客从正常门下车

续表

故障现象	负责人员	行　动
6.列车到站后，整侧滑动门不能打开（使用PSL仍不能开启）	司机	（1）使用PSL（头端墙）重新开门一次，如无效则立即报车控室（使用站台直线电话，直线电话故障时报行调转达车站）； （2）广播引导乘客自行手动开启屏蔽门上下车，同时报行调； （3）凭站务员"好了"信号，关闭车门动车
	行车值班员	（1）通知站务员手动打开滑动门； （2）通报值班站长、行调、维修承包商和维修调度； （3）做好乘客广播
	站务员	（1）按每节车厢不少于一道门要求，手动打开滑动门，并将其隔离（旁路）和断电； ① 引导乘客从已开门上下车； ② 乘客上下车完毕，开启的滑动门做好安全防护（或人工看护）后，向司机显示"好了"信号。 （2）做好安全防护，后续列车到站后组织乘客从已开启的屏蔽门上下车
	值班站长及车站其他员工	（1）按每节车厢不少于一道门要求，手动打开滑动门，并将其隔离（旁路）和断电； （2）引导乘客从开启门上下车； （3）对开启的滑动门加强监督防护
	行调	通知线上后续列车司机做好乘客广播，适当延长站停时间
	后续列车司机	做好乘客广播，通知乘客从已开启的屏蔽门下车，适当延长站停时间
7.列车发车前，一道或多道滑动门不能正常关闭	站务员	（1）单个门故障时，将故障门隔离（旁路），向司机显示"好了"信号，待发车后手动将该门关闭，并张贴故障告示。 （2）两道门故障时： ① 将就近一道门隔离（旁路）后，手动将其关闭； ② 到另一道故障门确认无夹人夹物后，向司机显示"好了"信号，待发车后将其隔离（旁路）和手动关闭，并张贴故障告示。 （3）两道以上门故障时： ① 立即报告车控室，对开启的滑动门设置安全防护； ② 开启的滑动门做好安全防护（或人工看护，人工看护时原则上每个人可监护五道相邻屏蔽门）后，向司机显示"好了"信号； ③ 待列车出发后将故障门隔离（旁路）和手动关闭，并张贴故障告示。 （4）对手动不能关闭的滑动门，加设安全防护栏，并加强监督防护
	行车值班员	（1）通报行调、维修承包商、维修调度； （2）后续列车加强车站站台乘客广播，引导乘客从正常门上车
	值班站长	（1）多道滑动门故障时，组织人员协助设置安全防护栏或人工看护（人工看护时原则上每个人可监护五道相邻屏蔽门）； （2）组织人员对开启的滑动门加强监督防护
	司机	（1）报告行调； （2）凭站务员"好了"信号动车

续表

故障现象	负责人员	行动
8. 列车发车时，整侧滑动门不能正常关闭（操作PSL仍不能关）	司机	（1）立即报车控室（使用站台直线电话，直线电话故障时报行调转达车站）； （2）报告行调； （3）凭站务员"好了"信号以RM模式动车离站
	站务员	立即报车控室，并： （1）对开启滑动门设置安全防护； （2）开启的滑动门做好安全防护（或人工看护，人工看护时原则上每个人可监护五道相邻屏蔽门）后，向司机显示"好了"信号； （3）后续列车待乘客上下车完毕做好安全防护后，向司机显示"好了"信号
	行车值班员	（1）通报值班站长、行调、维修承包商、维修调度； （2）加强车站站台乘客安全广播
	值班站长	接报后，组织人员加强对开启滑动门的监督防护（人工看护时原则上每个人可监护五道相邻屏蔽门）
	行调	故障未消除前，向后续列车司机通报故障情况
	后续列车司机	（1）列车自动停车后，以RM模式驾驶列车进站，对标停车； （2）凭站务员"好了"信号以RM模式动车离站
9. 列车发车时收不到速度码，但屏蔽门门头灯状态指示灯无报警	司机	（1）如PSL"ASD/EED门关闭"绿灯亮，报告行调，根据行调指示以RM动车； （2）如PSL"ASD/EED门关闭"绿灯不亮，使用PSL尝试开关一次，仍不亮时，将情况报车控室（使用站台直线电话，直线电话故障时报行调转达车站）； （3）报告行调，凭行调指示或站务员"好了"信号动车
	行车值班员	（1）接报后，通知站务员确认屏蔽门状态安全和无夹人夹物后显示"好了"手信号； （2）通报行调、维修承包商、维修及监控调度
	站务员	确认屏蔽门无夹人夹物，向司机显示"好了"信号
10. 使用PSL关闭屏蔽门，打到"禁止"位后屏蔽门自动打开	司机	（1）立即报车控室（使用站台直线电话，直线电话故障时报行调转达车站），要求派站务员到头端墙PSL处协助处理； （2）报行调； （3）待站务员关闭屏蔽门后，按规定动车
	行车值班员	（1）接报后，通知站务员到司机立岗处协助司机手动关闭屏蔽门； （2）通报行调、维修承包商、维修及监控调度
	站务员	（1）到司机立岗处操作PSL关闭屏蔽门，并保持"门关闭"位； （2）待列车起动往前移动2m后，将钥匙恢复到"禁止"位，拔出钥匙。 后续列车仍存在同样问题时，协助司机关屏蔽门，屏蔽门关闭后待列车起动往前移动2m后，将钥匙恢复到"禁止"位
	行调	在运行前方站存在同样问题，通知运行前方其他站协助司机关闭屏蔽门

续表

故障现象	负责人员	行动
11. 列车起动后突然紧急制动	司机	（1）通过ATC查看确认为屏蔽门问题，立即向行调报告； （2）按行调指令以RM模式动车
	行调	与车站确认站台安全后通知司机RM动车
12. 使用互锁解除接发列车	行车值班员	（1）查看车控室MCP盘"关门"绿灯是否常亮，亮则报告行调屏蔽门无异常；不亮则通知站务员查看屏蔽门状态； （2）报告行调、维修承包商、维修及监控调度
	站务员	（1）接到行值通知，查看屏蔽门门头状态指示灯是否报警，如指示灯报警，则将该道单元门进行隔离（旁路），并报车控室；如指示灯不报警，表示站台屏蔽安全，报告车控室； （2）查看头端墙PSL，如"ASD/EED门关闭"绿灯不亮，使用互锁解除接发后续列车
	行车值班员	（1）在后续列车因屏蔽门故障影响行车时[如故障门未隔离（旁路）或MCP盘"关门"绿灯不亮]，安排站务员在头端墙操作互锁解除发车（整侧滑动门均不能正常关闭时除外）； （2）通知列车运行方向的后方邻站，后续列车到其站后向本站报点； （3）接到后方站报点后，通知站务员操作互锁解除接车
	站务员	（1）接到行车值班员的通知后，到头端墙PSL处，使用105号钥匙操作互锁解除接车； （2）列车到达停妥后，松开105号钥匙，将101号钥匙打到"门打开"位打开屏蔽门； （3）乘客上下车完毕，将101号钥匙打到"门关闭"位关闭屏蔽门，再使用105号钥匙操作互锁解除发车； （4）待列车尾部离开轨道电路S棒后，松开钥匙开关
	值班站长	（1）如有滑动门/应急门异常开启时，设置安全防护栏或安排人工看护（人工看护时原则上每个人可监护五道相邻屏蔽门）； （2）乘客上下车完毕后，向司机显示"好了"信号

思考题

1. 简述屏蔽门安全操作制度。
2. 操作屏蔽门前如何准备？
3. 屏蔽门如何上电操作？关门遇到障碍时如何操作？
4. 简述就地控制盘、操作综合后备盘、LCB模式开关、应急门、端门操作过程。
5. 简述屏蔽门故障应急处理原则。
6. 简述屏蔽门故障应急处理方法。
7. 简述屏门故障时各车站岗位人员如何行动。

第九章　屏蔽门系统维护

第一节　屏蔽门系统日常运行使用要求

根据国家行业标准《城市轨道交通站台屏蔽门系统技术规范》(CJJ 183—2012)，对屏蔽门系统日常运行使用提出以下要求：

（1）屏蔽门日常运行使用包括日常操作、巡视、紧急情况下操作和故障应急处理。
（2）应根据各种运营模式下的工况合理选用屏蔽门的控制方式。
（3）当屏蔽门发生故障时，应按"先通车后修复"故障原则处理。
（4）运营部门应建立屏蔽门系统日常巡视机制，并应符合下列规定：

① 日常使用巡视：应对屏蔽门系统的日常直观状态进行实时监视、状态确认及故障报修，每日运营前对屏蔽门进入正常运行状态进行确认。

② 设备运行巡视：应通过观察设备运行特征，发现异常状态、故障信息，及时恢复正常，避免故障后维修。

第二节　设备维修概念与分析

一、设备维修概念

1. 预防性维护

预防性维护是为了防止设备性能劣化或降低设备故障概率，根据事先规定的时间间隔，定期进行的维护。预防维护包括定期检查，状态监测，关键件更换、测试、调整和校正、润滑等。

2. 故障维修

故障维修是针对所有非定期维修的活动，由于系统或设备出现故障进行的维护。故障维修包括失效、移位、隔离、拆卸、移除、更换、修理、重装和校核等。

3. 一线维修

一线维修是为保持或恢复设备的工作状态而在本地进行的维修，尽量避免或减少列车乘客服务的中断。一线维修的维修人员一般负责在线执行设备的预防维护和故障维修。

4. 二线维修

二线维修是跟进一线维修而进行的，包括诊断替换的故障部件、修复替换的部件、管理供应商提供的外部部件维修、电器元件的修复测试等。二线维修通常在设备系统维护企业内部进行，有时在现场也作进一步核查或深层故障分析。

5. 工作室维修

工作室维修是屏蔽门系统维护企业在工作室配备一些机电工作台对屏蔽门的一些部件进行的维修工作，基本包括：

（1）诊断故障部件（设备、电路板、继电器等）；
（2）维修和调整机械部件；
（3）更换故障部件内的零件；
（4）将故障部件返回OEM供应商修理；
（5）测试验证和确认维修后操作部件的正常性；
（6）调整和校准工具和仪器。

6. 可靠性维护/预防保养

为了进行可靠性维修或预防保养，广泛收集每一套屏蔽门的性能数据，有助于趋势分析和阈值设置。在评估可靠性维护和预防保养的实施中，很显著的体会是在门操作时，甚至相同站台的个别门设置都有不同的特性。

二、维修分析

1. 预防维保分析

屏蔽门系统预防维护是通过一线维修方式，定期对屏蔽门系统进行的维护工作，包括定期维修任务、平均任务时间、维修人员和专用工具的需求。预防维保分析如表9-1所示。

表 9-1 预防维保分析

序号	项目说明	任务说明	单体用时/min	任务频率/月	特别工具和设备	备注
1	固定门	全面检查玻璃面板	1	18		
2	滑动门	全面检查门体，包括玻璃面板、防撞胶条等	2	12		
3	推拉门（完整滑动门手动解锁机构）	全面检查门体，包括玻璃面板、橡胶条	2	12		
		用滑动门手动解锁机构进行手动释放的功能测试	1	12		
4	MSD的紧急推杆&闭门器	测试MSD的紧急推杆及闭门器的功能	5	12		
5	MSD玻璃板	全面检查玻璃面板	0.5	18		
6	EED的紧急推杆装置	测试EED的紧急推杆的功能	20	12		
7	EED监测装置	全面检查开关和监控	4	12		

续表

序号	项目说明	任务说明	单体用时/min	任务频率/月	特别工具和设备	备注
8	EED玻璃板	全面检查玻璃面板	4	18		
9	前盖板风撑	全面检查是否开关顺畅	1	18		
10	控制设备（门机系统包括DCU、驱动装置、滚轮等）	目测门机系统	5	3		
		目测连接处	3	3		
		检查螺栓扭矩值	10	6	扭矩扳手	
		常规清洁	5	6		
11	DCU门机控制器	DCU功能测试，包括障碍探测、自动重启和手动操作	5	6	便携式计算机	
12	闸锁装置	锁钩的润滑	5	3		
		检查电磁铁温升、动作是否正常	5	6		
13	滑动门DOI	目测外观	1	12		
14	PSC中央控制盘	PSC的功能测试	6	12		
		信号功能检查	6	12		
		按钮指示灯测试	3	1		
15	PSL就地控制盘	按钮指示灯测试	3	1		
16	整流器	目测	3	12		
17	电池	功能测试	5	12		

该分析方法执行如下：

（1）确定预防维护任务需要的设计分析及工程评估；

（2）确定各项任务所需投入的最优绩效；

（3）根据其他类似系统和工程评价经验，确定任务持续时间和工作频率。

2. 故障维修分析

屏蔽门系统的故障维修主要针对一线维修，包括预定的维修任务、平均任务工时、维修人员和特殊工具的需求。故障维修分析如表9-2所示。此表为矫正性维修工作分析表。

该分析方法执行如下：

（1）鉴别在一线维修中最可能需要更换的装置、设备、部件；

（2）确定预防维护任务需要的设计分析及工程评估；

（3）确定各项任务所需投入的最小化人力；

（4）确定任务持续时间。

表 9-2 故障维修分析

序号	项目简介	摘要说明	时间/min	简要说明安装/更换	时间/min	所需的工具	备注/安全注意事项
1	固定门间隙密封胶	移除间隙密封胶	5	安装间隙密封胶	5	胶枪	
2	滑动门侧边及应急门顶部、底部的密封毛刷支架	卸除毛刷	2	安装夹子刷架	2	标准工具	
3	滑动门门槛	（1）移除滑动门；（2）移除门槛与站台间隙密封胶；（3）移除门槛紧固件；（4）移除门槛	25	（1）安装门槛；（2）安装紧固件并拧紧；（3）安装门槛与站台的密封胶；（4）安装滑动门	40	标准工具、玻璃吸盘、钢尺、障碍物探测计	需要在轨道侧测试滑动门手动解锁机构；LCB切换到隔离模式；拥有所需的安全防范和企业风险管理的经验
4	固定门	（1）打开前盖板；（2）移除固定门间隙密封胶；（3）拆除固定门上部紧固件；（4）移除固定门	10	（1）安装固定门机紧固件；（2）安装固定门间隙密封胶；（3）关闭前盖板	10	标准工具、玻璃吸盘	
5	滑动门防攀爬板	（1）松开紧固件；（2）移除防攀爬板	15	（1）安装防攀爬板；（2）拧紧紧固件；（3）微调；（4）功能测试	25	标准工具	需要在轨道侧测试滑动门手动解锁机构；LCB切换到隔离模式；拥有所需的安全防范和企业风险管理的经验
6	滑动门玻璃面板	（1）移除面板锁；（2）移除玻璃面板	2	（1）安装玻璃面板；（2）安装面板锁	5	玻璃吸盘、胶枪	
7	滑动门防夹手胶条	（1）移除滑动门；（2）移除防夹手胶条	3	（1）安装防夹手胶条；（2）安装滑动门；（3）微调；（4）功能测试	10	标准工具、玻璃吸盘、钢尺	
8	MSD门轴	（1）打开端门活动门；（2）移除闭门器的撑臂；（3）移除端门活动门的门轴	5	（1）安装端门活动门的门轴；（2）安装闭门器撑臂；（3）微调；（4）测试手动解锁功能	10	标准工具	

续表

序号	项目简介	摘要说明	时间/min	简要说明安装/更换	时间/min	所需的工具	备注/安全注意事项
9	MSD的玻璃面板	（1）移除面板锁； （2）移除玻璃面板	5	（1）安装玻璃面板； （2）安装面板锁	5	标准工具、玻璃吸盘	
10	EED门轴	（1）打开端门活动门； （2）移除闭门器的撑臂； （3）移除端门活动门的门轴	5	（1）安装端门活动门的门轴； （2）安装闭门器撑臂； （3）微调； （4）测试手动解锁功能	10	标准工具	
11	EED监控装置	（1）打开前盖板； （2）移除紧固件； （3）断开接线，移除行程开关	5	（1）更换新的行程开关； （2）接线； （3）拧紧紧固件； （4）关闭前盖板	5	标准工具	
12	EED玻璃面板	（1）移除面板锁； （2）移除玻璃面板	2	（1）安装玻璃面板； （2）安装面板锁	2	标准工具、玻璃吸盘	
13	EED/MSD闭门器	（1）打开前盖板； （2）移除EED/MSD； （3）移除闭门器	10	（1）安装闭门器； （2）安装EED/MSD； （3）关闭前盖		标准工具	需在轨道侧测试紧急推杆
14	前盖板锁	（1）打开前盖板； （2）移除紧固件； （3）移除盖板锁	2	（1）安装盖板锁； （2）拧紧紧固件； （3）关闭前盖板	3	标准工具	
15	前盖板风撑	（1）移除紧固件； （2）移除盖板风撑	5	（1）安装盖板风撑； （2）拧紧紧固件	5	标准工具	
16	DCU	（1）移除电缆； （2）移除紧固件； （3）移除DCU	5	（1）安装DCU并拧紧紧固件； （2）连接电缆； （3）下载DCU软件； （4）功能测试	20	标准工具、PTE	确保已经隔离电源
17	驱动装置	（1）移除电缆； （2）松开并移除驱动皮带； （3）松开紧固件； （4）移除驱动装置	10	（1）安装驱动装置； （2）拧紧紧固件； （3）调整皮带； （4）检查并调整闸锁； （5）连接电缆； （6）设置DCU； （7）功能测试	30	标准工具、皮带张力计、PTE	确保电源已经被隔离，LCB切换到手动模式

续表

序号	项目简介	摘要说明	时间/min	简要说明安装/更换	时间/min	所需的工具	备注/安全注意事项
18	电机	（1）移除电缆，包括连接电缆； （2）移除皮带； （3）松开紧固件； （4）移除电机	15	（1）安装新的电机； （2）安装连接电缆并锁紧； （3）安装皮带并调整； （4）连接控制电缆； （5）功能测试	25	标准工具、皮带张力计	确保电源已经被隔离，LCB切换到手动模式
19	皮带	松开并移除皮带	10	（1）安装皮带； （2）调整皮带张紧力； （3）功能测试	15	标准工具、皮带张力计	确保电源已经被隔离，LCB切换到手动模式
20	从动轮装置	（1）松开紧固螺栓及螺母； （2）在门机梁上做好位置标记； （3）移除支架紧固螺栓； （4）移除皮带； （5）移除从动轮	10	（1）安装从动轮； （2）安装并调整皮带； （3）检查并调整锁紧调节装置； （4）功能测试	15	标准工具、皮带张力计	确保电源已经被隔离，LCB切换到手动模式
21	导轨	（1）在滑动门底部垫上垫片作为支撑物； （2）松开吊挂件； （3）松开皮带； （4）移除紧固件及导轨	15	（1）安装导轨； （2）拧紧紧固件； （3）检查调整导轨； （4）调整吊挂件； （5）调整皮带； （6）必要时调整闸锁； （7）功能测试	25	标准工具、皮带张力计	确保电源已经被隔离，LCB切换到手动模式
22	闸锁支座	（1）移除电缆； （2）移除紧固件； （3）移除闸锁支座	10	（1）安装闸锁支座； （2）拧紧紧固件； （3）连接电缆； （4）调整闸锁装置； （5）重置DCU； （6）功能测试	20	标准工具、PTE	确保电源已经被隔离，LCB切换到手动模式
23	DOI指示灯	（1）打开前盖板； （2）移除电缆； （3）移除紧固件； （4）移除DOI	10	（1）安装DOI； （2）拧紧紧固件； （3）连接电缆； （4）关闭前盖板	10	标准工具	确保电源已经被隔离，LCB切换到手动模式
24	PLC	移除PLC	2	（1）安装PLC； （2）功能测试	5	标准工具	
25	继电器	移除继电器	2	（1）安装继电器； （2）功能测试	5	标准工具	
26	PSL/PSC开关按钮及指示灯	（1）移除电缆； （2）移除紧固件； （3）移除按键开关	5	（1）安装按键开关； （2）拧紧紧固件； （3）连接电缆； （4）功能测试	10	标准工具	确保电源已经被隔离

续表

序号	项目简介	摘要说明	时间/min	简要说明安装/更换	时间/min	所需的工具	备注/安全注意事项
27	整流器（±48 V 直流）	（1）移除紧固件； （2）移除整流器	15	（1）安装整流器； （2）拧紧紧固件	15	标准工具	确保电源已经被隔离
28	限位开关	（1）断开 EED/MSD 行程限位开关的电缆； （2）松开紧固件并移除限位开关	10	（1）安装新的限位开关并拧紧紧固件； （2）连接 EED/MSD 电缆； （3）确保限位开关的功能要求	15	标准工具	确保电源已经被隔离，LCB 切换到手动模式
29	防撞胶条	向上移除防撞胶条	5	（1）向下安装防撞胶条； （2）确保防撞胶条上端、下端与支架平齐	15	标准工具	确保电源已经被隔离，LCB 切换到手动模式
30	滑动门手动解锁机构紧急释放装置	（1）松开手动解锁机构支架上的紧固件； （2）移除手动解锁机构面板锁； （3）移除手动解锁机构底部的拉手； （4）从门框顶部移除手动解锁机构的连杆	20	（1）安装手动解锁机构的拉手； （2）安装手动解锁机构面板锁； （3）拧紧紧固件； （4）检查并测试手动解锁机构功能	30	标准工具	确保电源已经被隔离，LCB 切换到手动模式。该项工作建议在工作间进行
31	紧急推杆装置	（1）拆开胶条； （2）松开防夹胶条铝型材固定座； （3）移除紧急推杆装置侧封盖； （4）拧紧紧急推杆装置下支架上的紧固件； （5）移除推杆； （6）移除玻璃面板上的面板锁； （7）从门框顶部取出紧急推杆装置	20	（1）从门框顶部安装新的紧急推杆装置； （2）安装玻璃面板上的面板锁； （3）拧紧紧急推杆装置下支架上的紧固件； （4）安装推杆； （5）拧紧推杆臂的紧固件； （6）安装紧急推杆装置侧封盖和胶条固定铝型材； （7）安装胶条； （8）功能测试	30	标准工具	确保电源已经被隔离，旁路开关切换到隔离模式。该项工作建议在工作间进行
32	导靴	采用一字螺丝刀的尖锐头部从支架上撬开导靴	10	安装新的导靴	10	标准工具	确保电源已经被隔离，LCB 切换到手动模式

三、安全要求

1. 人员安全要求

屏蔽门设备是带电压和电流的电气设备，会对人体产生非常大的危险。因此，对设备进行各类操作的人员有以下安全要求：

（1）屏蔽门设备必须由培训合格的专业人员进行安装、启动、运行、维护、关闭、拆卸等操作；

（2）屏蔽门系统运行之前，相关联的电源设备应断开连接；

（3）在维护保养过程中，确保屏蔽门系统或所在单元电源切断；

（4）如果需要，使用屏障，避免维修人员跌落轨道；

（5）技术人员必须遵从相关法规、安全规则、正确操作指引等。

2. 维护安全

在屏蔽门系统的故障排除和维护过程中，需要注意以下安全措施：

（1）维护时只适合使用带电压绝缘的工具；

（2）在维修之前，从屏蔽门系统主电源断开安全门系统的供电，为防止因无意识或不小心接通电源，可对相关设备上锁，如果适用，也要使用警示牌提醒；

（3）在需要的情况下，使用护栏来阻止维修人员跌落轨道；

（4）从现场拆除的电气产品，须至少 5 min 后才能打开电气产品的相关保护盖，等待相关电容性储能元器件放电之后方可进行维修工作；

（5）如果在线维护不可避免，必须有两个人配合工作，以防在紧急情况下互相提供帮助；

（6）必须检查所有拆卸的相关电气设备，确保现场供电线路都已经对其断电，然后将断电设备的在线线路和邻近的设备器件进行隔离或短接；

（7）更换或调整设备、器件时，须确保与原有正常运行时设备和器件的距离、间隙、气隙等保持一致。

四、维护模式

屏蔽门系统设备的维护工作分为三种模式：

（1）日常巡检：按照巡检要求，对全线各站屏蔽门系统设备进行定期检查其工作状态，及时发现问题，进行简单维护并做记录。

（2）计划检修：制订检修计划，由检修人员对屏蔽门设备进行检查、维修、更换等工作，使设备保持良好的运作水平。

（3）故障检修：在接到生产调度的故障报告后，检修人员及时修复故障设备，使之在短时间内重新投入运作。

五、维护工具

1. 相关工具

表 9-3 中的工具将在执行矫正和定期检修任务中使用（1 套用量）。

表 9-3 维修工具

工 具	类型（规格）	数 量
一字螺丝刀	一字螺丝刀刀头规格 1 mm，3 mm，5 mm	每种规格一把
十字螺丝刀	十字螺丝刀刀头规格 1 mm，3 mm，5 mm	每种规格一把
内六角匙	公制 1.5 mm，2 mm，2.5 mm，3 mm，3.5 mm，4 mm，5 mm，6 mm，8 mm，10 mm	每种规格一把
扭力扳手	扭力范围 0～200 N·m	一套
绝缘尖嘴钳	中号	一把
胶木锤		一把
斜口钳	中号	一把
开口扳手	4 mm，5 mm，6 mm，7 mm，8 mm，10 mm，12 mm，13 mm，17 mm，19 mm	每种规格一把
美工刀	可替换刀片的美工刀	一把
电工胶布		一卷
扎带	各类扎带	一包
除锈剂	WD40	一瓶
数字万用表	带测试电线的数字式多用电表，电压量程 0.1 mV～1 000 V	一件
推拉力计	量程为 0～200 N	一件
卷尺	3 m	一把
梯子		一把
清洁布	去除污渍	按要求
手电筒	带干电池	一把

2. 设备维修终端（PTE）

PTE 具备 PSD 维修终端的功能，具有与监控主机、PLC、DCU 的通信接口，具有 10/100 Mb/s、RJ45 的标准以太网接口。

PTE 安装有 PSD 相关软件（包括故障诊断软件、维修软件），可直接与监控主机、DCU 进行直接通信，可从 PTE 上查询到 DCU 及监控主机中所有能够监控到的设备的全部信息，并能对 DCU 进行在线参数修改及软件升级。

第三节 预防性维护

一、简 述

屏蔽门系统预防性维护包括日常巡检和定期检修。根据《城市轨道交通站台屏蔽门系统技术规范》（CJJ 183—2012）要求，对屏蔽门各组成部分进行有计划检修，包括巡视、半月检、月检、季检、半年检、年检、五年检等周期检修内容。

　　车站设备预防性维护工作应成立检查小组，用以提高车站设备系统的可靠性。小组应包含操作监管、操作员、维修监管、一线维修技术员和检查专家等。

　　在检测过程中，当发现影响个人安全或者是列车正常运转的损坏部件，必须立即修理。检测结果必须在检查清单上记录，用以体现屏蔽门系统的实际状态。

　　在执行预防维护工作之前，必须考虑下列问题：

（1）车站的许可和车辆控制中心收到将要维修的工作内容；

（2）需要对维修工作完全的监督以符合安全管理并记录检测结果；

（3）在实施可视检测时断掉所有相关系统的电源；

（4）维修工作结束后通知车站和车辆控制中心。

　　在检修作业中，技术操作人员需要注意以下安全措施：

（1）检查应注意是否影响行车安全，在列车停止运营后进行作业；

（2）轨道作业时应停电挂牌并设有专人监护；

（3）作业完成后应检查设备是否恢复正常状态，并出清现场；

（4）作业结束后严禁在气体的保护房间进行休息；

（5）认真学习并严格遵守机电安全交底单上的相关内容。

二、日常巡检

1. 日常巡检内容

日常巡检应包含下列主要内容：

（1）门体结构。

① 检查门体玻璃、门槛、盖板、装饰板、胶条和毛刷的外观；

② 清洁滑动门门槛导靴；

③ 检查顶箱或固定侧盒指示灯状态；

④ 检查滑动门、应急门、端门开关状态；

⑤ 检查灯带照明状态。

（2）电源系统。

① 检查电源柜的电压与电流状态；

② 检查驱动电源的外观、进线电压、输出电压、运行状态、电池组串联电压、电池温升、散热风扇工作状况；

③ 检查控制电源的外观、进线电压、输出电压、运行状态、指示灯测试、环境温度、电源/电池/主机负载状态，以及电池组串联电压、电池温升、散热风扇工作情况。

（3）监控系统。

① 检查中央控制盘工作指示灯状态、机柜内温度；

② 查看监控系统报警信息。

（4）检查屏蔽门设备房的温度、湿度等环境因素。

2. 日常巡检作业要求

（1）向站务人员详细了解屏蔽门系统设备的工作状态、是否有故障等情况；
（2）按内容和要求进行巡检作业，并对异常状态详细记录；
（3）如需即时对故障进行维修，应办理车站登记手续，经 OCC 同意后，进行维修；
（4）巡检人员若现场不能及时解决故障，应上报车间调度，安排人员进行维修；
（5）《屏蔽门系统设备巡检表》应做好存档管理。

三、定期检修

1. 作业前准备工作

（1）办理车站登记手续；
（2）准备好所需备品备件，穿戴好劳保防护用品；
（3）做好作业区域的安全防护和监护。

2. 半月检

半月检应包含下列主要内容：
（1）清洁门机导轨，检查并紧固顶箱或固定侧盒内接线端子。
（2）检查电源系统电源柜供电单元电源参数，并检查各组件外观、温升、连接及固定情况，清洁电源柜。
（3）监控系统。
① 检查中央控制盘内元器件外观及工作状态；
② 清洁控制柜；
③ 检查就地控制盘指示灯及开关工作状态；
④ 检查监控软件及其时钟信息。

3. 月　检

月检应包含下列主要内容：
（1）门体。
① 检查滑动门、应急门、端门的手动解锁装置是否灵活、操作可靠；
② 检查端门闭门器及应急门定位器；
③ 检查门体玻璃外观、胶条和毛刷安装紧固状况。
（2）门机。
① 检查电机及齿轮箱、传动装置、门锁机构安装紧固状况；
② 检查滑动门锁紧装置及其检测开关安装紧固状况；
③ 检查门机电源模块、顶箱或固定侧盒控制变压器等供电部件安装紧固、输入输出值；
④ 检查顶箱或固定侧盒的指示灯安装紧固状况；
⑤ 检查障碍物检测功能；
⑥ 清洁顶箱或固定侧盒的所有辅助器件。

（3）监控系统。

① 测试中央控制盘指示灯；

② 检查中央控制盘内安全继电器、时间继电器、固态继电器、控制变压器安装可靠状况；

③ 检查中央控制盘内布线、器件安装状况；

④ 备份监控软件的故障记录、事件记录存档备查。

（4）就地控制盘。

① 对盘内外进行清洁；

② 检查各部件安装紧固、老化、异味等状态；

③ 检查各电线、电缆、半导体元件的连接状态；

④ 检查各钥匙开关、按钮的状态。

（5）紧急控制盘开关。

① 对盘内外进行清洁；

② 检查各部件安装紧固、老化等状态；

③ 检查各电线、电缆、器件的连接状态；

④ 检查各钥匙开关、按钮的状态；

⑤ 测试综合备份盘功能。

（6）清洁屏蔽门设备房，检查通风空调设备。

4. 季 检

季检应包含下列主要内容：

（1）门机。

① 检查皮带张力及连接状况或螺杆螺母（或齿轮齿条）啮合传动及润滑状态；

② 检查门滚轮磨损及转动状况；

③ 检查惰轮、皮带轮转动状况；

④ 检查电线、电缆、接地线、网线的完好及固定情况。

（2）监控系统。

① 就地控制盘、综合备份盘功能与逻辑操作检测；

② 检查屏蔽门设备房到门机线缆、线槽，并对其清洁、紧固、防锈；

③ 检查中央控制盘与信号系统接口记录，并进行功能确认；

④ 检查中央控制盘与其他系统通信功能；

⑤ 检查并紧固就地控制盘、中央控制盘内部接线。

（3）电源系统。

① 对控制电源、驱动电源的蓄电池进行充放电，并记录放电前后蓄电池的电压；

② 检查电源控制柜接线端口的连接状态；

③ 清洁蓄电池外表面；

④ 检查不间断电源蓄电池的温度、声音、变形、漏液、鼓胀、安全阀开启、接线端及气孔异常；

⑤ 检查蓄电池充电器状态；

⑥ 检查蓄电池与外部接口电缆电线安装状况；
⑦ 检查电源配电箱。

5. 半年检

半年检应包含下列主要内容：

（1）门体。
① 滑动门运行指标的抽查；
② 检查接轨导线有无松动、接地线缆有无老化；
③ 检查滑动门导靴、门槛间隙；
④ 检查顶箱或固定侧盒的前、后盖板安装紧固及密封；
⑤ 检查限位挡块、螺杆、螺母、轴承、联轴器状态；
⑥ 检查滑动门与吊挂件的连接状态，必要时调整滑动门的对中、垂直及水平位置。

（2）门机及监控系统。
① 检查炭刷磨损及变形程度；
② 检测滑动门（含门控器）的各控制功能；
③ 中央控制盘功能与逻辑操作检测；
④ 检查应急门、端门功能，包括状态指示、检测、诊断。

6. 年　检

年检应包含下列主要内容：

（1）门体。
① 检查门扇玻璃、支架和胶条的状态；
② 检查及清洁下支架；
③ 检查门槛等电位电缆有无松动；
④ 检查门槛支撑件上下绝缘件状态，必要时更换；
⑤ 屏蔽门进行绝缘、等电位测试。
（2）检查蓄电源系统的电池容量。
（3）检查轨顶、轨侧线槽的安装、固定、锈蚀状态。

7. 五年检

五年检应包含下列主要内容：
（1）检测中央控制盘逻辑控制单元功能及其器件；
（2）所有紧固件固定及锈蚀检查；
（3）变形缝结构检查。

四、部分器件检修保养要点

1. 接线端子

如图 9-1 所示，检测所有接线端子，以确保它们没有松动，如果有轻微的松动，将它推进去。

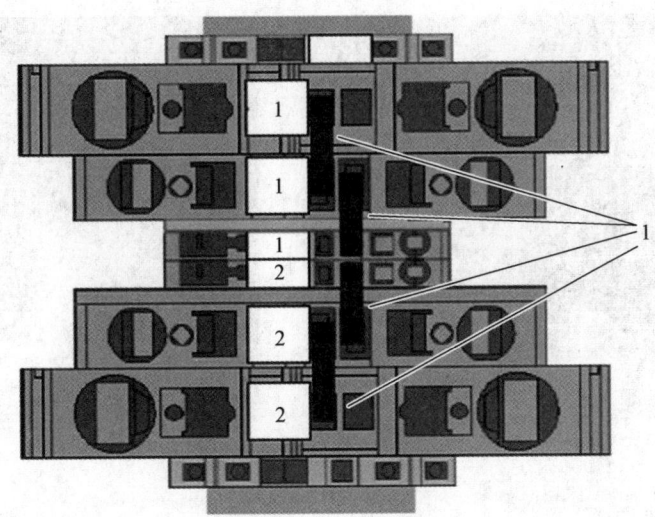

图 9-1　接线端子

2. 电机驱动单元

如图 9-2 所示，检查电机驱动单元的所有部件，查看是否有机械损坏和超负荷工作的迹象，包括以下部分：

（1）检查电机支架固定螺栓是否松动；
（2）检查皮带防滑块与皮带之间的间隙是否影响皮带运行；
（3）检查电机表面温度是否在正常温升范围内；
（4）检查皮带是否有磨损。

图 9-2　电机驱动单元

3. 从动轮单元

如图 9-3 所示，检查从动轮单元的所有部件，查看是否有机械损坏和超负荷工作的迹象，包括以下部分：

（1）检查从动轮与皮带之间的啮合是否正常；
（2）检查皮带防滑块与皮带之间的间隙是否影响皮带运行；
（3）通过螺栓来调节皮带的张紧度；
（4）检查皮带，防止齿牙不对称、超负荷工作和损坏（如切口、裂痕）。

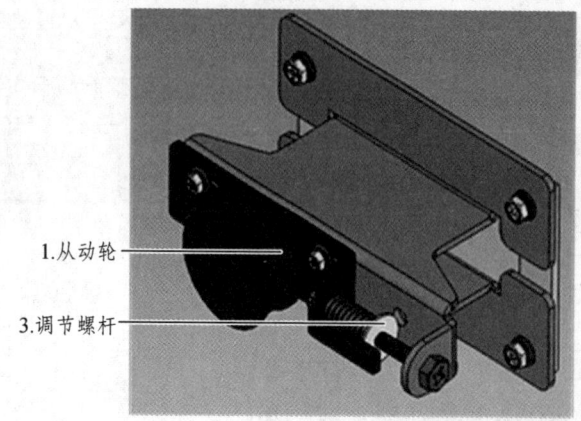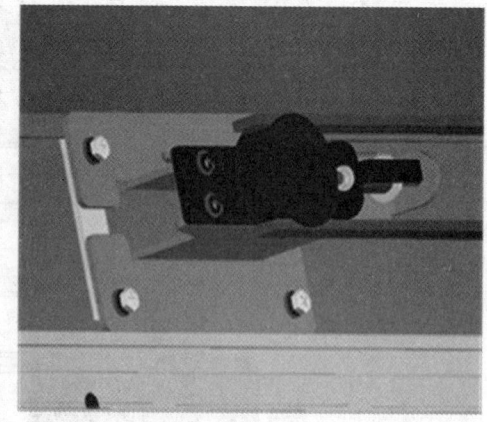

图 9-3 从动轮单元

4. 滑动门吊挂件

如图 9-4 所示,检查滑动门吊挂件的所有部件,查看是否有机械损坏和超负荷工作的迹象,包括以下部分:

（1）检查皮带夹是否有松动；
（2）检查行程开关感应板是否能正常触碰行程开关；
（3）检查滚轮是否有磨损及松动或间隙增大；
（4）检查调节螺杆是否有松动。

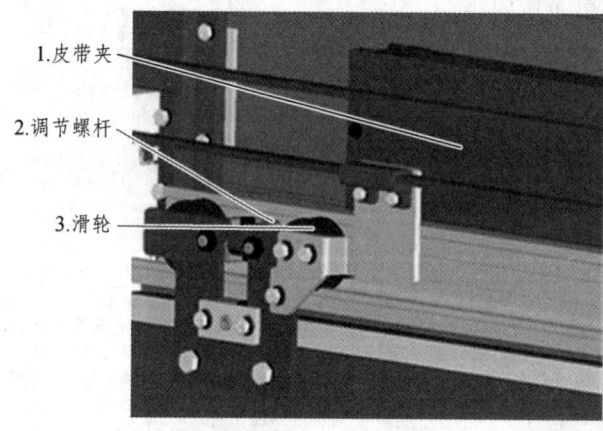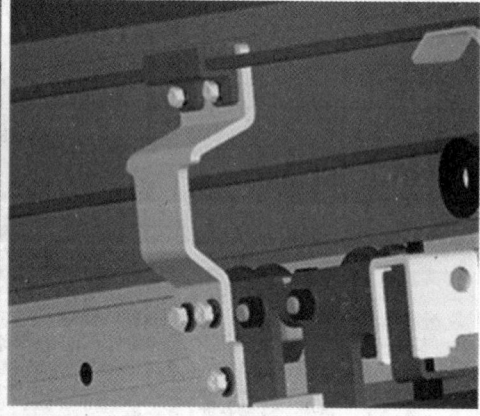

图 9-4 滑动门吊挂件

5. 闸锁机构

如图 9-5 所示,检查所有活动部件,看是否有磨损。
（1）检查闸锁支架是否松动；
（2）检查电磁铁能否正常动作,表面温升是否正常；
（3）检查左右锁舌是否连接运行顺畅；
（4）检查锁紧检测机构是否运行顺畅；
（5）检测所有接线端子以及电缆线束,以确保其正常连接。

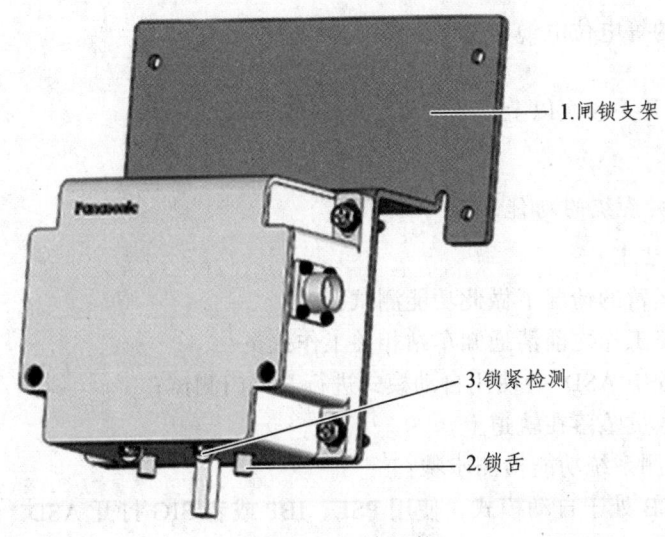

图 9-5　闸锁机构

6. 接地连接

（1）检查所有等电位连接是否牢固可靠；

（2）检查是否有磨损或灰尘；

（3）检查可视的等电位电缆，查看是否有破损、损坏的情况。

7. 顶箱保养

（1）安全操作要求：

① 此项任务 PSD 系统带电；

② 操作时要确保所操作单元已从系统电源中隔离；

③ 此项任务需要在 ASD 部分开启时实施；

④ 需要打顶箱盖板；

⑤ 顶箱检测在非运营时间进行。

（2）保养操作步骤：

① 打开前盖板；

② 检查接线端子排；

③ 从 DCU 上断开电源；

④ 检查电机和电机安装支架；

⑤ 检查齿带、皮带张紧力和皮带轮；

⑥ 检查所有滚轮组和驱动部件；

⑦ 检查和调试锁装置；

⑧ 给锁钩和锁销等做润滑措施；

⑨ 检查所有吊挂件；

⑩ 检查 DCU 盒子的电缆；

⑪ 检查驱动部件上的连接电缆；

⑫ 检查闸锁上的连接电缆；

⑬ 检查接地的等电位电缆;
⑭ 重新通电;
⑮ 测试 ASD 开关 5 次以上;
⑯ 关闭顶箱。

8. 障碍物检测系统的功能测试

(1) 安全操作要求:
① 只能在非运营的情况下做此功能测试;
② 在展开维修工作之前请通知车站相关工作人员;
③ 在整个过程中 ASD 会使用自动模式进行开关门测试;
④ 注意防止人员坠落在轨道上。

(2) 障碍物检测系统功能检测步骤:
① ASD 的 LCB 处于自动模式,使用 PSL、IBP 或者 SIG 打开 ASD。
② 把 5 mm 测试板放在两对滑动门的 1 m 高处。
③ ASD 的 LCB 处于自动模式,使用 PSL、IBP 或者 SIG 关闭 ASD。障碍物检测系统会采取行动,一旦 ASD 达到了检测直径的话,障碍物检测系统会阻止 ASD 关闭,ASD 后退一段距离,待 ASD 尝试几次(障碍物检测次数可以在上位机上设置,1~5 次为有效参数)关闭无法成功时,ASD 会全开到位,并且发出声光报警。
④ ASD 再次正常开关门或者 LCB 转到隔离模式时,报警会消失。

9. 对信号回路的功能性检测

(1) 安全操作要求:
① 此项功能测试需要在非运营时进行;
② 在执行维修工作之前通知车站。

(2) 对信号回路的功能性检测步骤:
此项检测需要进入 PSD 设备房,并且需要打开 PSC 控制柜。
① 在信号系统给出"开门"信号发给 PSC 时,在 PSC 柜中的相关安全继电器会动作;
② 在信号系统给出"关门"信号发给 PSC 时,在 PSC 柜中的相关安全继电器会动作;
③ 检测所有门关闭并锁上时给 PSC 发送信号,在 PSC 柜中的检测相关接线端子之间有 DC 22~27 V 电压。

10. 手动解锁功能检查

(1) 安全操作要求:
① 此项检查需要在轨道侧操作;
② 在操作时 ASD 系统会部分打开;
③ 此项功能测试需要在车辆非运营时进行;
④ 在执行维修工作之前请通知车站相关工作人员。

(2) 手动解锁功能检查步骤:
① 使用 T 形钥匙通过站台侧的手动解锁装置解锁 ASD;
② 把滑动门手动推开,此时 ASD 会进行声光报警;

③ 等待系统设定的时间后（该时间可以在上位机上进行设置，1~60 s 为有效参数），滑动门会自动关闭，并停止声光报警；

④ 从轨道侧操作应急手动解锁装置解锁 ASD；

⑤ 务必确保 ASD 系统在整个测试过程中都能顺利关闭并锁紧。

第四节 矫正性维保

一、简　述

机电设备在运行中出现的故障是多种多样的，其中常见的有：

（1）失调性故障：机电设备间隙过小或者过大，其压力过小或者过大，运行中出现失调。

（2）松脱性故障：机电设备出现脱离或者松动的情况。

（3）渗漏或者堵塞型故障：机电设备出现漏油、漏气、漏水以及堵塞的状况。

（4）损坏型故障：机电设备变形、开裂、断裂、龟裂、烧蚀等诸多情况。

（5）功能失效或者性能退化型故障：机电设备功能失去功效、过热、性能不断衰退等状况。

当现场操作人员或用户发现设备异常，进行简单故障处理维修无效时，或在预防性维护过程中发现设备部件故障或隐患时，由专业维修人员利用备品进行现场维修，以解决故障或隐患。这种设备维护方法常称为矫正性维护。

二、紧急维修操作

1. 在降级模式下的紧急维修

（1）屏蔽门系统多重故障。

如果出现全屏蔽门系统多重故障，操作控制中心可以决定延缓此站台的列车服务（如将此故障站台做过站处理）或是增派人员手动打开或关闭出故障的门。维修人员评估在运营时间或非运营时间进行维修。

（2）玻璃爆裂。

在屏蔽门玻璃（可能是滑动门、应急门、固定门玻璃）爆裂的紧急情况下，尽管屏蔽门玻璃是钢化安全玻璃，仍然可能导致乘客受伤。破碎的玻璃也可能进入轨道，降低列车和站台之间的安全系数。在这种紧急情况下，建议立即封锁故障区域。如果是滑动门的玻璃损坏，应该将此门设置成隔离模式，以防止门继续自动运行。

屏蔽门系统门的玻璃破碎，碎玻璃均有可能进入轨道中，相应工作人员应立即将碎玻璃清除，并且用金属板作为紧急替用板安装在漏洞上，至少需要拉警戒线并由专人看护。在碎玻璃的清除和替换过程中，建议列车暂时停止运行，直到替用板安装完毕。

（3）信号系统不能被检测到关闭且锁紧信号。

如果信号系统不能检测到关闭且锁紧信号，站台上的车就不会被信号系统授权发车，需要列车员或站务人员进行相关操作：

① 站务人员试着重新关闭滑动门；
② 观察哪一个门的 DOI 在门关闭后仍在警示，并作相关处理；
③ 在 PSL 上进行互锁解除操作；
④ 如果信号系统仍无法收到关闭且锁紧信号，通过眼观确保站台足够安全，以便列车离开。

（4）滑动门超速/速度不足。

滑动门关闭太快会导致乘客受伤，并且有可能使屏蔽门的机械装置受损。另一方面，屏蔽门关闭太慢，会导致列车时刻表的延迟。如果检测到超速或速度不足，需要有相应的人员做肉眼检查，错误的滑动门应该被锁定到隔离模式，以防止继续自动操作，然后可进行矫正维修。

2. 轨道侧维修注意事项

屏蔽门主体结构是安装在站台边沿和轨道之间，当维修人员需要进入轨道侧维修维护时，需要得到车站相关轨道侧维修的授权。特别注意以下几种维护情形：

（1）排查屏蔽门系统结构电气隔离；
（2）屏蔽门门槛等支撑件的维修；
（3）屏蔽门定期维护；
（4）轨道侧测试开门把手。

三、矫正性维保

1. 更换 DCU

更换 DCU 如图 9-6 所示。

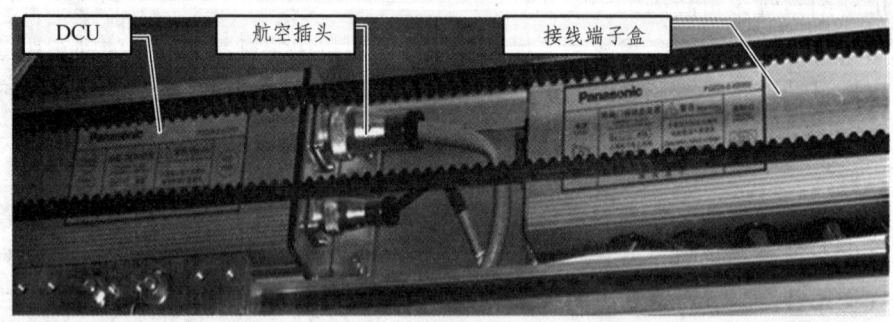

图 9-6　更换 DCU

（1）注意事项：
① 影响站台的自动服务，在运营时间不能进行这项操作；
② 在进行维修工作之前向车站报告；
③ 需要打开门顶箱；
④ 操作时确保相应的 ASD 电源已经断开。

（2）工具：维修工具。
（3）拆除步骤：
① 断开终端动力模块的 DCU 电源供应；
② 断开 DCU 的所有其他电气连接（航空插头）；
③ 用安装工具拆除 DCU 盒体。
（4）安装步骤：
① 安装新的 DCU；
② 连接所有电气连接器来启动电力终端，包括 DCU 电力供应电缆；
③ 用装有 DCU 下载软件的终端计算机对 DCU 进行程序下载；
④ 手动开启/关闭门几次，如果没有异常摩擦和声音等，开启 ASD；
⑤ 进行 DCU 设置；
⑥ 重置完毕后，即可正常开关 ASD。

2. 更换电机以及传动系统

更换电机如图 9-7 所示。

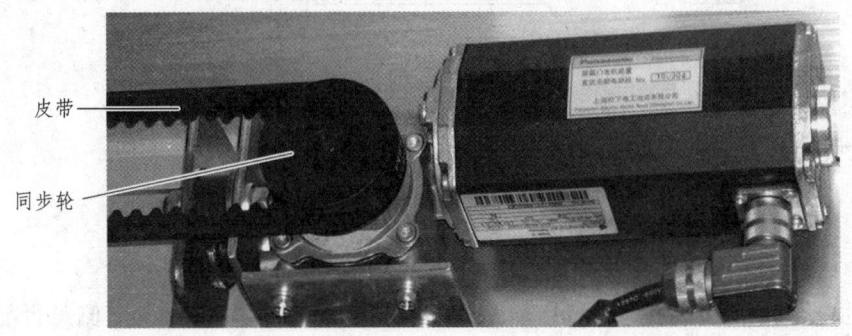

图 9-7 更换电机

（1）注意事项：
① 操作时确保相应的 ASD 电源已经断开；
② 使用围栏来防止非工作人员进入工作区域；
③ 需要打开门机梁；
④ 在进行维修工作之前请向车站相关工作人员报告。
（2）工具：
① 安装了软件的笔记本式计算机；
② 写入权限的数据线；
③ 维修工具。
（3）移除步骤：
① 关闭电源；
② 从 DCU 断开电机的所有电缆；
③ 松开电机安装支架安装在门机梁的螺栓，然后再将电机从电机支架上卸掉并更换新的电机安装在电机支架上。

(4)安装步骤:
① 在把电机以及电机支架重新安装在门机梁前,先恢复好和皮带的组装,让皮带和电机同步轮能正确衔接上。
② 手动拧紧电机支架和门机梁的连接螺栓,调节电机同步轮与皮带之间平行,再用扭力扳手锁紧该螺栓。
③ 通过调节螺杆来调节从动轮的位置,并配合皮带配重块来确保皮带的张紧力符合要求,如图9-8所示。

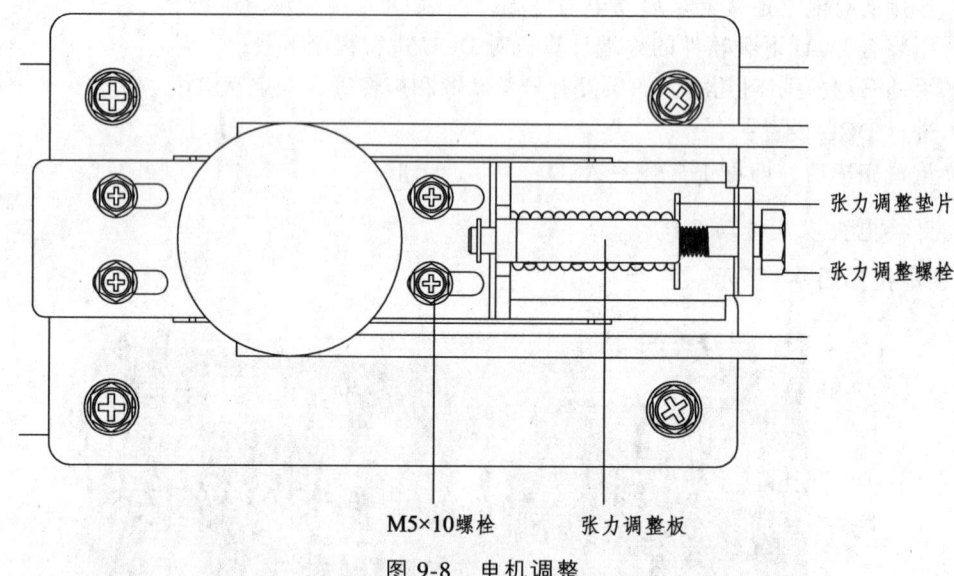

图9-8 电机调整

④ 适度松开从动轮上的4个M5×10六角螺栓。检查张力调整垫片右侧是否与张力调整板末端平齐。平齐则表明皮带的张紧力符合规定,固定先前松开的4个M5×10六角螺栓,扭矩为2.5 N·m。
⑤ 如果张力调整垫片与张力调整板末端不平齐,则需要顺时针或逆时针旋转张力调整螺栓,直到齐平。固定先前松开的4个M5×10六角螺栓,扭矩为2.5 N·m。
⑥ 皮带调到规定张力后,检查确认滑动门的单门启动力<90 N、滑行力<70 N。
⑦ 连接电机的电缆。

3. 更换皮带

更换皮带如图9-9所示。
(1)注意事项:
① 操作时确保相应的ASD电源已经断开;
② 使用围栏来防止非工作人员进入工作区域;
③ 需要打开门机梁;
④ 在进行维修工作之前请向车站相关工作人员报告;
⑤ 在拆除旧的驱动装置前,先把驱动装置的安装位置画线做好记录,在安装新的部件时,可以参考画好的安装线。

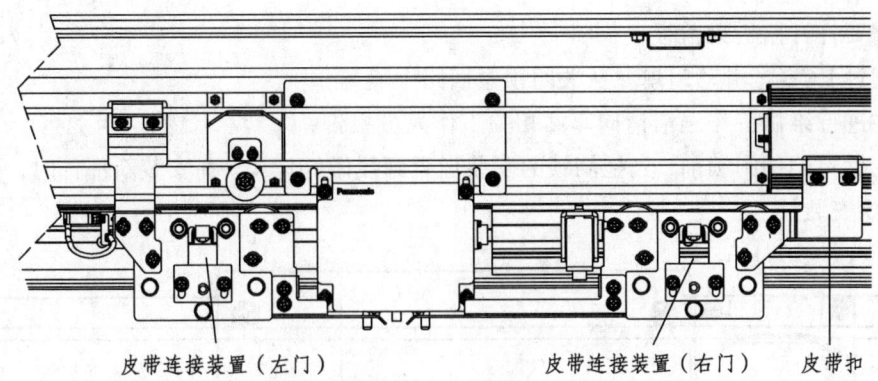

图 9-9 皮带连接

（2）工具：

① 皮带张力测试仪；

② 维修工具。

（3）移除步骤：

① 关闭电源，用手推动滑动门至完全打开状态，注意可先在门机梁上画线，为从动轮做好原始安装位置记号；

② 松开安装在吊挂件上的皮带夹的螺丝，并取下皮带；

③ 松开从动轮支架和门机梁的紧固螺丝，调节调节螺杆，确保从动轮支架向门机梁中间方向移动一段距离。

（4）安装步骤：

① 更换一条长度一样的皮带，并把皮带重新固定在皮带夹上，同时需要确保在更换皮带的过程中滑动门不能移动。

② 把皮带重新放回到从动轮上，并确保皮带圆弧齿和同步轮圆弧齿能正常啮合。通过调节螺杆调节从动轮支架位置至之前画线的位置并拧紧紧固螺栓。

③ 适度松开从动轮上的 4 个 M5×10 六角螺栓。检查张力调整垫片右侧是否与张力调整板末端平齐。平齐则表明皮带的张紧力符合规定，固定先前松开的 4 个 M5×10 六角螺栓，扭矩为 2.5 N·m。

④ 如果张力调整垫片与张力调整板末端不平齐，则需要顺时针或逆时针旋转张力调整螺栓，直到齐平。固定先前松开的 4 个 M5×10 六角螺栓，扭矩为 2.5 N·m。

⑤ 皮带调到规定张力后，检查确认滑动门的单门启动力<90 N、滑行力<70 N。

4. 更换闸锁

更换闸锁如图 9-10 所示。

（1）注意事项：

① 操作确保相应的 ASD 电源已经断开；

② 操作时需要打开滑动门，先开 15 cm 左右；

③ 门打开到必要的开度即可，以防止人员跌落轨道；

④ 使用围栏来防止非工作人员进入工作区域；

⑤ 需要打开门机梁盖板；
⑥ 通过 LCB 把滑动门单元从关闭锁紧回路中隔离；
⑦ 在进行维修工作之前请向车站相关工作人员报告；
⑧ 在拆除旧的闸锁前，先把闸锁的安装位置画线做好记录。在安装新部件时，可以参考画好的原始安装线。

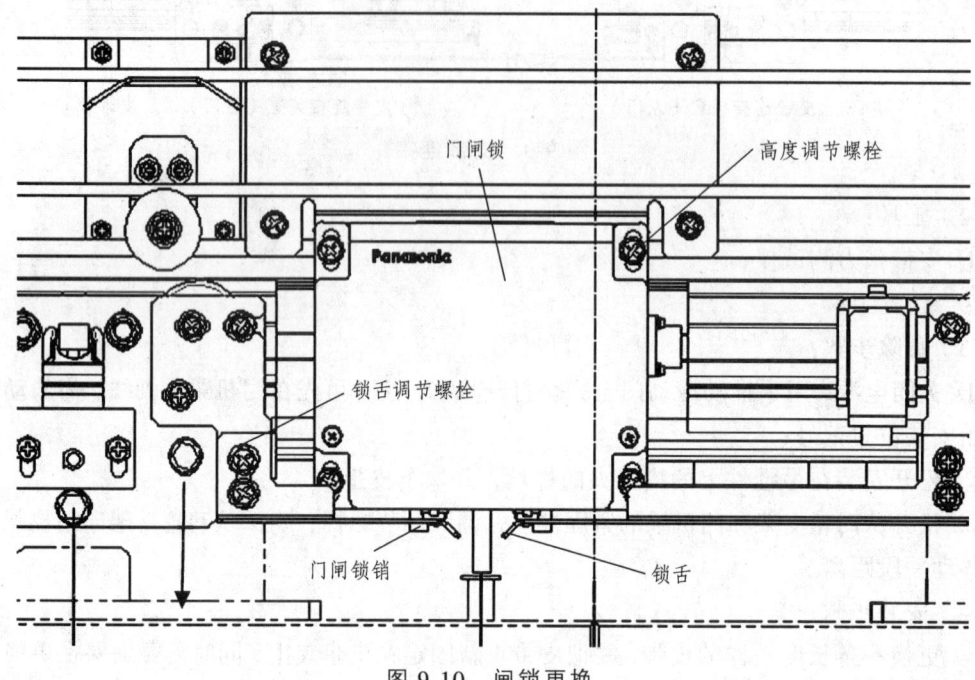

图 9-10　闸锁更换

（2）工具：
① 调整闸锁的专用工具；
② 维修工具。

（3）拆除步骤：
① 切断电源；
② 在门机梁上闸锁原始安装位置画线；
③ 断开航空插头；
④ 松开闸锁支架上的安装螺栓；
⑤ 拆除电子锁（门闸锁）。

（4）安装步骤：
① 根据上一步骤的原始画线标记，安装好电子锁，插好航空插头；
② 确保在滑动门完全关门状态下电子锁插销能够完美插入锁舌孔内；
③ 若有必要可以调节电子锁的上下位置，确保锁钩能够锁定门体；
④ 用手推动开关滑动门，检查有没有反常的噪声或阻力；
⑤ 检查行程开关在滑动门打开和关闭的过程中，关闭锁紧信号是否正常。

5. 更换滑动门吊挂件

更换滑动门吊件如图 9-11 所示。

图 9-11　滑动门吊挂件更换

（1）注意事项：

① 操作确保相应的 ASD 电源已经断开；

② 操作时需要打开滑动门，先打开 15 cm 左右；

③ 门打开到必要的开度即可，以防止人员跌落轨道；

④ 使用围栏来防止非工作人员进入工作区域；

⑤ 需要打开门机梁盖板；

⑥ 通过 LCB 把滑动门单元从关闭锁紧回路中隔离；

⑦ 在进行维修工作之前请向车站相关工作人员报告。

（2）工具：

① 维修工具；

② 垫板；

③ 皮带张紧力配重块。

（3）拆除步骤：

① 切断电源；

② 使用垫板支撑滑动门底部（垫在门槛和滑动门底部之间，当滑动门吊挂件松开时，确保滑动门是稳定的）；

③ 松开吊挂件与滑动门顶部的连接螺栓；

④ 松开吊挂件上的 3 颗 M8 螺栓；

⑤ 取下吊挂件。

（4）安装步骤：

① 装上新的吊挂件；

② 拧紧吊挂件与滑动门顶部的连接螺栓；

③ 通过滑动门高度调节螺杆来调节滑动门的高低,并拧紧紧固螺母,确保滑动门安装符合相关的规范要求;

④ 抽出垫板,用手推拉滑动门,检查是否有任何不正常的阻力和噪声等;

⑤ 如无异常情况,将相应的滑动门重新通电,恢复正常。

6. 更换滑动门手动解锁机构

更换滑动门手动解锁机构如图 9-12 所示。

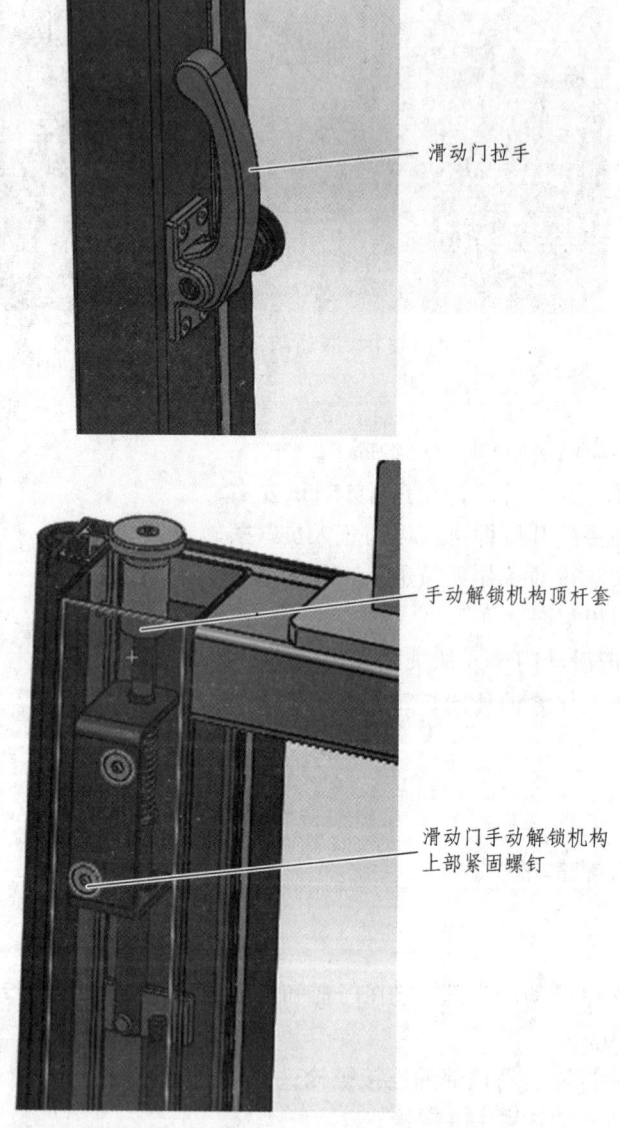

图 9-12 滑动门手动解锁机构更换

(1) 注意事项:

① 执行该操作时,需要卸下相应的 ASD 滑动门;

② 任务最好在工作间进行。

（2）工具：维修工具。

（3）拆除步骤：

① 拆卸滑动门拉手侧封盖；

② 拆卸滑动门手动解锁机构上部的紧固螺钉；

③ 滑动门手动解锁机构可以直接从滑动门门框顶部取出。

（4）安装步骤：

① 从滑动门门框的顶部插入新的滑动门手动解锁机构；

② 将手动解锁机构连杆下部U形槽置于滑动门拉手的销轴上；

③ 拧紧手动解锁机构上部的紧固螺钉；

④ 扶起门框，放到直立的位置，拉动拉手，检查手动解锁机构动作是否正常；

⑤ 装回滑动门，调整手动解锁机构上部的顶杆套，确保手动解锁功能能够实现；

⑥ 装回滑动门拉手侧封盖。

7. 替换防夹手胶条

替换防夹手胶条如图9-13所示。

图9-13 防夹手胶条替换

（1）注意事项：

① 执行任务时，确保各个ASD部分的电源被切断；

② 执行任务时，ASD必须部分开放；

③ 门开到必要的宽度即可，以防止乘客跌落轨道；

④ 使用障碍栏阻止任何未经授权的人进入工作区；

⑤ 通过LCB把滑动门单元从关闭锁紧回路中隔离；

⑥ 在进行维修工作之前请向车站相关工作人员报告。

（2）工具：

① 维修工具；

② 胶木锤；

③ 尖嘴钳。

(3)拆除步骤：

① 拆卸前请将滑动门水平放置于一个稳定的平台上；

② 可采用尖嘴钳夹住防夹手胶条上部的空隙，将防夹手胶条从胶条支架中抽出。

(4)安装步骤：

① 防夹手胶条安装前，应在防夹手胶条表面涂抹一层有利于润滑的液体，如肥皂液等；

② 防夹手胶条应从滑动门顶部开始安装；

③ 可采用胶木锤轻轻向下敲打防夹手胶条，使得防夹手胶条得到一个向下的力并缓慢向下移动；

④ 防夹手胶条安装到位后，尽量不要压缩或拉扯防夹手胶条，应使其保持在自然状态，采用美工刀切除防夹手胶条多余部分，保证其与门框顶部平齐。

8. 更换导靴

更换导靴如图 9-14 所示。

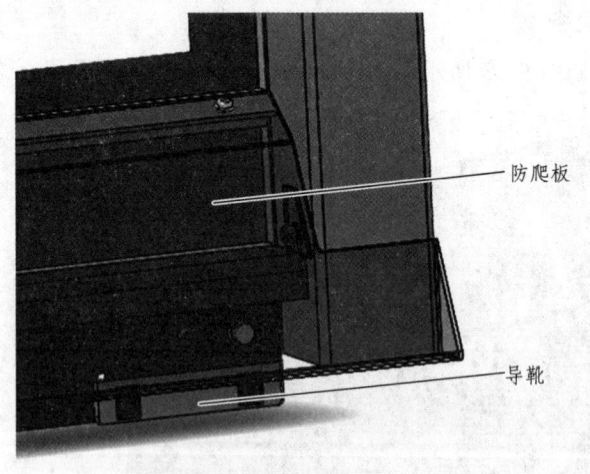

图 9-14　导靴更换

(1)注意事项：

① 关闭滑动门电源；

② 把防爬板从门上拆除。

(2)工具：维修工具。

(3)拆除步骤：

采用美工刀或一字螺丝刀，将尖锐的部分插入导靴空隙内，利用外力将导靴撬开。

(4)安装步骤：

① 安装新的导靴，导靴与导靴支架之间采用卡扣式安装；

② 装回防爬板装置。

9. 替换毛刷

替换毛刷如图 9-15 所示。

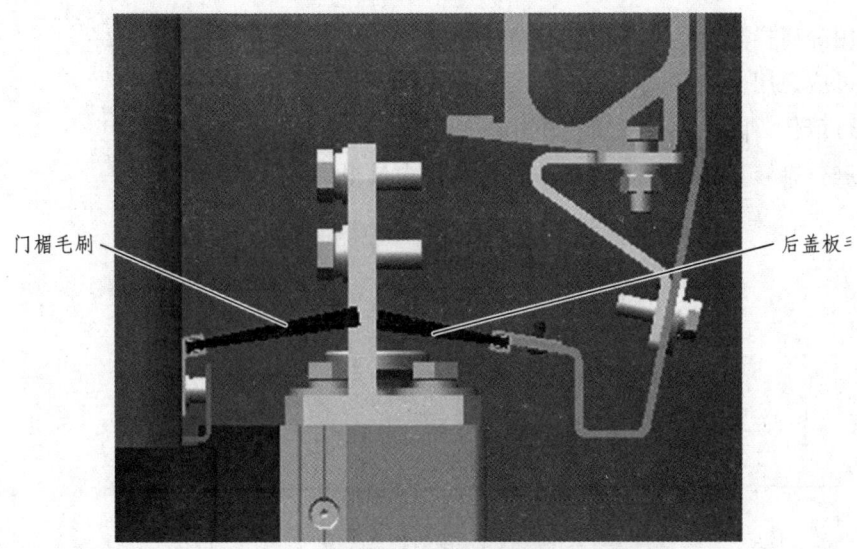

图 9-15 毛刷替换

（1）注意事项：
① 执行任务时，确保各个 ASD 部分的电源被切断；
② 执行任务时，ASD 必须部分开放；
③ 门开到必要的宽度即可，以防止乘客跌落轨道；
④ 使用障碍栏阻止任何未经授权的人进入工作区；
⑤ 通过 LCB 把滑动门单元从关闭锁紧回路中隔离；
⑥ 在进行维修工作之前请向车站相关工作人员报告。

（2）工具：维修工具。

（3）拆除步骤：
① 拆除站台侧门楣上毛刷支架的紧固螺钉，拆卸毛刷；
② 拆除轨道侧后盖板上的毛刷支架的紧固螺钉，拆卸毛刷；
③ 取下毛刷支架内的毛刷。

（4）安装步骤：

安装站台侧门楣毛刷：
① 将毛刷滑入毛刷支架卡槽；
② 调整毛刷位置并拧紧紧固螺钉。

安装轨道侧后盖板毛刷：
① 将毛刷滑入毛刷支架卡槽；
② 调整毛刷位置并拧紧紧固螺钉。

10. 更换紧急推杆

更换紧急推杆如图 9-16 所示。

（1）注意事项：
① 门开到必要的宽度即可，以防止乘客跌落轨道；

② 使用障碍栏阻止任何未经授权的人进入工作区;
③ 通过应急门旁路开关将该应急门设置为隔离状态;
④ 执行该任务时若无必要可以不用拆卸门体;
⑤ 在进行维修工作之前请向车站相关工作人员报告。

图 9-16　紧急推杆更换

（2）工具：维修工具。
（3）拆除步骤：
① 拧松紧急推杆两侧推杆臂的紧定螺钉，不必拆卸下来;
② 拆除紧急推杆两侧的推杆销;
③ 紧急推杆可从下方取出;
④ 拆除推杆臂与推杆的连接螺丝;
⑤ 换下推杆。
（4）安装步骤：
① 用新的紧急推杆替换原有推杆;
② 用连接螺丝将推杆臂与推杆连接;
③ 将推杆安装在门体上;
④ 装上推杆销及紧定螺钉。

11. 更换闭门器

更换闭门器如图 9-17 所示。
（1）注意事项：
① 使用障碍栏阻止任何未经授权的人进入工作区;
② 通过应急门旁路开关将该应急门设置为隔离状态;
③ 打开顶箱;
④ 在进行维修工作之前请向车站相关工作人员报告。
（2）工具：维修工具。

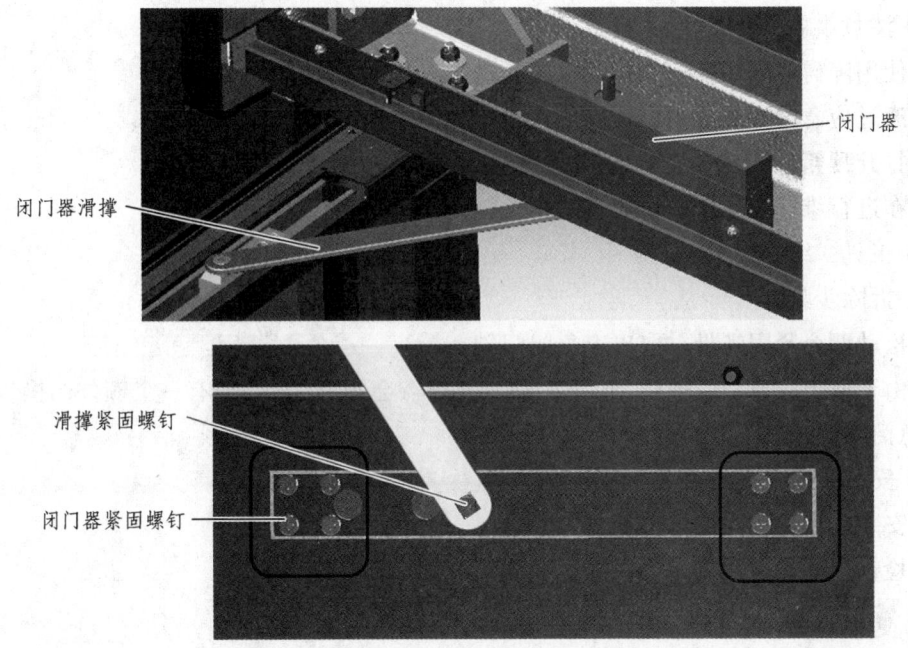

图 9-17 闭门器更换

（3）拆除步骤：
① 拆除闭门器紧固螺钉；
② 拆除闭门器与滑撑之间的连接螺钉；
③ 取出闭门器。

（4）安装步骤：
① 确认闭门器的安装方向；
② 安装新的闭门器并拧紧 4 个紧固螺钉；
③ 连接滑撑并拧紧螺钉，检查门关闭速度，并根据需要调整。

12. 更换应急门门轴

更换应急门门轴如图 9-18 所示。

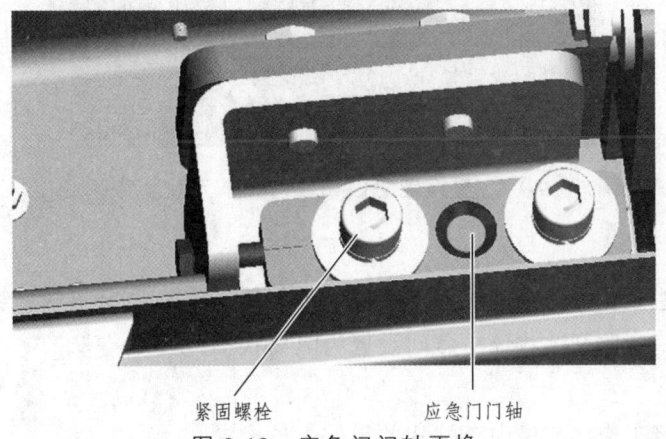

图 9-18 应急门门轴更换

（1）注意事项：

① 使用障碍栏阻止任何未经授权的人进入工作区；

② 通过应急门旁路开关将该应急门设置为隔离状态；

③ 打开顶箱；

④ 在进行维修工作之前请向车站相关工作人员报告。

（2）工具：维修工具。

（3）拆除步骤：

① 松动两个紧固螺母，取出应急门门轴；

② 由于取出应急门门轴后，应急门缺少支撑点会倾倒，故必须有一个额外的操作员能够扶持应急门并确保其不会倾倒。

（4）安装步骤：

① 安装门轴并紧固螺母；

② 检查门的开启和关闭，根据需要调整使其符合安装要求。

13. 更换应急门和端门锁单元触发装置

更换应急门和端门锁单元触发装置如图 9-19 所示。

图 9-19　更换应急门和端门锁单元触发装置

（1）注意事项：

① 使用障碍栏阻止任何未经授权的人进入工作区；

② 通过应急门旁路开关将该应急门设置为隔离状态；

③ 打开顶箱；

④ 在进行维修工作之前请向车站相关工作人员报告。

（2）工具：维修工具。

（3）拆除步骤：

① 为了安全，切断电源；

② 松动紧固螺钉，向上移除锁单元触发装置。

（4）安装步骤：

① 安装新的触发装置和上紧 4 个紧固螺钉；

② 连接 EED/MSD 控制箱中的安全开关和电源；

③ 确保触发装置的功能与所要求的一致。

14. 更换门槛包板

更换门槛包板如图 9-20 所示。

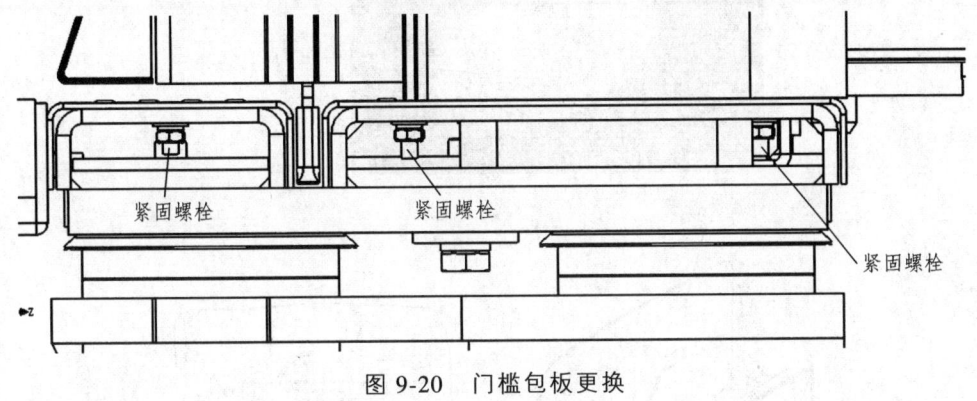

图 9-20　门槛包板更换

（1）注意事项：

① 执行任务时，确保各个 ASD 部分的电源被切断；

② 使用障碍栏阻止任何未经授权的人进入工作区；

③ 必须确保轨道侧不带电；

④ 在进行维修工作之前请向车站相关工作人员报告。

（2）工具：

① 维修工具；

② 玻璃吸盘；

③ 安装工具。

（3）拆除步骤：

门槛由两部分组成：一部分靠近站台侧，称之为前门槛；另一部分靠近轨道侧，称之为后门槛。所有门槛都被螺栓固定在底座上。

① 拆除前门槛包板之前，必须拆除与之对应的门体，后门槛包板可以直接拆除；

② 移除站台和门槛之间的密封物；

③ 拆除门槛不锈钢包板上的固定螺钉，移除不锈钢包板；

④ 若有必要，可能需要拆卸立柱包板方能拆除前门槛。

（4）安装步骤：

① 安装前门槛包板，拧紧紧固螺栓；
② 安装后门槛包板，拧紧紧固螺栓；
③ 安装与门槛对应的门体；
④ 检查门体是否符合安装要求；
⑤ 装上站台和前门槛之间的密封物。

15. 替换 DOI

替换 DOI 如图 9-21 所示。

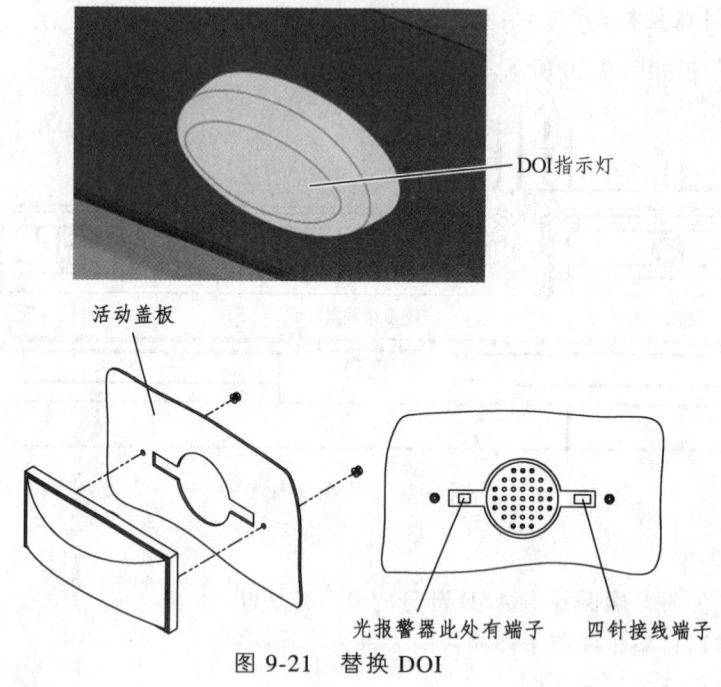

图 9-21　替换 DOI

（1）注意事项：

① 确保切断电源；
② 须打开顶箱。

（2）工具：维修工具。

（3）拆除步骤：

① 切断电源，拔出线缆；
② 拧松紧固螺钉，取出固定片；
③ 取下 DOI 指示灯。

（4）安装步骤：

① 将新的 DOI 灯安装在 ASD/EED/MSD 活动面板上；
② 接好线缆；
③ 接通电源；
④ 检测状态是否正常。

16. 闸锁调整

闸锁调整如图9-22所示。

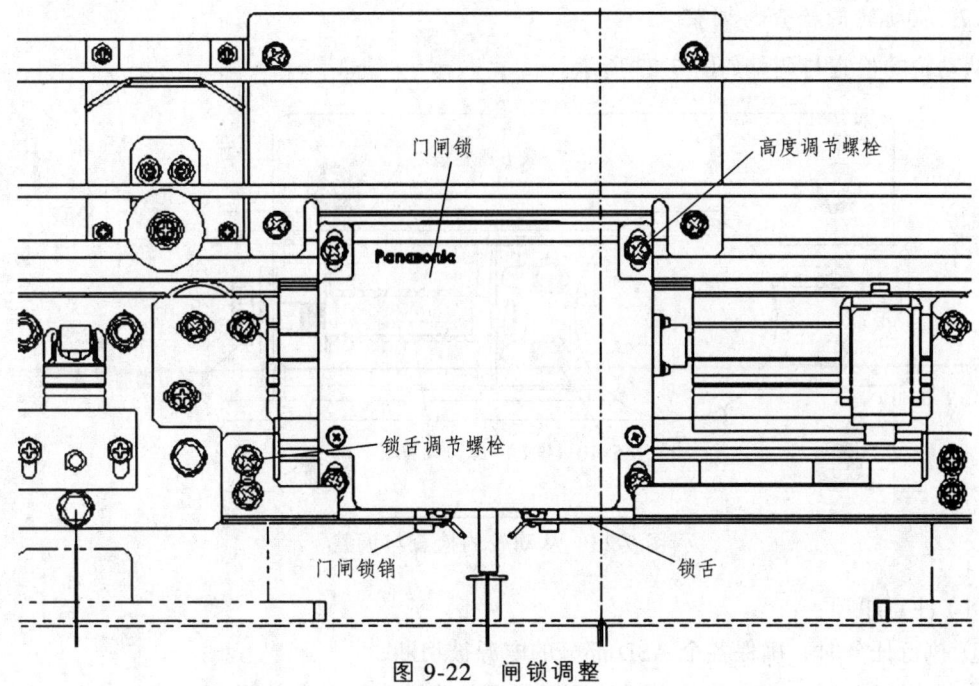

图9-22　闸锁调整

（1）注意事项：

① 使用障碍栏阻止未经授权人员进入工作区；
② 整个调试过程中，ASD的开关都必须是手动模式；
③ 必须打开前盖板；
④ 通过LCB把滑动门单元从关闭锁紧回路中隔离；
⑤ 在进行维修工作之前请向车站相关工作人员报告。

（2）工具：

① 两个安装表；
② 障碍物检测器；
③ 维修工具（安装工具）。

（3）调整步骤：

① 通过LCB开关将该单元滑动门设置为隔离状态；
② 切断PSD各部分电源；
③ 确保滑动门位于完全关闭的位置；
④ 适度松开锁舌固定板和左、右锁舌的连接螺栓，适度松开锁舌固定板和吊架的连接螺栓；使用塞尺等工具保证左、右锁舌上端面距离电磁锁下端面2.0 mm，左、右锁舌相应端面距离电磁锁左右相应端面7.5 mm，按此位置，重新固定相应的M6×12螺栓，扭矩为4.2 N·m；
⑤ 重新打开PSD电源；
⑥ 使用LCB手动模式开关门进行功能测试；

⑦ 在轨道侧利用"滑动门拉手"或在站台侧利用"T形钥匙"进行手动解锁功能测试，确保其符合要求。

17. 从动轮的检查与调整

从动轮的检查与调整如图 9-23 所示。

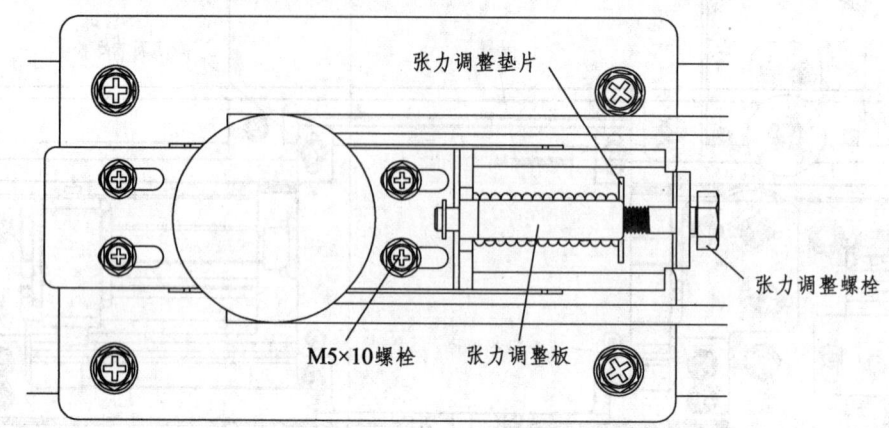

图 9-23　从动轮的检查与调整

（1）注意事项：

① 执行任务时，确保各个 ASD 部分的电源被切断；

② 执行任务时，ASD 在手动模式下通过调整步骤来打开和关闭；

③ 使用障碍栏阻止任何未经授权的人进入滑下轨道；

④ 使用障碍栏阻止任何未经授权的人进入工作区；

⑤ 必须打开顶箱；

⑥ 通过切换开关切换到手动模式来覆盖关闭的锁块和锁定的信号；

⑦ 在进行维修工作之前请向车站相关工作人员报告。

（2）工具：

① 钢尺；

② 维修工具。

（3）调整步骤：

① 确认从动轮已经固定在机箱内。确认皮带固定在从动轮上，已经张紧，而不是过分松弛的状态。如果从动轮没有固定或者皮带过分松弛，则需调整从动轮支座上的 4 个 M6×16 六角螺栓，推动从动轮使皮带适当张紧，同时固定 4 个 M6×16 六角螺栓，扭矩为 4.2 N·m。

② 适度松开从动轮上的 4 个 M5×10 六角螺栓。检查张力调整垫片右侧是否与张力调整板末端平齐。平齐则表明皮带的张紧力符合规定，固定先前松开的 4 个 M5×10 六角螺栓，扭矩为 2.5 N·m。

③ 如果张力调整垫片与张力调整板末端不平齐，则需要顺时针或逆时针旋转张力调整螺栓，直到齐平。固定先前松开的 4 个 M5×10 六角螺栓，扭矩为 2.5 N·m。

④ 皮带调到规定张力后，检查确认滑动门的单门启动力<90 N、滑行力<70 N。

18. ASD 调整

ASD 调整如图 9-24 所示。

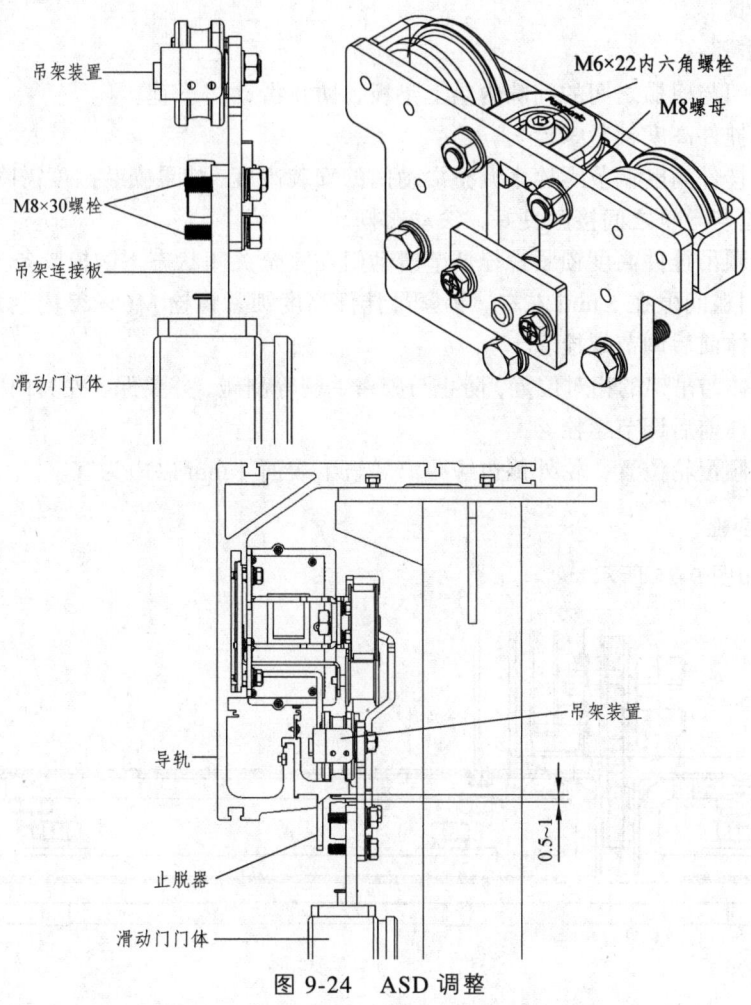

图 9-24　ASD 调整

（1）注意事项：

① 执行任务时，确保各个 ASD 部分的电源被切断；

② 执行任务时，ASD 在手动模式下通过调整步骤来打开和关闭；

③ 使用障碍栏阻止任何未经授权的人进入滑下轨道；

④ 使用障碍栏阻止任何未经授权的人进入工作区；

⑤ 必须打开顶盖；

⑥ 通过切换开关切换到手动模式来覆盖关闭的锁块和锁定的信号；

⑦ 在接线端，切断来自各个 ASD 部分的电源，并且断开 DCU 电源供电电缆；

⑧ 在进行维修工作之前请向车站相关工作人员报告；

⑨ 吊挂件滚轮与导轨完全接触；

⑩ 防倾覆轮不会对门体运行造成阻碍；

⑪ ASD 门体开关正常。

（2）工具：

① 5 mm 垫板；

② 维修工具。

（3）调整步骤：

① 在滑动门与门槛之间的间隙内垫上垫板，防止滑动门下垂。

② 松开吊挂件高度锁紧螺栓。

③ 通过吊挂件高度调节螺栓来调整滑动门的安装高度，如果安装高度需降低，则需移除垫板。确保滚轮与导轨之间接触良好，滚动顺畅。

④ 通过两颗吊挂件高度锁紧螺栓调节滑动门在完全关闭状态下防撞胶条上下缝隙一致，确保滑动门与门槛间隙在 5 mm 左右。锁紧吊挂件高度锁紧螺栓 M6×22 内六角螺栓。

⑤ 松开门体前后调节螺栓。

⑥ 调节门体与吊架的相对位置，防止与胶条毛刷等刮碰，并要保证左右门体玻璃面平齐。

⑦ 锁紧门体前后调节螺栓。

⑧ 调节防倾覆轮位置，轮外侧边缘距离导轨下表面 1 mm 以内为宜。

19. 调整导靴

调整导靴如图 9-25 所示。

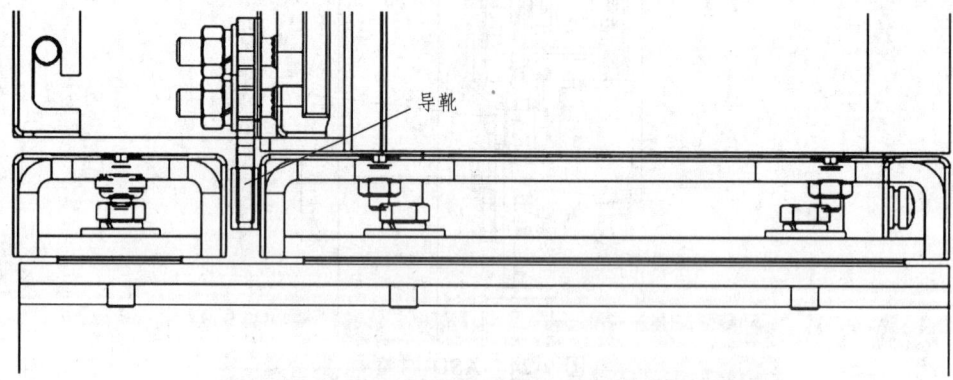

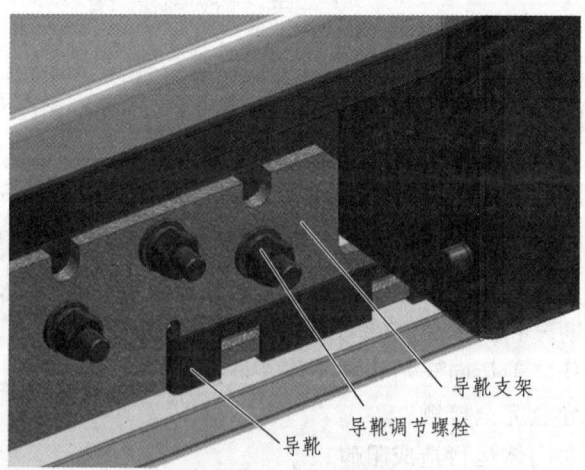

图 9-25 导靴调整

(1) 注意事项：

① 执行任务时，确保各个 ASD 部分的电源被切断；

② 执行任务时，ASD 在手动模式下通过调整步骤来打开和关闭；

③ 使用障碍栏阻止任何未经授权的人进入滑下轨道；

④ 使用障碍栏阻止任何未经授权的人进入工作区；

⑤ 必须打开盖板；

⑥ 通过切换开关切换到熔断器模式来覆盖关闭的锁块和锁定的信号；

⑦ 在进行维修工作之前请向车站相关工作人员报告；

⑧ 左右门扇的 ASD 表面应保持平齐；防夹胶条的缝隙，从上到下应保持一致；

⑨ 导靴应避免与门槛导槽有接触。

(2) 工具：维修工具。

(3) 调整步骤：

① 拆除滑动门防爬板；

② 拧松导靴调节螺栓，通过该螺栓调节导靴的前后位置，以确保滑动门玻璃与防夹手胶条之间的间隙上下一致均匀，并在 5 mm 范围以内；

③ 锁紧导靴调节螺栓；

④ 按照以上方法调整另一对滑动门；

⑤ 将 LCB 设置到手动模式，测试滑动门运行是否正常。

20. 闭门器的调试

闭门器的调试如图 9-26 所示。

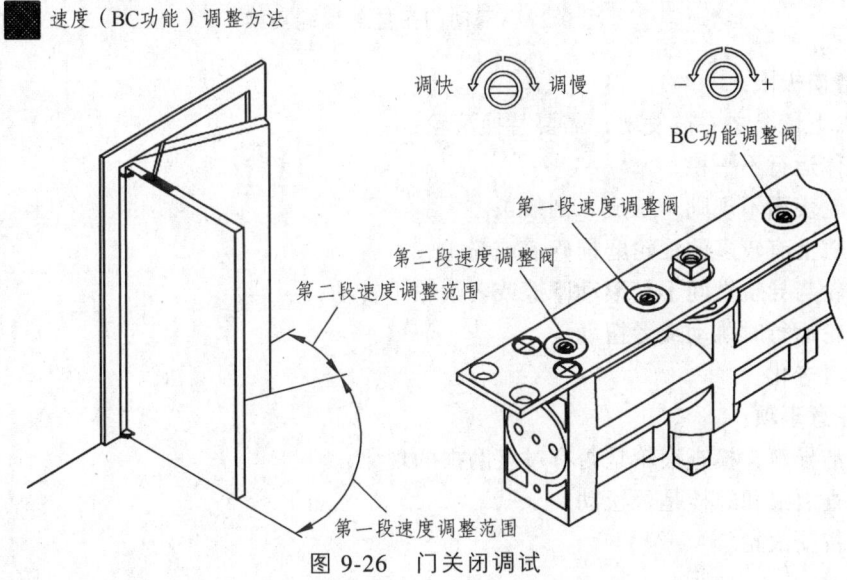

图 9-26　门关闭调试

(1) 注意事项：

① 在此任务执行时 MSD 会在整个调试过程中打开和关闭；

② 使用障碍栏阻止任何未经授权的人进入滑下轨道；
③ 使用障碍栏阻止任何未经授权的人进入工作区；
④ 打开盖板；
⑤ 在进行维修工作之前请向车站相关工作人员报告。
（2）工具：维修工具。
（3）操作说明：
① 打开 MSD 门；
② 关闭 MSD 门，观察其关闭速度；
③ 如果门关闭太快或太慢，逆时针方向调试螺钉达到理想速度；
④ 检查最终的关闭速度，确保门能够被正常锁上。

21. 更换滑动门吊挂件滚轮

更换滑动门吊挂件滚轮如图 9-27 所示。

图 9-27 滑动门吊挂件滚轮更换

（1）磨损极限：
如果以下情况之一被发现，需要替换滚轮：
① 门体运行不平稳；
② 滚轮表面不规则（压痕、刮痕）；
③ 导轨上有较多的滚轮磨损碎屑或粉尘；
④ 滚轮与导轨之间不是滚动摩擦或者滚轮不转动；
⑤ 滚轮运行时跳动或者扭动；
⑥ 材料老化。
（2）注意事项：
① 清洁导轨，检查滚轮是否有过度磨损的现象；
② 检查裂痕和螺栓是否松动；
③ 准备新滚轮。
（3）工具：
① 卡钳；
② 拉马。

（4）任务说明：

安装新滚轮时：

① 采用卡钳拆除内卡簧；

② 采用卡钳拆除外卡簧；

③ 采用拉马拆除轴承；

④ 更换新的滚轮（更换下来的滚轮应及时清理）；

⑤ 按照以上步骤安装轴承、外卡簧、内卡簧；

⑥ 测试滚轮是否可转动、顺畅、平稳、灵活。

22. MSD 和 EED 限位开关的替换

（1）注意事项：

① 更换之前应检查限位开关是否有超负荷运载的情况，如有需更正；

② 准备备用的限位开关；

③ 满足以下任意一点，限位开关必须要更换：

a. 功能修理之后电接触失灵；

b. 限位开关的滚轴不灵活。

（2）工具：

① 一套扳手；

② 限位开关的螺钉。

（3）任务说明：安装新的限位开关。

① 移开每个限位开关的螺钉；

② 安装新的限位开关；

③ 重复检查所有螺钉是否锁紧。

23. 更换 ASD 的紧急释放装置

（1）注意事项：

如发现下列情况之一，必须更换滑动门手动解锁机构，且必须全套更换。

① 不能利用"T形钥匙"从站台侧手动解锁释放滑动门；

② 不能利用"滑动门拉手"从轨道侧手动解锁释放滑动门；

③ 手动解锁释放装置卡死、不动作等机械故障；

④ 手动解锁释放装置不能按照功能需要工作。

（2）工具：拆装滑动门手动解锁机构需要的扳手和螺丝刀。

（3）任务说明：安装新的限位开关。

① 移开每对滑动门手动解锁机构的螺钉；

② 安装新的滑动门手动解锁机构；

③ 重复检查所有螺钉是否锁紧。

思考题

1. 屏蔽门维护时采取哪些安全措施保障人员和设备安全？
2. 日常巡检屏蔽门系统主要包含哪些内容？
3. 简述屏蔽门系统半月检、月检、季检、半年检、年检、五年检的内容。
4. 简述屏蔽门部分器件检修保养要点。
5. 简述屏蔽门部分器件矫正性维保要点。

第十章　屏蔽门设备典型故障及处理

第一节　屏蔽门设备故障

屏蔽门系统是机电一体化设备，机械、电气、软件等各个组成部分要经过充分的论证、分析、试验才能形成最终的产品，通常在地铁屏蔽门系统的制造商、安装单位都有成功的屏蔽门制造、使用业绩和经验。一般认为，只要严格遵守使用、操作规程，定期保养维护，屏蔽门系统很少出现故障。

当出现屏蔽门故障时，对乘客安全和列车运行会产生一定影响，而如何减少屏蔽门故障对乘客和列车产生影响是更为重要的环节。因此，掌握屏蔽门的故障应急处理操作是每一位轨道交通行车人员与车站工作人员必需的知识和技能。屏蔽门的故障应由相关专业人员进行分析、检测与维修。

当由屏蔽门控制系统导致列车紧停故障发生时，维修人员可按以下步骤进行处理：

（1）通过屏蔽门监控系统 PSA 查看各个门的状态是否正常。红色为故障门，绿色为正常门，黄色为隔离门。同时查看 PSA 记录，可以初步判断故障源。

（2）通过屏蔽门站台操作盘 PSL 上的指示灯查看安全回路状态。亮灯代表该侧屏蔽门安全回路接通，各门单元关闭锁紧状态正常。

（3）检查屏蔽门控制室端子排情况。如西屋屏蔽门系统，PSL 处的门关好时"关闭锁紧"指示灯没有点亮，到屏蔽门控制室用数字万用表测量主端子排的 $82^{\#}$、$84^{\#}$ 端子电压，应为 DC 60 V。如果正常，则检查 ATC 板的 $5^{\#}$、$8^{\#}$ 端子是否在门关好时为 DC 60 V；如果不正常，则转向检查 ATC 板。

机电产品的故障可分为机械故障和电气故障两大类。屏蔽门的常见故障有滑动门动作故障、门体分中不对称故障、安全回路故障、电源故障、无法联动等。

第二节　屏蔽门典型机械故障及处理

屏蔽门机械故障表现为动作过程迟缓、卡顿、有异响；打开或关闭时，机械部件重叠或出现缝隙；严重时，机械框架变形、玻璃破碎等。机械故障的主要原因是机械传动部件磨损、变形、摩擦力增加；动作部件不够润滑、动作受阻、空间变化；承重结构由于土建移位而变形等。

一、屏蔽门开关门延时——行程开关异常

排查方法：断开单个门单元电源，查看左关门、右关门行程开关是否有松动（行程开关保持 1~2 mm 动作间隙），并灵活动作。

处理方法：使用 M8 扳手调整左、右关门行程开关螺栓，并保持开关在 1~2 mm 间隙灵活动作，若调整后故障依然存在，可试图更换行程开关。

二、门体分中不对称

排查方法：从导槽开始查找，查看其中左扇门或右扇门门槛导槽内是否有异物卡入。然后用砝码测试皮带是否松脱，调整单边门皮带松紧度。

处理方法：用镊子取出导槽异物，用 2 kg 砝码（或手提称）测试皮带挠度是否在 25~40 mm，调整皮带整体均衡，张力适度。

三、单个门故障——滑动门动作缓慢

故障现象：门状态指示灯低频闪烁，滑动门动作缓慢、无法完全打开、无法完全关闭。

故障原因：有纸屑、石子、螺钉、竹签等进入地槛槽，导致滑动门导靴与地槛槽摩擦力增加。此故障非机电设备故障，而是由乘客引起。

四、端门不能关闭锁紧故障

故障原因：门锁机构松脱或门锁损坏。

排查方法：列车离开站等风压过后使用人字梯攀登并打开端门顶箱盖板，查看门锁机构部分是否有松脱现象，并及时紧固处理。如果紧固后未能处理故障，时间不允许的情况下须在此门做防护措施，张贴故障标识，在夜间卸掉门锁机构后处理。

处理方法：用钳子紧固相关松脱部分，在卸掉门体锁杆后按照规范要求用螺丝刀或扳手调节适当位移。

五、门体玻璃爆裂

故障现象：门体玻璃爆裂或龟裂。

故障原因：钢化玻璃的边角被坚硬的外物撞击时容易破裂，多是乘客不小心碰撞造成，也有可能因温度变化产生自爆，以及振动或玻璃框架变形引起爆裂。

处理方法：应急处理。为减少对列车运行和乘客安全的影响，更换爆裂玻璃的作业一般在正常运营结束后的夜间进行。

第三节 屏蔽门典型电气故障及处理

屏蔽门电气故障常表现为：指示灯闪烁、红灯亮、报警声响起；电源指示灯灭；开关、按键操作无效；列车无法进出站台、接点打火等。屏蔽门系统的电气故障点从理论分析的角

度来分析，会有很多产生故障的可能。但从产品特点和电气维修的实践来看，常见的故障有连线接口松脱，开关、按键接触不良，电路板焊点虚焊、电源模块故障等。

一、安全回路故障排查

故障现象：若整侧滑动门可以正常开关，PSL 关闭锁紧灯不亮，列车不能进出站，PSA 显示屏蔽门无异常，可判断是安全回路有故障。

排查方法：取下该侧距离屏蔽门设备房相对一端的滑动门 DCU 板七芯控制线输出接口堵头（以下简称堵头），将堵头连接于该侧距离 PSL 盘较近的滑动门七芯控制线输出段。如果 PSL 关闭锁紧灯点亮，说明 PSL 无故障，正常。再取下堵头，恢复距离 PSL 较近的滑动门正常状态。将堵头接入整侧门体中间位置滑动门（12 号滑动门）的七芯线输出端口，如果 PSL 关闭锁紧指示灯点亮，说明 12 号滑动门到距离设备房较近的滑动门之间无异常，继续以此方法使用堵头分段对几个门单元进行排查，直到查出某个单元门七芯线异常。

处理方法：使用推针器进行紧固或拔出七芯线接口针，查看接口针是否有损坏等异常，更换接口针后设备恢复正常状态。

二、PSL 不能控制整侧屏蔽门开/关门

故障现象：PSL 关闭锁紧指示灯未点亮。

排查方法：查看 PSA 故障记录是否报某个滑动门故障，并查看 PSL 关闭锁紧指示灯是否点亮。若关闭锁紧指示灯未点亮，使用该侧末端滑动门七芯线堵头连接于距离设备房较近滑动门七芯线（输出端）。连接后若关闭锁紧指示灯点亮，说明此滑动门异常，进一步检查该处七芯线是否有松动，接口内针是否有续接。若关闭锁紧指示灯未点亮，检查设备房相应开关线、使能线（78、79、80）连接是否正常。经排查，距设备房较近的滑动门门头七芯线松脱。

处理方法：使用推针器进行紧固或拔出七芯线接口针查看接口针是否有损坏等异常，重新安装锁紧接头后恢复设备正常状态。

三、PSL 不能控制整侧屏蔽门开/关门

故障现象：PSL 关闭锁紧指示灯点亮，但 PSL 未能控制整侧屏蔽门动作。

排查方法：查看距离屏蔽门设备房较近的滑动门门机，查看 DCU 版七芯控制线插口是否有松脱现象，若查看后正常，既查看屏蔽门设备房 PSC 柜与门头连接输入、输出端使能允许线、公共线、开门控制线是否有松动或异常情况。经排查，屏蔽门控制开关门使能允许线掉落。

处理方法：按照图纸规范正确方法，使用尖口钳连接紧固相应掉落线头，恢复设备正常状态。

四、电源模块故障

故障现象：上下行所有滑动门无法电动打开。

排查方法：检查 380 V 交流供电正常，发现驱动电源模块故障告警灯点亮，电源模块内

部有白色烟雾排出。判断为电源模块故障，旁路断电后打开电源模块，发现内部电容元件炸裂。分析为驱动 UPS 故障导致轨旁 ATS 动作，但旁路空开没有动作到位，造成整个车站的驱动电源失电。

处理方法：更换驱动电源模块后故障解决。

五、电源模块故障

故障现象：滑动门第 3、8、13、18、23 号门无法联动打开。

排查方法：检修人员切断总电源和 UPS 供电并重新启动中央控制盘，故障仍然存在。打开对应编号门顶箱，使用万用表检测 DCU 电源均为 0 V。联想到滑动门驱动电源为交错配电，此几个号为同一驱动电源模块供电，经检测，该驱动电源模块输入正常，而输出 0 V，判断该电源模块故障。

处理方法：列车停运后，对故障门电源模块进行更换，经通电测试，设备恢复正常。

六、DCU 不工作

故障现象：单个滑动门不能打开。

排查方法：经 LCB 隔离后打开顶箱盖板，发现 DCU 电源灯不亮，使用万用表检测，其输入电源电压正常，判断 DCU 故障。

处理方法：更换 DCU 后故障解决。本着学习的态度，打开故障件 DCU，使用万用表检测，发现其电源变压器虚焊，重新焊接后通电测试，其电源灯亮。经测试，此 DCU 工作正常，可作维修备品使用。

第四节　部分故障处理过程

一、安全回路故障处理过程

（1）安全回路故障后 PSC 面板上的门闭锁指示灯熄灭。确认整侧屏蔽门是否已关闭，未关闭滑动门及应急门指示灯会闪烁，若有指示灯闪烁，将该故障门隔离处理。

隔离后处理步骤如下：

① 重新将隔离挡打回自动挡，观察滑动门是否正常。
② 若不正常，将门头 DCU 电源空开重新上电。
③ 若还不正常，则更换 DCU。

处理完成将设备恢复正常状态。处理时间为半小时，工具为屏控室内 13 号扳手及 DCU 备件。

（2）确定故障发生时间，根据故障时间查询 PSA 上每个 DCU 运营状态及故障记录。

二、PSL 操作无效故障处理过程

（1）确认是否按要求操作 PSL；

（2）将 PSL 操作允许打到 ON，PSL 开关门打到开门挡，确认 PSC 柜体内空开 Q108、Q109、Q110 合上，用万用表测量 X101：28（正）与 X101：29（负）、X101：30（正）与 X101：31（负）电压应为 DC 24 V，若无 DC 24 V（低于 DC 20 V），断开 Q101 更换安全继电器模块（S5）。

处理完成将设备恢复正常状态。处理时间为半小时，工具为屏控室内小型一字螺丝刀及安全继电器备件。

三、无法联动故障处理过程

（1）查询 PSA 运营记录，确认是否接收到信号系统开关门命令；

（2）确认 PSL 操作开关均处于 OFF 挡；

（3）确认 PSC 面板测试开关处于自动挡；

（4）将 PSC 面板测试开关打到测试挡，按住开门按钮测量 X101：28（正）与 X101：29（负）、X101：30（正）与 X101：31（负）电压是否为 DC 24 V，若无 DC 24 V（低于 DC 20 V），更换 SRO 插件。

处理完成将设备恢复正常状态。处理时间为半小时，工具为屏控室内小型一字螺丝刀及 SRO 备件。

四、PSL 门开启指示灯常亮故障技术改进

发现屏蔽门为正常关闭状态，上行 PSL 门开启指示灯及门闭锁指示灯均处于常亮状态。查询 PSA 历史记录，开关门状态记录正常。PSL 门开启指示灯的控制流程如图 10-1 所示。

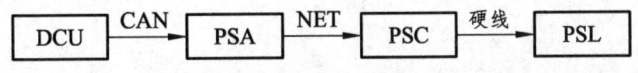

图 10-1　PSL 门开启指示灯的控制

发现 DCU 通信故障导致 PSA 的门开启状态未刷新（仍为开启状态），即 PSA 通过以太网将门开启状态发送给 PSC，PSC 再通过硬线信号将 PSL 上的门开启指示灯点亮，在故障状态下测量 PSC 相应输出端口为高电平，将 PSA 软件重启后，故障状态消除。目前已将 PSL 门开启指示灯的控制流程变更，如图 10-2 所示。

图 10-2　改进 PSL 门开启指示灯的控制

控制信号应由硬线直接命令控制，而不需要通过监视软件中转控制，硬线控制比通信网络更稳定可靠。

思考题

1. 简述屏蔽门典型机械故障及处理方法。
2. 简述屏蔽门典型电气故障及处理方法。

参考文献

[1] 郝晓平，任艳江，曲泽超，等.城市轨道交通屏蔽门、电扶梯检修工[M].北京：人民交通出版社，2017.

[2] 人力资源和社会保障部教材办公室，广州市地下铁道总公司.机电设备检修工屏蔽门检修[M].北京：中国劳动社会保障出版社，2010.

[3] 广州市地下铁道总公司.城市轨道交通站台屏蔽门系统技术规范[S].北京：中国建筑工业出版社，2012.

[4] 北京城建设计研究总院有限公司，中国地铁工程咨询有限公司.地铁设计规范[S].北京：中国建筑工业出版社，2013.

[5] 陈海辉，胡跃明，熊建明.地铁屏蔽门的直流驱动电源设计[J].华南理工大学学报，2002，30（5）：50-53.

[6] 陈海辉.地铁屏蔽门的供电及保护设计[J].昆明理工大学学报（自然科学版），2004，29（2）：45-48.

[7] 谭铁仁，谭虓.地铁站台屏蔽门控制器应急装置设计[J].城市轨道交通研究，2011，14（12）：73-77.

[8] 王新宇.地铁站台屏蔽门与列车客室车门不能同步打开的原因分析[J].电力机车与城轨车辆，2006，29（21）：300.

[9] 孙章，蒲琪.城市轨道交通概论[M].北京：人民交通出版社，2010.

[10] 陈韶章.地下铁道站台屏蔽门系统[M].北京：科学出版社，2005.

附录　城市轨道交通车站屏蔽门系统常用英文缩略语对照表

缩写	英文名称	中文名称
PSD	Platform Screen Door	屏蔽门
ASD	Automatic Sliding Door	滑动门
EED	Emergency Escape Door	应急门
FIX	Fixed Door	固定门
MSD	Manual Secondary Door/Platform End Door	端门
PSC	Platform Station Controller/Platform Screen Doors Central Control Panel	中央控制盘
PEDC	Platform Element Door Controller	逻辑控制单元
DCU	Door Control Unit	门控单元
PSL	Platform Screen Door Local Control Panel/Platform Screen Doors Emergency Control Panel	就地控制盘
LCB	Local Control Box	就地控制盒
IBP	Integrated Backup Panel	综合备份盘
DOI	Door Open Indicator	开门指示灯
PLC	Programmable Logic Control	可编程逻辑控制器
SIG	Signaling System	信号系统
ISCS	Integrated Supervisory Control System	轨道交通综合监控系统
EMCS	Electrical and Mechanical Control System	车站设备监控系统
MMS	Maintenance and Management System	设备维护管理系统
OCC	Operating Control Center	运营控制中心
SC	Station Computer	车站计算机
ATS	Automatic Train Supervision	列车自动监控
ATC	Automatic Train Control	列车自动控制
ATO	Automatic Train Operation	列车自动运行
DPS	Drive Power Supply	驱动电源
CPS	Control Power Supply	控制电源
UPS	Uninterrupted Power Supply	不间断电源
PTE	Portable Test Equipment	设备维修终端
MTTR	Mean Time To Repair	平均维修时间
RM	Restricted Manual Mode	ATP限制允许速度的人工驾驶